Inhalt

Micha Brumlik
Die »Ausschaffung« – Einführung in die
wissenschaftliche Kritik einer populistischen Kampagne   **7**

Hajo Funke
Vom Landesvater zum Polarisierer. Eine Nachlese der
Landtagswahlergebnisse in Hessen 2008 .... **18**

Joachim Kersten
Der Code der Straße **41**

Dirk Baier, Christian Pfeiffer
Türkische Kinder und Jugendliche als Täter und Opfer
von Gewalt **62**

Claus Koch
Kinder aus dem Niemandsland – Jugendgewalt und Empathieverlust **105**

S. Karin Amos
Der Umgang mit »defekten Seelen«: Löschen und Neuprogrammieren – das Beispiel der Boot Camps **132**

Joachim Walter
Zwischen Erziehung und Strafe.
Was kann Jugendstrafvollzug leisten? **154**

*Nina Oelkers, Hans-Uwe Otto, Mark Schrödter,
Holger Ziegler*
»Unerziehbarkeit« – Zur Aktualität einer
Aussonderungskategorie **184**

Die Autorinnen und Autoren **217**

Bibliographie **221**

Micha Brumlik
Die »Ausschaffung« – Einführung in die wissenschaftliche Kritik einer populistischen Kampagne

Am Ende geschah es auch in Frankfurt am Main, einer Stadt, der seit Langem eine CDU-Oberbürgermeisterin vorsteht und die in jenem Bundesland liegt, das seit nunmehr acht Jahren von Roland Koch regiert wurde: Zwei Wochen nach dem brutalen Überfall zweier junger Männer aus München auf einen Pensionär griff auch in Frankfurt eine Bande männlicher Jugendlicher auf einem U-Bahnhof einen Zugführer an, der nichts anderes wollte, als einen schwankenden Jugendlichen aufzufangen – eine hilfreiche Geste, die von den anderen Jugendlichen als Angriff gedeutet wurde. Die angetrunkene Meute konnte nur durch eine schnell herbeigerufene Polizeistreife davon abgehalten werden, auf den am Boden liegenden Mann einzutreten. Die Täter, die gemäß der Strafprozessordnung nach kurzer Zeit wieder auf freien Fuß gesetzt wurden – es bestanden keine Anhaltspunkte für Fluchtgefahr oder Beweisunterdrückung –, waren Sprösslinge von Einwandererfamilien, die in einem Frankfurter Armutsviertel leben.

U- oder S-Bahnen stellen eine eingeschränkte Öffentlichkeit eigener Art dar: Anders als im klaustrophoben, aber klar begrenzten Zeit-Raum von Aufzügen sind in der U-Bahn Fremde gezwungen, längere Zeit kommunikationslos miteinander zu verbringen, ein Minimum an Verhaltensregeln einzuhalten und sich zugleich als Personen zu präsentieren, die zwar anwesend, aber nicht ansprechbar sind. Dem entspricht nicht nur das ostentative Lesen von Zeitungen oder Büchern, sondern zunehmend die trotzig demonstrierte akustische Isolation: Jungen und Mädchen, die mit leerem Blick auf das Display ihrer Mobiltelefone oder ihrer MP3-

Player stieren; zudem scheint sich die leere Zeit der Fahrt für die Neuorganisation der persönlichen Datenmengen bestens nutzen zu lassen. Dem Binnenraum der Waggons korrespondieren unterirdische, schwach und kalt beleuchtete Passagen, Rolltreppen und Bahnsteige, deren Belebtheit tageszeitlichen Rhythmen folgt. Vor und nach dem Berufsverkehr nimmt die Frequenz der Nutzung deutlich ab. In den leeren Stunden des frühen Morgens und der späten Nacht, während der wegen ausgedünnter Fahrpläne lange Wartezeiten in Kauf zu nehmen sind, entfällt der Schutz dichter Menschentrauben und nimmt die Verlorenheit der wenigen Fahrgäste objektiv und subjektiv zu – allen Alarmknöpfen und Videokameras zum Trotz. Die nächtliche U-Bahn ist der wahr gewordene Albtraum der Schwachen und Minderbemittelten – gerade so, wie abendliche Parkhäuser der realistische Nachtmahr all jener sind, die wohlhabend und geschickt genug sind, über ein eigenes Automobil zu verfügen. Tatsächlich ging es zu Beginn des hessischen Wahlkampfes vor allem um die U- und S-Bahn-Nutzer: um solche, die eines Mindestlohns bedürfen und als mögliche Opfer von – objektiv höchst unwahrscheinlichen – Gewaltverbrechen gleichwohl besonders exponiert sind. Der hessische Ministerpräsident Koch hatte – im Unterschied zu seinen Kollegen aus Hamburg und Niedersachsen – klar erkannt, dass er sich eine neue Mehrheit weder unter den abhängig Beschäftigten noch unter dem mit der hessischen Bildungs- und Umweltpolitik höchst unzufriedenen Bürgertum verschaffen konnte. Der von Koch mit dem Thema »Jugendkriminalität« eröffnete Wahlkampf war daher auch – anders, als es die CDU sonst so liebt – kein »Kampf um die Mitte«, sondern ein Kampf um die Stimmen der Unterschicht, die auch nach sozialdemokratischen Politikern nicht mehr als solche bezeichnet werden darf. Dabei ging es Koch um nichts anderes, als dieses Wählerpotenzial dort bei seiner Angst zu packen, wo es die andere Volkspartei, die SPD, mit ihrem ebenfalls landesunspezifischen Thema »Mindestlohn« auf seine verbliebenen, mageren

Die »Ausschaffung«

Hoffnungen ansprechen wollte. Allerdings dürfte die intensive öffentliche Debatte schnell bewiesen haben, dass aus fachlicher, aus sozialpädagogischer, kriminologischer oder rechtspolitischer Sicht nichts, aber auch gar nichts für den von der CDU beschlossenen Forderungskatalog von »Warnschussarrest«, längeren Haftstrafen, erleichterter Abschiebung sogar hierzulande geborener Personen und sogenannten Erziehungscamps spricht.

Der Warnschussarrest – im angelsächsischen Bereich ist vom *short sharp shock* die Rede – greift nach allen kriminologischen Erkenntnissen nur bei bisher nicht als delinquent aufgefallenen Jugendlichen aus bürgerlichen Elternhäusern. Längere Haftstrafen werden in Deutschland indes bereits seit etwa zehn Jahren bis zum Überquellen der Jugendhaftanstalten verhängt, die Rückfallquoten liegen – nicht trotz, sondern wegen dieser Praxis – bei 71 Prozent. Doch ging es nie – was der hessische Ministerpräsident Monate nach der Wahl bei einem Parteitag der hessischen CDU im Mai denn auch zugegeben hat – um das kriminalpolitisch Notwendige, sondern um eine Strategie kaltblütig geschürter Erregung; einer Erregung, die vor allem mit Angst und dem Versprechen von »Härte« operierte, mit einem Versprechen, das freilich bar jeder Deckung war und nur mit einem semantischen Trick, dem Wunsch nach »Erziehungscamps«, auftrumpfen konnte.

Der Wahlkampf Roland Kochs, den Angela Merkel schon allein deshalb unterstützen musste, um eine eventuelle Niederlage der hessischen CDU nicht in die Schuhe geschoben zu bekommen, beruhte auf fachlich unausgewiesenen Rezepten, aus untauglichen Verschärfungen, aus hohlen und nicht haltbaren rechtspolitischen Verheißungen sowie einem massiven Etikettenschwindel. Koch und Merkel taten so, als seien »Erziehungscamps« etwas grundsätzlich anderes als lediglich ein weiteres Konzept zur Ausgestaltung des Jugendstrafvollzugs beziehungsweise zur Anreicherung der breiten Palette jugendstrafrechtlich-pädagogischer Angebote. So war es die niedersächsische Justizministerin Heister-Neumann

(CDU), die zu Recht festgestellt hat, dass »unsere Jugendanstalten in ihrer modernen Form ... doch Erziehungscamps« sind. Und was die »erleichterte Abschiebung« betrifft: Sie würde sich schon allein aus europarechtlichen Gründen und aufgrund entsprechender Vorschriften der Menschenrechtskonvention auch dann nicht umsetzen lassen, wenn man es für moralisch vertretbar hält, junge Menschen, die ihre kriminelle Sozialisation ausschließlich hierzulande durchlaufen haben, auszuweisen; die Schweiz kennt für diesen Vorgang den treffenden Ausdruck »Ausschaffung«.

Gleichwohl wurde an eben diesem Etikettenschwindel eine tiefer liegende Problematik sichtbar. Der Assoziationshof des Begriffs »Erziehungscamp«, das von der Sache her ja nicht mehr sein kann als eine andere Form des Jugendstrafvollzugs, ist ausgesprochen weiträumig. Zu Deutsch heißt »camp« ja nichts anderes als »Lager«. Der Assoziationshof dieses Begriffs reicht vom »Ferien-« über das sportliche »Trainings-« bis hin zum »Arbeits-« oder »Konzentrationslager«.

Lager sind – wie der italienische Philosoph Giorgio Agamben gezeigt hat – eingegrenzte, eingeschlossene Räume des Ausschlusses; Zonen, die zwar durch das Recht konstituiert, aber in ihrem Inneren dem Recht nicht unterworfen sind. Damit kein Missverständnis entsteht: Es geht nicht darum, irgendjemandem vorzuwerfen, er habe tatsächlich so etwas wie Jugend-KZs, die es in der NS-Zeit tatsächlich gab, einrichten wollen. Wohl aber geht es darum, zu zeigen, welche sonst zivilisatorisch zensierten, unterdrückten Ordnungswünsche breiter Teile der deutschen Bevölkerung mit derlei Begriffen zum Auftauchen provoziert werden können. Dass bei Kochs Kampagne zudem ein kulturalistisch verbrämter Rassismus im Spiel war, hatte sich schon bei ihrer Eröffnung gezeigt – in Kochs polemischen Garnierungen, vor allem seiner im kriminalpolitischen Kontext unsachgemäßen Kritik an »hierzulande nicht üblichen Formen der Müllentsorgung« oder seinen Bemerkungen zur »Hausschlachtung«, die mit der Sicher-

Die »Ausschaffung«

heit in der U-Bahn keine Rolle spielen. Ein näherer Blick auf Kochs Semantik und den ursprünglichen Münchner Fall fördert zutage, dass es nicht nur um eine Mobilisierung von Angst, sondern auch um die Sehnsucht nach Unterwerfung ging.

Um diese Sehnsucht besser zu verstehen, sei ein Blick auf die *BILD*-Zeitung geworfen. Man kann diese extreme Variante einer Boulevardzeitung mit gutem Grund als Kampfblatt populistischer und konservativer Strömungen analysieren und bekämpfen. Doch womöglich ist die *BILD*-Zeitung ja mehr und anderes: Vielleicht ist sie in ihren vielstimmigen Einlassungen vor allem die Projektionsfläche eines kollektiven Unbewussten – also im wahrsten Sinne des Wortes ein Medium, in dem sich jene Emotionen, die in der seriösen Publizistik der Zensur einer verantwortungsethisch orientierten Berichterstattung unterliegen, ungehemmt artikulieren. Wenn das der Fall ist, lässt sich aus der *BILD*-Zeitung womöglich mehr über die kollektive Befindlichkeit von Deutschen erfahren als aus methodisch gesicherten Meinungsumfragen.

War das nicht paradox? In dem Maße, wie die ernst zu nehmende kriminologische, sozialpädagogische und juristische Zunft von exzellenten Wissenschaftlern wie den Kriminologen Christian Pfeiffer und Joachim Kersten sowie dem Psychologen Michael Hock bis zu Anwaltsvereinen und dem deutschen Richterbund die CDU-Vorschläge begründet zurückgewiesen hat, verstärkte die *BILD*-Zeitung ihre Kampagne. Während in der Ausgabe vom 4. Januar der Kolumnist Franz Josef Wagner anlässlich des Vorwahlsieges von Barack Obama auf Seite zwei Rassismus in Reinkultur absonderte – Obamas »Großmutter lebt 80-jährig in einem Kral in Kenia. Sie weiß nicht, wie man mit Messer und Gabel isst« –, feiert das Blatt auf Seite eins »Deutschlands mutigsten Staatsanwalt«: Seine »Wahrheit über kriminelle Ausländer: Sie beeindruckt nur eines: Die Haft!« Im selben Duktus der Superlative hatte das Blatt schon Monate zuvor einen pensionierten Internatsleiter, Bernhard Bueb, angepriesen: »Deutschlands strengster Lehrer«. Bueb, dessen

Traktat *Lob der Disziplin* in der wahrhaft reaktionären Forderung nach bedingungsloser Anerkennung jedweder Autorität gipfelte, stieß auf breite Zustimmung. Aber auch während des hessischen Wahlkampfs traf der schrille Appell an Mut, Strenge und Härte, wie er sich im Ruf nach »Erziehungscamps« ausdrückt, auf einen Resonanzboden unbewusster Verarbeitung eines gesellschaftlichen Unbehagens, dessen mögliche Brisanz noch nicht abzuschätzen ist. Dabei ging es nicht nur um eine evtl. so gar nicht gewollte Rehabilitation nationalsozialistischer Formen der Kriminalitätsbekämpfung, sondern um den generellen Wunsch nach totalitärer Ordnung. Anders lässt sich gar nicht erklären, warum die *BILD*-Zeitung in einer späteren Ausgabe eine Maßnahme des Gießener Jugendamts hochleben ließ. Dort hatte man aus Hilflosigkeit einem straffälligen und zudem an festgestelltem ADS leidenden Jugendlichen eine erlebnispädagogische Maßnahme verschrieben: Er hatte sich mit seinem Erzieher über mehrere Monate im Winter in Sibirien aufhalten müssen, um sich »abzukühlen«. Wie der Begriff »Erziehungscamp«, so appelliert auch »Sibirien« an kollektive, unbewusste Erinnerungen: an die jahrelange Kriegsgefangenschaft deutscher Wehrmachtsangehöriger bis 1956, an die Illustriertenromane der 1950er Jahre, z. B. Heinz G. Konsaliks Liebesgeschichten aus der Taiga, sowie nicht zuletzt an Stalins Gulag: nachhaltig wirkende Identifikation einer in weiten Teilen an NS-Verbrechen beteiligten Armee, die nicht im Fegefeuer, wohl aber im Tiefkühlfach Sibiriens von Schuld gereinigt wurde. Bei alledem ist – neben dem Einschließen und dem Ausschließen – die Frage der Grenze, des »wir« und des »sie«, des »Eigenen« und des »Anderen« die tragende Folie der gezielt geförderten Erregung.

Auch dafür liefert die *BILD*-Zeitung reichliche Belege: In der Ausgabe vom 5. Januar brachte das Blatt ein Interview mit der aus der Türkei stammenden Mutter des Münchner Schlägers, in dem sie sich nicht nur bei den »Deutschen« entschuldigte und auf die deprimierende familiäre Situation, auf den Teufelskreis von Ar-

Die »Ausschaffung«

mut, Vernachlässigung und Gewalt hinwies, sondern auch die Umstände schilderte, unter denen sie nach der Tat ihres Sohnes mit der Polizei in Kontakt kam: »Dann kam das SEK. Sie haben die Tür eingetreten, mich aufs Bett geschmissen und festgebunden. Dann haben sie mir gesagt, dass sie meinen Sohn suchen.« Die Mutter von Serkan A., Naciye A., zählt 62 Jahre. Auf dem Bild wirkt sie wie eine abgearbeitete und erschöpfte Frau. Dieser offen dokumentierte Skandal scheint bis ins Frühjahr 2008 niemandem aufgefallen zu sein: Ein bis an die Zähne bewaffnetes Sondereinsatzkommando (SEK) überwältigt eine ältere Dame und fesselt sie unter Verletzung ihrer Menschenwürde so, als stünde sie im Verdacht, gewaltsamen Widerstand zu leisten. Dass hier von »Verhältnismäßigkeit« keine Rede sein kann, liegt auf der Hand, und man fragt sich immer noch, wer diesen Einsatz zu verantworten hatte. Bisher jedenfalls hat sich kein »mutiger Staatsanwalt« gefunden, der diesem Übergriff nachgegangen ist und eine Dienstaufsichtsbeschwerde eingereicht hat.

Die von Naciye A. geäußerte Entschuldigung wurde neben einem Interview mit dem Opfer der beiden Schläger, dem pensionierten 76-jährigen Lehrer Bruno N., platziert. Bruno N. hat ausweislich der »*BILD*« ihre Entschuldigung nicht angenommen, »denn das ist keine ehrliche Entschuldigung. Ich will kein Mitleid. Ich bin nicht bereit, ihnen deshalb die Hand zu reichen«. An dieser Haltung von Bruno N. ist nichts, überhaupt nichts auszusetzen. Keinem Opfer einer Gewalttat irgendwo auf der Welt darf eine falsche Versöhnung abgepresst werden – eine rein verbal bleibende Versöhnung entspräche auch gar nicht einem gehaltvollen Begriff von Versöhnung, der schließlich auf die Freiheit von Täter und Opfer bauen muss. Indes: *BILD* wäre nicht *BILD*, wenn es das Opfer nicht ebenfalls abgelichtet hätte: Auf der das Interview illustrierenden Fotografie sehen wir den verkrampft lächelnden Bruno N. vor einem bunten Tuch, in seinen Händen hält er die Reproduktion einer mittelalterlichen Darstellung des auferstandenen

Christus. *BILD* erläutert: »Opfer Bruno N. mit einem Jesus-Bild in seinem Wohnzimmer.« Man fragt sich, ob die Journalisten das Opfer dazu gedrängt haben, mit dem Jesus-Bild zu posieren. Zu fragen ist darüber hinaus: Wie passt ein Bild jenes Mannes, Jesus von Nazareth, der Feindesliebe, Vergebung und Versöhnung bis in seinen Tod am Kreuz predigte, zur Präsentation eines Opfers, das in ganz unchristlicher Weise die stellvertretende Entschuldigung einer alten Frau anzunehmen noch nicht einmal in Erwägung zieht? Nimmt man Text und Illustration des Gesprächs zusammen, so sagt Bruno N. zwar, dass er – der von den Schlägern demütigend als »Scheißdeutscher« beschimpft wurde – ihre hasserfüllten Gesichter nicht vergessen könne, er den Hass gegen »unser Land und einen Bürger dieses Landes« erlitten habe. Tatsächlich aber präsentiert sich Bruno N. – freiwillig oder aufgefordert – hier nicht als Deutscher, der von »Ausländern«, sondern als Christ, der von einem Muslim gedemütigt wurde. Dass der andere Schläger, ein junger Mann griechischer Herkunft einer christlich-orthodoxen Familie entstammt, muss bei dieser Betrachtungsweise unter den Tisch fallen. Damit schließt sich ein Kreis, der von den Gegnern von Moscheebauten in Köln und Frankfurt wie Ralph Giordano bis zu klerikalfaschistischen Internetseiten wie »*Deus vult*« oder rechtspopulistischen Webauftritten wie *Politically Incorrect* über feinsinnige Positionspapiere der Kirchen zur Abgrenzung von Christentum und Islam bis hin zu Roland Kochs Tiraden über in Deutschland unübliche »Hausschlachtungen« reicht.

In den Appellen an Härte, Strenge und Autorität, in der Beschwörung des Lagers, nein, des »Camps« und der sibirischen Kriegsgefangenschaft mit all ihren männerbündisch-kameradschaftlichen sowie menschenfeindlichen Aspekten, in der Entfaltung einer neuchristlichen und liberal-antiislamischen Martyrologie spricht sich ein ebenso atavistisches wie zeitgemäßes kollektives Unbewusstes aus. Es nährt sich in den unheimlichen Interieurs der städtischen Unterwelt, in den Unzeiten der Nacht und den Zwischenräumen der Angst vor kommunikationslosen Fremden, die, wenn sie wieder zu Hause sind, mit Armut und der Angst vor sozialem Abstieg kämpfen müssen. Der *Schlaf der Vernunft*, so der Titel von Goyas berühmtem Bild, gebiert Ungeheuer. Der Ruf zur »Ausschaffung« von Gewalttätern wird diese Ungeheuer nicht bannen, sondern nur wachsen lassen. Man kann es auch soziologisch ausdrücken: Die Grundprobleme der Weltgesellschaft, die sich auch auf deutschem Territorium zeigen, lassen sich nicht exportieren. Es ist gut, dass es nüchtern differenzierende und erklärende Sozialwissenschaften wie Kriminologie, Sozialpädagogik und Strafvollzugswissenschaft gibt.

Der Entfaltung ihrer Ergebnisse ist der vorliegende Band gewidmet, dessen Aufbau sich an der Logik der Sache ebenso wie an der Chronologie der Ereignisse orientiert und daher mit einer kritischen Analyse von Roland Kochs Wahlkampf und der ihn unterstützenden Medien von *BILD* und *FAZ* durch den Politologen und Rechtsextremismusexperten Hajo Funke beginnt. Funkes Beitrag betont dabei insbesondere die kurzfristigen konjunkturellen Mobilisierungseffekte rechtspopulistischer Kampagnen, die zwar mittelfristig nicht zum gewünschten Erfolg führen mögen, längerfristig aber dennoch erhebliche Gefährdungspotenziale für eine demokratische Kultur darstellen. Freilich hat sich Roland Koch das beunruhigende Phänomen männlich-jugendlicher Gewalttätigkeit zumal junger Männer aus der türkischen Immigration nicht aus den Fingern gesogen, sondern lediglich ein seit Längerem bekanntes Phänomen unverantwortlich instrumentalisiert.

Der Kriminologe Joachim Kersten bringt Leserinnen und Lesern mit der zunächst ebenso befremdenden wie verfremdenden Methode des ethnologisch vorgehenden Sozialforschers jene eigentümliche Kultur der Gewaltpoesie und des geradezu feudal anmutenden Kampfes um Anerkennung nahe, die es – entgegen bürgerlichen und aristokratischen Ehrbegriffen – durchaus für legitim hält, auch Schwache und Wehrlose zu quälen und zu verletzen.

Dass sich diese Kultur nicht aus sich selbst speist, sondern soziale Ursachen hat, wird aus dem hier erstmals publizierten, bahnbrechenden Beitrag von Dirk Baier und Christian Pfeiffer deutlich, die auf der Basis sorgfältigst erhobener empirischer Studien sowohl den Befund bestätigen können, dass tatsächlich junge Männer aus der türkischen Immigration in besonderer Weise mit dem Risiko der Gewaltdelinquenz belastet sind, dass aber die unterschiedlichen sozialen Ursachen, die dies wahrscheinlich machen, kontrollierbar sind und – wie ein in Niedersachsen, in Hannover entfaltetes pädagogisches Projekt beweist – genau diese spezifische Gewaltdelinquenz türkischstämmiger junger Männer zum Rückgang bringen können. Der von Baier/Pfeiffer empirisch kaum bestreitbare Konnex von schlechten Schulleistungen, beeinträchtigendem Medieneinfluss zum keineswegs selbst verschuldeten Mangel an Kontakten zur »deutschen« Umwelt und häuslicher Gewalterfahrung wird über den im engeren Sinne jugendkriminologischen Horizont hinaus die allgemeine Integrationsdebatte über die nächsten Jahre bestimmen.

Freilich erklären soziale Bedingungen nicht alles – um eine befriedigende Erklärung für individuelles Verhalten, auch solches, das extrem aggressiv und roh ist, zu liefern, ist es unumgänglich, psychologische Theorien und Modelle individueller Verhaltensprägung hinzuzuziehen. Indem Claus Koch unter Bezug auf neueste Theorien der Psychoneurologie und der Säuglingsforschung den Nachweis führt, welche Formen misslingender elterlicher Zuwendung dazu führen, dass Kinder keine zureichende Empathie entwickeln können, bietet er zugleich Erklärungsmuster für jene eigentümliche, beängstigende Kultur der Gewalt und der verletzten Anerkennung, die den normalen Bürger so sehr ängstigen.

Grenzen und Möglichkeiten pädagogischer Reaktionen sind Thema der folgenden Beiträge: Während Karin Amos aus einer erziehungssoziologischen Perspektive verlässlich über die US-amerikanischen »Boot Camps« und ihre Ideologie informiert, weist der Jurist und Vollzugspraktiker Joachim Walter in einem ebenso präzisen wie luziden, juristisch wie pädagogisch genau argumentierenden und illusionslos referierenden Beitrag auf die Chancen und Risiken des deutschen Jugendstrafvollzugs hin und behandelt dabei vor allem auch das heikle Problem der Rückfallhäufigkeit als eines Evaluationskriteriums für erfolgreiche Resozialisierung.

Der Band wird durch einen von Nina Oelkers und anderen verfassten Beitrag beschlossen, der ein ebenso breites wie scharf profiliertes Panorama des Wandels pädagogischer Weltanschauungen im (neoliberalen) Zeitalter der Transformation des klassischen Wohlfahrtsstaates des 20. Jahrhunderts präsentiert. Das Ende dieses Beitrags verweist auf eine neuartige sozialphilosophische Perspektive, deren systematischer Gehalt und normative Kraft in den nächsten Jahren intensiv zu debattieren sind – dass sie dem populistischen Bedürfnis nach mehr Punitivität allemal überlegen ist, haben die in diesem Band vorgelegten wissenschaftlichen Beiträge bewiesen.

Hajo Funke
Vom Landesvater zum Polarisierer.
Eine Nachlese der Landtagswahlergebnisse in Hessen 2008

1. Der Einbruch

Das Landtagswahlergebnis 2008 in Hessen hat aus einer absoluten CDU-Mehrheit im Jahr 2003 *ein Patt* in Mandaten zwischen CDU und SPD gebracht. Die CDU verlor 324.000 Stimmen und brachte es auf gut eine Million – wie die SPD. Damit verlor die CDU 12 % der Stimmen. Die FDP erreichte 9,4 % (+ 1,5 %), nicht zuletzt durch Abwanderung von CDU-Wählern zur FDP, während SPD und Linke durch einen betont am Thema soziale Gerechtigkeit orientierten Wahlkampf und die Polarisierung des Wahlkampfs durch Roland Koch gewannen. Die SPD kam nach einem historischen Tief im Jahr 2003 auf 36,7 % (+ 7,6 %), die Linke, die erstmalig antrat, auf 5,1 %, während die Grünen mit 2,6 % Verlust 7,5 % erreichten (vgl. Forschungsgruppe Wahlen: Landtagswahl in Hessen 2008. In Klammern gesetzte Ziffern beziehen sich im Folgenden auf die jeweilige Seite dieses Berichts).

Trotz einer relativ guten wirtschaftlichen Lage und einer entsprechenden ökonomischen Zufriedenheit der hessischen Wahlbevölkerung war spätestens seit Ende des Jahres 2007 durch Umfragen sichtbar, dass es zu einer knappen Entscheidung kommen dürfte. Noch im Dezember lag die SPD klar hinter der CDU zurück, konnte sich aber seit der Jahreswende kontinuierlich verbessern. Insgesamt 29 % aller Befragten, damit das Doppelte des Jahres 2003, hatten ihre Entscheidung erst in den Tagen und Wochen vor dem Urnengang getroffen (ebenda 18). Dies gilt insbesondere für den Anstieg bei den (potenziellen) Wählern von SPD und FDP als Alternativen zur Regierungspartei CDU. Anders als sonst war für 64 % die Landespolitik für die Wahlentscheidung entscheidend.

Dass trotz vergleichsweise guter ökonomischer Daten, einer leichten Abnahme der Arbeitslosigkeit und eines leichten bundespolitischen Rückenwinds die Entscheidung knapp ausfallen würde, hing auch mit der Person des Ministerpräsidenten und den landespolitischen Motiven zusammen. Roland Koch konnte die Rolle eines Landesvaters für sich nicht (noch nie) reklamieren – die Entscheidung der Landesregierung für Turboabitur (G 8), eine strikte Dreigliedrigkeit des Schulsystems sowie für Studiengebühren wurde als Ausdruck einer harten konservativen Linie verstanden. Hinzu kommt, dass er auch in der Wahl, durch die er Ministerpräsident geworden war, eine polarisierende Wahlkampfpolitik gemacht hatte: In aller Erinnerung ist die Kampagne gegen eine doppelte Staatsbürgerschaft 1999, die von einem beträchtlichen Teil der Wahlbevölkerung nach wie vor als polarisierend und fremdenfeindlich interpretiert wird. Sein legendärer Sieg im Jahr 2003 war wesentlich Resultat bundespolitisch gegen die SPD gerichteter Trends im Kontext einer als neoliberal und unsozial interpretierten »Hartz IV«-Politik. Die Frage war, wie Roland Koch diesmal auf die potenziell enge Entscheidung, die zu erwarten stand, politisch reagieren würde.

Und da hat Roland Koch auf das ihm zur Verfügung stehende Mittel zurückgegriffen: eine *entschiedene Polarisierung*, um Schwächen in der Bildungs- und letztlich auch in der Arbeitsmarktpolitik als den beiden wichtigsten Themen zu überbieten: durch eine agonale, ja feindliche Zuspitzung in der Frage krimineller Jugendlicher, bei der assoziiert wurde, dass es sich im Wesentlichen um ausländische kriminelle Jugendliche handele. Hinsichtlich der Aufmerksamkeit hat diese Polarisierungskampagne im Januar 2008 durchaus funktioniert, nicht jedoch im Resultat. Als dies sichtbar wurde, hatte Roland Koch auf eine zweite polarisierende Strategie gesetzt: auf eine »*Freiheit-statt-Sozialismus*«-Kampagne gegen *fremd und kommunistisch: gegen Ypsilanti, Al-Wazir und die Kommunisten*. Und damit auf eine die erste Polarisierungsstufe überbietende generelle Feind-Erklärung gegen das, was mit dieser Namenkombination assoziiert werden kann: fremd, ausländisch, kommunistisch. Roland Koch hat damit offenkundig in den Augen der Wahlbevölkerung Hessens seine eigene Niederlage produziert und geradezu zementiert, da nicht zuletzt aus seiner Rolle als polarisierender Kämpfer das Gegenbild eines integrierenden Landesvaters resultiert. Es erstaunt daher nicht, dass ein beträchtlicher Teil derjenigen, die traditionell CDU gewählt haben, noch in den letzten Tagen und Wochen vor der Wahl durch Wahlenthaltung oder die Wahl einer anderen Partei ihre Distanz zu dieser Art Politik bekundete.

Das Ausmaß der Niederlage von Roland Koch ist erstaunlich und so nicht vorhergesehen worden, offenkundig erst recht nicht von Roland Koch selbst.

Der folgende Beitrag zeichnet *(1)* die besondere Eskalationsstrategie im Wahlkampf Roland Kochs nach, unterstützt von einem Teil der Medien, und weist (2) anhand der einschlägigen Wahltagsbefragungen nach, dass die hessische CDU durch ihre Wahlkampagne erheblich zur Erschütterung von Kompetenz, Glaubwürdigkeit und Vertrauen in die Politik der hessischen Landesregierung beigetragen hat. Der Artikel zeigt (3), dass sich, gestützt auf eine präsente Öffentlichkeit, *eine informierte und mündige Wahlbevölkerung von Roland Kochs Polarisierung distanziert hat.*

2. Roland Kochs Kampagne

Das Fanal in der Polarisierung: Jahreswende und erste Januarwoche

Der Wahlkampf Roland Kochs hatte zunächst auf landesväterliche Kontinuität, auf die durchaus sichtbaren Erfolge in wirtschaftlicher und finanzieller Hinsicht und die leichte Abnahme der Arbeitslosigkeit gesetzt – bis zu jenem Tag Ende Dezember 2007, an dem der hessische Ministerpräsident die Chance sah, sich anders als bisher ins Gespräch zu bringen. Angesichts von Umfragen, die ihm den Verlust der absoluten Mehrheit signalisiert hatten, wechselte er mitten im Wahlkampf die Pferde, sprang aus der Rolle des Landesvaters auf die des polarisierenden Agitators gegen ein bestimmtes, aggressiv behandelbares Kollektiv, *die kriminellen jungen Ausländer*: »Wir haben *zu viele kriminelle junge Ausländer*«, so Koch in der *BILD*. Er kritisierte »bestimmte Lebenslügen« und ein »seltsames soziologisches Verständnis für Gruppen, die *als ethnische Minderheiten Gewalt ausüben*«. Er tat dies mit Verweis darauf, dass ein 20-jähriger in Deutschland geborener Türke und ein 17-jähriger Grieche einen Rentner in der Münchner U-Bahn schwer verletzt hatten. Sie hatten ihm vorher zugerufen, er sei ein »Scheißdeutscher«, als er sie daran hindern wollte, in der U-Bahn zu rauchen.

Schon zuvor – Mitte Dezember 2007 – hatte Koch ein Verbot des islamischen Ganzkörperschleiers für Schülerinnen in Hessen ins Gespräch gebracht. Wenig später wurde ihm nachgewiesen, dass ein solcher Fall an Hessens Schulen nicht existiert, und er musste von einem Gefühl sprechen, das er für die Zukunft habe.[1]

Roland Koch griff eine vermeintliche Rücksichtnahme und Schönfärberei an und verlangte von der SPD, eine Gesetzesinitiative zur weiteren Verschärfung des Jugendstrafrechts alsbald zu

---
1 vgl. taz vom 28.12.2007

unterstützen. Eine solche Gesetzesinitiative soll einen *Warnschussarrest* enthalten, die *Anwendung von Erwachsenenstrafrecht auf Heranwachsende zwischen 18 und 21 zum Regelfall werden lassen, die Höchstgrenze der Jugendstrafe bei Heranwachsenden für schwerste Verbrechen von zehn auf fünfzehn Jahre erhöhen, den Schutz der Bevölkerung durch eine Sicherungsverwahrung auch bei Heranwachsenden zulassen sowie Ausländer bei einer Gefängnisstrafe von mindestens einem Jahr ohne Bewährung zwingend ausweisen können*. Er verwies dabei auf eine besondere Gewaltbereitschaft eines Teils von Jugendlichen aus Migrantenfamilien.

Unabhängig von der Relevanz der Fälle (einen Fall von Ganzkörperschleier gab es, wie gesagt, an hessischen Schulen gar nicht) und unabhängig von dem Wissen, dass Prävention vor Repression die wirksame Waffe gegen Gewalt bei Jugendlichen jedweder Provenienz ist, nahm Roland Koch eine *kollektive Zuschreibung von Kriminellen, Ausländern und ethnischen Minderheiten* vor und suchte zugleich dem politischen Gegner fälschlich eine *weiche nachgiebige Kuschelpädagogik* zu attestieren. Nun ist es zwar Gegenstand von Wahlkämpfen, den politischen Gegner zu stellen. Was die öffentliche Strategie Roland Kochs qualitativ unterschied, war, dass er nicht nur den Gegner einseitig porträtierte, sondern eine Verschärfung der Jugendgesetze forderte, von der bekannt ist, dass sie so nicht funktioniert, und die Angriffe mit gegen Ausländer gerichteten falschen Generalisierungen spickte.

Soziale und schulische Integration statt Beschwörung härterer Strafen und Ausgrenzung – Die Debatte in der zweiten Januarwoche (6.–13. Januar)

Gegenüber der Kampagne von Roland Koch wird alsbald, so schon am Sonntag, dem 6. Januar in der Talkshow Anne Wills, auf die Inkonsistenz der Politik Roland Kochs verwiesen. Bayerns Ministerpräsident Günther Beckstein (CSU) befürwortete zwar, anders als Außenminister Frank-Walter Steinmeier (SPD), die Abschiebung von jugendlichen »Intensivtätern« wie dem legendären Mehmet, der 60 Straftaten angesammelt hatte, gab aber zu, dies seien Extrem- und Ausnahmefälle. Auch der Kriminologe Christian Pfeiffer widersetzte sich dieser harten Maßnahme nicht grundsätzlich, verwies aber auf die vielen rechtlichen und faktischen Hindernisse. Viel wichtiger jedoch sei die Kriminalitätsstatistik jenseits aller videogestützten Emotionalisierung. Sie zeige seit Jahren sogar eine rückläufige Tendenz, mit einer Ausnahme: den Körperverletzungsdelikten bei Jugendlichen, hier besonders bei jenen mit »Migrationshintergrund«, vor allem deutsch-türkischen und deutsch-arabischen Tätern: »*Ich denke, diese Koppelung von überzogenen Forderungen mit einer Hetzkampagne der BILD-Zeitung wird ihm nicht helfen, weil es da einfach zu sehr übertrieben wurde, und die Einseitigkeit ›Ausländer sind kriminell‹, und das ständig und über Tage wiederholt, das ging zu weit, und das begreifen die Bürger.*« Dies sei weniger ein ethnisches als ein *soziales, familiäres und bildungspolitisches Problem*. Mit anderen Worten: ein Unterschichtenproblem, das türkische und arabische Jugendliche mit deutschen teilten. Ausländerfeindliche Rechtsradikale verhielten sich zu türkisch-arabischen Deutschenhassern wie ein-eiige Zwillinge. Man könne hinzufügen: Am meisten und im tiefsten Innern hassen beide Macho-Gruppen jeweils sich selbst und ihre eigene Bedeutungslosigkeit als Männer.

Wenige Tage später nahm Christian Pfeiffer im »ZDF-Mittagsmagazin« zu dem Vorschlag sogenannter *Erziehungscamps* für junge Kriminelle Stellung: In den USA, wo man für einige Zeit auf Erziehungscamps gesetzt habe, sei die Rückfallquote bei den Insassen der »Boot Camps« vergleichsweise höher ausgefallen als bei zu Bewährungsstrafen Verurteilten. »*Die Amerikaner sind deswegen zu dem Ergebnis gekommen, dass sich die hohen Ausgaben für diese Art von Erziehung nicht lohnen.*« Pfeiffer forderte, mehr in Schulen statt in Gefängnisse zu investieren. Die Politik sei gefordert, etwas gegen die hohe Quote der Schulabbrecher bei jungen

Ausländern zu tun, die bei 22 Prozent liege: »Da sind wir Europameister, da können wir wirklich besser werden.« Denn die Gewaltbereitschaft von ausländischen Jugendlichen gehe immer dann zurück, wenn sie sozial und schulisch gut integriert seien, sagte Pfeiffer.

Am 8. Januar 2008 schrieb Exkanzler Schröder in der BILD[2]: Gewalt sei nicht nur ein Problem ausländischer Jugendlicher – und prangerte damit die einseitige Darstellung an. Junge deutsche Rechtsradikale verübten im Schnitt jeden Tag drei Gewalttaten meist gegenüber Menschen mit anderer Hautfarbe. Offenkundig sei Koch auf dem rechten Auge blind. Hier werde mit Einseitigkeiten Wahlkampf betrieben. Schröder verwies dabei auf Inkonsistenzen der Politik Kochs in Hessen: Er habe 1000 Polizistenstellen gestrichen und junge Straftäter wegen überfüllter Gefängnisse wieder nach Hause geschickt. Auf die unfassbare Tat von München könne es nur eine Antwort geben: Die ganze Härte des Gesetzes müsse angewendet werden. Die Justiz habe die Mittel hierzu in der Hand. Dafür habe sein ehemaliger Innenminister Otto Schily gesorgt.

Zur gleichen Zeit wird in einer Vielzahl von Sendungen und Zeitungsartikeln darauf hingewiesen, dass die Zahl der Straffälligen dann entscheidend minimiert werde, wenn statt auf Strafe auf Erziehung gesetzt wird und nur der ins Gefängnis kommt, bei dem alle anderen erzieherischen Mittel nicht mehr greifen.

Koch fordere zwar härtere Gesetze, so in der taz vom 9. Januar, sorge aber in der Praxis dafür, dass straffällig gewordene Jugendliche keine Betreuung erhalten und so leichter zu Intensivtätern würden. Bei Gerichten und Staatsanwaltschaften seien 350 Stellen gestrichen und Polizeiwachen vor allem auf dem Land aufgelöst worden.[3] Auch in der Gewaltprävention seien Gelder und Stellen zusammengestrichen worden. Die Zuschüsse für Maßnahmen, die

---
2 BILD, 08.01.2008, S. 2
3 taz, 09.01.2008

straffällig gewordene Jugendliche und Heranwachsende betreffen, seien sogar auf exakt null Euro gekürzt worden, so Al-Wazir.[4] Die Frankfurter Kinder- und Jugendhilfe sei dafür bekannt gewesen, dass ihre Mitarbeiter in Problemfamilien gegangen und dort oft genug eskalierende Konflikte entschärft hatten. Nach neun Jahren Koch betrage die Rückfallquote jugendlicher Strafgefangener nicht zuletzt wegen dieser finanziellen Einschnitte deshalb erschreckende *80 %*. Während die CDU der SPD »Kuschelpädagogik« vorwirft und 15 Jahre Jugendknast als Höchststrafe fordere, wird nachgewiesen, dass kein einziger junger Mensch in Hessen mit dem bisherigen Höchststand von 10 Jahren einsitze.[5]

Darüber hinaus sei wichtig, dass diejenigen, die in Jugendstrafanstalten wegen einer Gewalttat einsitzen (6.900 in Deutschland), zu 96 % Männer sind, die fast alle schon zuvor aufgefallen waren. Während Ausländer 9 % der Gesamtbevölkerung ausmachen, sind 20 % der Häftlinge in Jugendgefängnissen nicht deutscher Herkunft. Fachleute sind sich einig: *Je weniger Bildung er hat und je ärmer er ist, desto eher wird ein junger Mann kriminell – darin unterscheiden sich Deutsche nicht von Einwanderern.* Fast ²/₃ aller Jugendlichen in diesen Gefängnissen haben keinen Schulabschluss, 90 % keine Berufsausbildung. Hinzu kommt, dass die Haft nur das letzte Mittel darstellt: Rund 70 % aller Urteile gegen Jugendliche sind Erziehungsmaßnahmen. Das sei auch angemessen, da von den Jugendlichen, die in einem Gefängnis saßen, rund 80 % wieder straffällig werden. Mehr als 50 % werden mindestens ein zweites Mal zu einer Freiheitsstrafe verurteilt. Die Betreuung von 30 Gefangenen durch einen Sozialarbeiter sei unbefriedigend. Und: Aus den neuen Ländern saßen 2006 mit 194 von 100.000 Personen fast 50 % mehr junge Menschen durchschnittlich ein als in Westdeutschland mit 83 Jugendlichen.[6]

---

4 taz, ebenda
5 taz, ebenda
6 Tagesspiegel, 17.01.2008

Die Angstkampagne verfehlt ihre Wirkung – Umfragen aus der zweiten Januarwoche

Schon in der gleichen zweiten Januarwoche erklärt Infratest dimap, dass die SPD um drei Prozentpunkte steigt, die CDU einen Verlust von 2 % hat und bei der Frage nach dem Wunschministerpräsidenten die SPD-Kandidatin auf den gleichen Wert kommt wie der Amtsinhaber. Infratest dimap sieht zudem einen Zusammenhang zwischen Kochs Thesen und seinen sinkenden Umfragewerten. »Die Bilanz der Landesregierung ist in dieser Frage alles andere als positiv.« Die Hälfte der CDU-Wähler habe sich in der Umfrage unzufrieden mit der Bekämpfung der Kriminalität in Hessen gezeigt. »*Wort und Tat klaffen ziemlich weit auseinander*« – es gebe deshalb ein Problem bei der Glaubwürdigkeit Kochs.[7] Obwohl die CDU in der Sache die breite Bevölkerung hinter sich habe, sei leicht zu durchschauen, so Wahlforscher Peter Lösche, dass der CDU-Politiker das Thema im Wahlkampf nur *instrumentalisiere*. Viele fühlten sich in gewisser Weise manipuliert (so Lösche). Nach der gleichen Umfrage wird das erste Mal seit 15 Jahren die Arbeitslosigkeit nicht mehr als wichtigstes politisches Problem genannt, sondern Bildung/Schule/Ausbildung. Bildung und Innere Sicherheit waren Schwerpunktthemen der Landespolitik unter Koch – das Urteil der Wähler falle aber auf beiden Feldern negativ aus.

Damit war schon zwei Wochen nach dem Fanal Roland Kochs eine breite öffentliche Debatte entstanden, in der Experten der Jugendpolitik, über 100 Migrantenverbände und Politiker in Talkshows massiv Kritik an den luftigen Vorschlägen Kochs äußerten, deren Wirkung sich in einer Abschwächung der Zustimmung zum Ministerpräsidenten Koch zeigt.

---

7 Tagesspiegel, 11.01.2008

Eskalation um jeden Preis – trotz wachsender Verunsicherung der hessischen Wahlbevölkerung in der dritten Woche (ab 13. Januar): Auch die Kinder sind schuld

Trotz dieser alsbald einsetzenden intensiven, auf Differenzierung gerichteten Debatte hielt Roland Koch nicht nur an seiner Kritik fest, sondern radikalisierte diese, diesmal in der *BILD am Sonntag* vom 13. Januar, als er sagte, man müsse zur Kenntnis nehmen, *dass es eine sehr aggressive Kriminalität einer sehr kleinen Gruppe von Menschen unter 14 Jahren gebe.* Diese Kinder würden von Erwachsenen manchmal gerade deshalb zu Straftaten benutzt, weil sie nach geltendem Recht strafunmündig sei. In diesen Fällen müsse Eltern das Sorgerecht schneller als bisher entzogen und ausnahmsweise müssten auch Elemente des Jugendstrafrechts angewendet werden. Er sei nicht bereit, die Augen vor schwerwiegenden Problemen zu verschließen oder »mir von türkischen Vertretern den Mund verbieten« zu lassen.[8] Wolfgang Kubitzki, FDP-Fraktionschef in Schleswig-Holstein, antwortete Koch und nannte es unglaublich, dass Koch *Kindern mit Haft drohe.*[9]

Rechtsexperten und Jugendsoziologen verwiesen daraufhin auf verfassungsrechtliche Probleme: Eine Haftandrohung für Kinder sei mit dem Grundgesetz und dem darin verankerten besonderen Schutz von Kindern nicht vereinbar und folge einer Logik der Abschreckung, obwohl nur eine Kombination von Grenzziehung und sozialer Integration erfolgversprechend sei. Diese zweite Stufe der Radikalisierung durch Roland Koch wurde nun selbst bei Vertretern der eigenen Partei als Ausdruck einer Form von Rücksichtslosigkeit gegenüber Kindern interpretiert, die Koch zu Tätern umdefiniere. Diese Äußerungen – Ausdruck eines autoritären binären *Gut-gegen-Böse-Habitus* – lösten einen veritablen Aufschrei in der Öffentlichkeit aus. Roland Koch sah sich gezwungen, die zweite Stufe der Radikalisierung ein Stück weit zurückzunehmen

---
8 Tagesspiegel, 14.01.2008
9 Tagesspiegel, ebenda

und damit in der Logik des autoritären entschiedenen Hardliners Schwäche zu zeigen.

Ausdehnung der Feinddefinitionen – Islam. Linksblock – in der vierten Woche

Gleichzeitig radikalisierte die CDU ihre Wahlkampfrhetorik unter anderem auf den Islam als solchen, wie die SZ vom *25. Januar* berichtet. Sie beschreibt den Hauptredner einer Veranstaltung im Frankfurter Stadtteil Hausen, den Fraktionschef der CDU in Hessen, Dr. Christian Wagner, der zur *Gegenoffensive gegen den Islam aufruft:* »Wir wollen nicht den Eindruck haben, als ob wir unterwandert werden hier in unserem Vaterland – das ist die zentrale Botschaft, für die wir kämpfen.« Damit wurden nicht nur kriminelle Ausländer, nicht nur Jugendliche, sondern der Islam als solcher der Angstgegner in der Rede des CDU-Fraktionschefs. »Wer zu uns ›Scheißdeutsche‹ sagt, hat hier nichts mehr verloren.« Der CDU-Redner freue sich über eine Bürgerinitiative gegen den Bau einer dritten Moschee in Hausen, greift die als liberal geltende Frankfurter CDU-Bürgermeisterin Petra Roth massiv an und sieht eine weltweite Auseinandersetzung zwischen Islam und Christentum. In der letzten Phase des Wahlkampfs scheute sich die CDU schließlich nicht, das ängstigende Schreckgespenst eines Linksblocks zu propagieren und mit der Abweisung des fremd Erscheinenden zu verquicken, nun aber auf die sogenannten Kommunisten akzentuiert: »*Ypsilanti, Al-Wazir und die Kommunisten stoppen.*« Dieser Slogan wird alsbald – nach der Wahlniederlage Kochs – selbst von der konservativen »WELT« entschieden kritisiert.[10]

---

10 WELT-online, 28.01.2008

3. Grenzen medialer Unterstützungskampagne – BILD und FAZ

Schützenhilfe erfuhr Roland Koch seit Beginn seiner Kampagne durch die BILD und BILD am Sonntag, später auch durch Frank Schirrmacher.[11]

Die BILD ist von Anfang an und durch den gesamten Januar 2008 weitgehend Sprachrohr der Wahlkampfrhetorik Roland Kochs. BILD mobilisiert Angst und Aggression, plädiert für Abschreckung, Abschiebung und Abwehr des imaginären Kollektivs krimineller jugendlicher Ausländer. So etwa am 4. Januar: »*Die Wahrheit über kriminelle Ausländer. Sie werden in ihren Familien schon zu Kriminellen erzogen. Leichte Strafen schrecken sie nicht ab. Sie beeindruckt nur eines – die Haft!*« Oder am Montag, dem 7. Januar: »*Neue Serie. Bildreport über kriminelle Ausländer.*« Am Montag, dem 14. Januar: »*Staat darf Kriminelle nicht ausweisen. Irre! Asylrecht stützt U-Bahn-Schläger!*« Oder am 17. Januar in BILD zur großlettrigen Überschrift: »*Bei -55° Holz hacken. Hessen schickt Schläger (16) nach Sibirien. Es geht offenbar auch anders!*« »*Das Jugendamt des Landkreises Gießen hat einen jugendlichen Gewalttäter nach Sibirien geschickt. Der Schläger hatte sogar seine Erzieher mehrfach verprügelt – jetzt hackt er bei Temperaturen von derzeit minus 55° Holz. Schläger muss Plumpsklo selbst ausheben.*« »*Jugendlicher aus Hessen für neun Monate nach Sibirien verbannt. Der Junge soll unter extremen Witterungsbedingungen und durch harte körperliche Arbeit lernen, seine Aggressionen zu kontrollieren. Knallharte Strafmaßnahme anstatt Kuschelpädagogik!*« Man habe nach einem möglichst reizarmen Gebiet gesucht. In dem sibirischen Dorf gäbe es für den Schläger weder Internet noch Fernsehen und schon gar keinen Luxus. Er sei weitgehend mit seiner täglichen Daseinsvorsorge beschäftigt. Am 19. Januar in BILD:

---

11 Frankfurter Allgemeine Zeitung, 15.01.2008

»Schlagerstar mischt sich ein. Udo Jürgens: Kriminelle Ausländer haben hier nichts zu suchen.«

Bis auf eine Äußerung des Exkanzlers Schröder dominiert eine außerordentlich einseitige Kampagne, in der zunehmend wechselweise Ausländer mit Kriminellen assoziiert werden – bis zu der Farce, dass auf der gleichen Seite der *BILD*[12] gegen ausländische türkische oder islamische Gewalttäter gehetzt wird und jemand abgebildet wird, der – offensichtlich ausländischer Herkunft – Deutsche vor dem Zugriff anderer Deutscher (?) gerettet hat. Hier aber fehlen die adjektivischen Zuordnungen – deutsche, rechtsradikale, anarchistische Täter –, denn sie hätten die geradezu hermetische kollektive Zuschreibung »kriminelle Ausländer« durchbrochen und jedenfalls den Druck zu differenzierender Reflexion erhöht. Nichts davon ist in der *BILD* vom Januar 2008 zu finden.

Stattdessen wird der Herausgeber der *Frankfurter Allgemeinen Zeitung* an prominenter Stelle, auf Seite zwei und drei von *BILD* am 16. Januar ausführlich mit einer Beschwörung eines totalitären Feindbildes zitiert.[13] Die *BILD*-Überschrift lautet: »*FAZ-Herausgeber Frank Schirrmacher warnt in einem dramatischen Beitrag vor der Gefährdung der Deutschen durch kriminelle muslimische Jugendliche: Sie haben begonnen, einen Feind zu identifizieren.*« Schirrmacher nutzt die Gewalttaten männlicher Jugendlicher aus Migrantenfamilien als Beispiele dazu, sie in die »*Sphäre eines Kriegs der Kulturen*« zu transportieren. Er erklärt die »*Mischung aus Jugendkriminalität und muslimischem Fundamentalismus potenziell für das, was heute den tödlichsten Ideologien des 20. Jahrhunderts am nächsten kommt*«.

Dabei ist zunächst nicht klar, wer den Feind ausgemacht und die Feindschaft ausgerufen hatte, die kriminellen Jugendlichen oder der Herausgeber der Frankfurter Allgemeinen Zeitung. Es ist, wie sich zeigt, *Schirrmacher selbst*, der den Feindbegriff in die Debatte

---
12 BILD, 02.01.2008
13 BILD, 16.01.2008

wirft.[14] Dass die Täter des Übergriffs in der U-Bahn von München von »Scheißdeutschen« gesprochen haben, ist ihm Beleg dafür, dass es sich dabei um eine neue Form der Deutschfeindlichkeit handelt, die jetzt in eine neue Phase des punktuellen Totschlagens des Einzelnen übergehe. Von Lucke weist zu Recht daraufhin, wie viele Deutsche täglich die »Scheißausländer« oder »Türken« auf den Mond wünschen und ihre Aggressionen dabei nicht nur verbal ausleben, ohne dass deshalb auf eine tödliche Feindlichkeit geschlossen würde. Aber erneut ist es für Schirrmacher der junge männliche Ausländer mit Migrationshintergrund, der in diesem Fall die Deutsche Gesellschaft von außen, mit fremden Augen betrachtet. Etliche von ihnen wollen ihr nicht angehören. Was sichtbar wird, ist eine spezifische Eskalationslogik, die ohne empirische Faktenbasis auskommt, auf der einen Seite die Bürger, auf der anderen Seite fremde Feinde. Dieser fundamentalen Polarisierung dient ein Abbau der Probleme natürlich in keiner Hinsicht.

4. Gründe der Niederlage

Die *Wahltagsbefragung der Forschungsgruppe Wahlen*[15] bietet ein instruktives Bild zur Reaktion in der Bevölkerung auf fünf Jahre kochscher Landespolitik und insbesondere auf seinen in den letzten vier Wochen vor der Wahl auf eine schärfere Bekämpfung »krimineller Ausländer« konzentrierten Wahlkampf.

Roland Koch hatte offenkundig die Kritik an kriminellen Ausländern zu einem zentralen Wahlkampfthema gemacht – wohl auch deswegen, weil zur Jahreswende sich die Chancen auf eine absolute Mehrheit der CDU in Hessen abgeschwächt hatten. Koch sah offenkundig die Chance, dass die wachsende Kritik der Wahlbevölkerung an den Problemen Bildung/Schule/Ausbildung und unzureichende Arbeitsmarktchancen beziehungsweise Arbeitslo-

---

14 taz, 20.01.2008
15 vgl. Forschungsgruppe Wahlen

sigkeit durch eine diese Themen überbietende Thematisierung ausländischer Kriminalität von sogenannten Ausländern zurückgedrängt werden könnte.

Die Wahltagsbefragung zeigt aber, dass nach wie vor die Probleme am *Arbeitsmarkt und Arbeitslosigkeit* zu dem wichtigsten politischen Problem erklärt wurden. Dieser Anteil erhöhte sich von 36 % im Jahr 2007 auf 53 % Ende Januar 2008: eine Steigerung von 17 %. Das nächstwichtige Problem stellte der *Bereich Bildung/Schule/Ausbildung* dar, der von 48 % zum wichtigsten Problem in Hessen erklärt wurde, das vordringlich gelöst werden müsse. Andere Themen rangierten nachrangig, so Familienpolitik, die allgemeine wirtschaftliche Situation, soziale Ungerechtigkeit, Umweltschutz, die Integration von Ausländern sowie Haushaltslage und Verschuldung. Allerdings zeigte sich, dass das Problem *Kriminalität/Gewalt/Drogen von 4 % im März 2007 um das Fünffache auf über auf 22 % angestiegen war und damit um 18 %,* das heißt noch stärker gestiegen war als die Wahrnehmung der Probleme Arbeitslosigkeit und Arbeitsmarkt.

Enormer Einbruch in allen drei wichtigen Problemfeldern Schule, Arbeitsplätze und Kriminalität

In den drei wichtigsten Problemen *Schule/Bildung (40 %), Arbeitsplätze (32 %)* und *Kriminalität (wahlkampfbedingte 23 %)* veränderten sich die zugesprochenen Kompetenzen der Parteien erheblich. In der Frage *Schule/Bildung* kam es zu einer glatten Umkehr: Noch 27 % vertrauten der CDU, zu den besten Lösungen zu kommen, 40 % dagegen der SPD. In dem zweitwichtigsten Bereich *Arbeitsplätze* rangierte die CDU mit 38 % vor der SPD mit 22 %, aber auch hier schrumpfte der Vorsprung. Traditionell lag die Parteienkompetenz der CDU in Sachen *Kriminalität* als einer dieser Partei zugesprochenen Kompetenz mit 37 % vor der der SPD mit 23 %. Aber vor fünf Jahren waren es noch 40 % und bei der SPD lediglich 9 %. Vor allem aber wurde die CDU-Forderung nach schärferen Gesetzen zur Bekämpfung der Jugendkriminalität angesichts der Zuspitzung im Wahlkampf als eher umstritten begriffen: 52 % fanden den Vorstoß Roland Kochs zwar gut, aber 45 % lehnten ihn ab. Nur die CDU-Anhänger befürworteten ihn deutlich, die Anhänger des potenziellen Koalitionspartners FDP waren zwiespältig, in allen anderen Parteianhängerschaften überwog die Ablehnung.[16]

Zweifel an der zugesprochenen politischen Kompetenz der Landes-CDU

Zwar wurde der CDU von 46 % die Kompetenz zugebilligt, den Wirtschaftsstandort voranzubringen, und noch immer von 39 %, Kriminalität und Verbrechen in Hessen zu bekämpfen (allerdings mit einem Minus von 24 %!), doch hat sie ihre Parteikompetenz in der Frage einer guten Schul- und Bildungspolitik verloren: Sie rutschte von 52 % im Jahre 2003 auf 25 % Ende Januar 2008, während die SPD hier von 28 % auf 39 % stieg.

Für die SPD hingegen gilt als Traditionsbestand, für soziale Gerechtigkeit zu sorgen und eine relative Mehrheit glaubte inzwischen, nämlich 31 %, dass sie (am ehesten) die *Zukunftsprobleme* Hessens lösen könne. Auch hier verlor die CDU ihre absolute Mehrheitsposition von 50 % im Jahr 2003 und fiel auf ¼, auf 26 %.

Mehrheitlich nur noch von den über Sechzigjährigen gewählt

Nur 29 % beziehungsweise 30 % der *bis 44-Jährigen* wählten CDU (36), junge Frauen zwischen 18 und 29 nur zu 24 %, lediglich 28 % der Beamten (39), nur 25 % der Arbeitslosen (41), 24 % beziehungsweise 26 % der Arbeiter und Angestellten, die Gewerkschaftsmitglieder sind. Verloren hatte die CDU unter Roland Koch in Hessen unter Wählern mit Hochschulabschluss und insbesondere unter jüngeren Wählern, während die CDU vor allem unter

---

16 ebd. 28

älteren und hierbei mit 44 % unter älteren Wählern mit Hauptschulabschluss sowie unter Rentnern positiv abschnitt (45).

Absturz Roland Kochs durch die Forderung nach Kinderhaft
Roland Koch hatte den Wahlkampf Mitte Januar 2008 noch einmal mit seiner Forderung zugespitzt, auch gegebenenfalls *12- bis 14-Jährige* in Haft zu nehmen, was im Kontext seiner Kritik an sogenannten *kriminellen Ausländern* zugleich als fälschlich generalisierte Kritik an den Ausländern *und* an den Jugendlichen interpretiert wurde.

Nach der Wahltagsbefragung ist durchaus eine Mehrheit in Hessen für die Verschärfung des Jugendstrafrechts (56 % versus 40 %), unter CDU-Anhängern 75 % versus 21 % und auch unter den FDP-Anhängern mit 57 % zu 43 %. Entschieden wandten sich die Grünenanhänger gegen eine Verschärfung des Jugendstrafrechts, nämlich zu 76 % gegen 20 %, SPD- und Linke-Anhänger jeweils 54 % gegen 44 %. Offenkundig sah die Wahlbevölkerung in Hessen durchaus einen Bedarf an der Verschärfung des Jugendstrafrechts, trotz und nach einem darüber geführten Wahlkampf. 49 % glaubten auch, dass die Verschärfung des Jugendstrafrechts ein ernsthaftes Anliegen der CDU und nicht aus Wahlkampfgründen formuliert worden ist (49 % zu 45 %); auch dies zeigt, als wie umstritten der Umgang mit Jugendlichen wie mit kriminellen Ausländern angesehen wird. Zugleich meinten *allerdings ⅔ der wahlberechtigten Bevölkerung, dass die Verschärfung des Jugendstrafrechts als Forderung der CDU nur wegen der bevorstehenden Landtagswahl* gefordert wurde (dem widersprechen 28 %). Dies verweist auf eine Glaubwürdigkeitslücke des Wahlkämpfers Roland Koch. (22) Wie gravierend diese Kritik zum Wahltag war, zeigt, dass 82 % der Aussage eher zustimmen: »*Koch soll erst mal seine Hausaufgaben in Hessen machen und dafür sorgen, dass es schneller zu Gerichtsurteilen kommt.*« Nur 13 % stimmen dieser Aussage eher nicht zu. ⅔ lehnen die Forderung ab, das Jugend-

Vom Landesvater zum Polarisierer

Landtagswahl in Hessen 2008

Jugendstrafrecht nur Wahlkampf? Januar 2008 II
Ist die Verschärfung eine Forderung, die von der CDU nur wegen der bevorstehenden Landtagswahl gefordert wird?

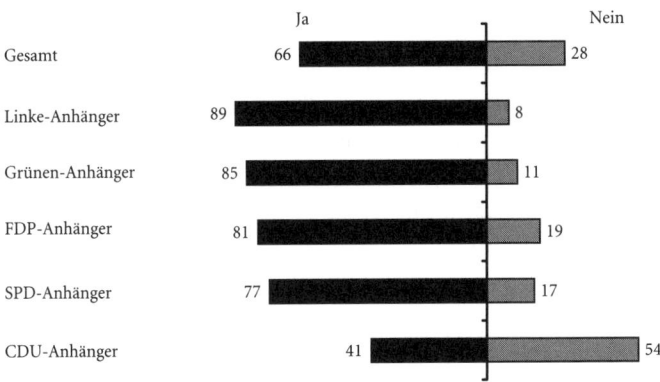

	Ja	Nein
Gesamt	66	28
Linke-Anhänger	89	8
Grünen-Anhänger	85	11
FDP-Anhänger	81	19
SPD-Anhänger	77	17
CDU-Anhänger	41	54

Fehlende Werte zu 100%: weiß nicht/keine Angabe
Grundgesamtheit: Wahlberechtigte Bevölkerung in Hessen
Quelle: Infratest dimap, HessenTREND Januar 2008 II

Jugendkriminalität Januar 2008 II
Ich nenne Ihnen einige Aussagen zum Thema »Jugendkriminalität«. Sagen Sie mir bitte jeweils, ob Sie dieser Aussage eher zustimmen oder eher nicht zustimmen.

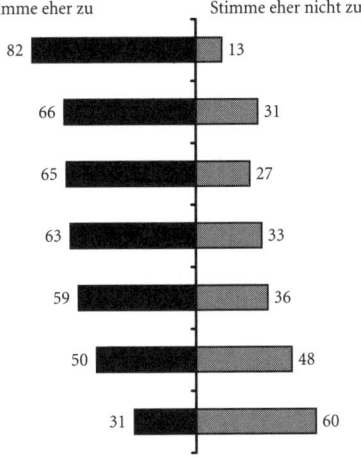

	Stimme eher zu	Stimme eher nicht zu
Koch soll erst mal seine Hausaufgaben in Hessen machen und dafür sorgen, dass es hier schneller zu Gerichtsurteilen kommt	82	13
Die Forderung Kochs, das Jugendstrafrecht in Ausnahmefällen auch bei unter 14-Jährigen anzuwenden, lehne ich ab	66	31
Koch hat ein wichtiges Thema angesprochen, aber seine Lösungsvorschläge sind nicht die richtigen	65	27
Ich finde es nicht gut, dass Koch kriminelle Ausländer in den Mittelpunkt dieser Diskussion stellt	63	33
Koch spricht Themen an, an die sich andere Politiker nicht rantrauen	59	36
Ich finde es gut, dass Koch das Thema Jugendgewalt in den Wahlkampf eingebracht hat	50	48
Koch hat in dieser Frage die volle Unterstützung seiner Partei	31	60

Fehlende Werte zu 100%: weiß nicht/keine Angabe
Grundgesamtheit: Wahlberechtigte Bevölkerung in Hessen
Quelle: Infratest dimap, HessenTREND Januar 2008 II

strafrecht in Ausnahmefällen auch bei unter 14-Jährigen anzuwenden (66 zu 31).

Eingebrochene Glaubwürdigkeit
In Umfragen und Ergebnissen am Wahlabend zeigte sich, dass Koch nach wie vor zwar als tatkräftiger Siegertyp galt, aber eben *kaum (mehr) als glaubwürdig (nur 19 %), sympathisch (17 %) und bürgernah (17 %)* (Forschungsgruppe Wahlen: 24). Erhebliche 43 % sprachen von überwiegend schlechten Leistungen des Regierungschefs (ebd. 25). Hinsichtlich des Ansehens rutschte das Ansehen Roland Kochs auf 0,0. Zwar blieb Koch bei den eigenen Anhängern nach wie vor äußerst anerkannt (3,0), behielt aber nur bei den über Sechzigjährigen eine positive Reputation. Nur noch 41 % zogen ihn als gewünschten Ministerpräsidenten der Gegenkandidatin vor; bei den unter Dreißigjährigen waren es nur noch knapp 29 %.[17]

Das Ausmaß des *Glaubwürdigkeitsverlustes* lässt sich auch daran erkennen, dass 61 % Hessen als gut aufgestellt begreifen und nur 28 % eher skeptisch sind, aber in der Frage, welche Partei am besten die zukünftigen Probleme des Landes Hessen lösen könne, Gleichstand bestand: 30 % CDU, 28 % SPD, während 34 % sich nicht zu einer der Parteien äußerten (32/33). Die Wahlentscheidung folgte diesem Glaubwürdigkeitsverlust in beträchtlichen Teilen der Wahlbevölkerung.

Massive Wahlkampfkritik der Konrad-Adenauer-Stiftung
Die *Konrad-Adenauer-Stiftung* sieht die Niederlage als Resultat erheblicher Verunsicherung und gleichzeitiger Polarisierung, die für die CDU zu Einbußen in der Wahrnehmung der Problemlösungskompetenz und ihrer Glaubwürdigkeit geführt hätten. Die mit der Polarisierung einhergehenden Lagerbildung erschwerte

---
[17] ebd. 26

für die Wechselwähler den Wechsel zur, aber auch den Verbleib bei der CDU. Vor allem aber führten Mobilisierung und Polarisierung dazu, dass die CDU in den letzten Wochen vor der Wahl in ein negatives Meinungsklima rutschte: »Landesregierung und Partei büßten kurzfristig an Glaubwürdigkeit und Kompetenz« zugleich ein. Dies erreichte auch die eigene Anhängerschaft, da selbst diese jetzt Zweifel an Kochs Lösungsvorschlägen entwickelte: 47 % der CDU-Anhänger sagten: »*Koch hat zwar ein wichtiges Thema angesprochen, aber seine Lösungsvorschläge sind nicht die richtigen.*«[18]

»Dialektik der Aufklärung«
Offenkundig hat die polarisierende Thematisierung die Aufmerksamkeit so erhöht, dass aufgrund der Debatte die Inkonsistenzen der eigenen Politik und der eigenen Vorschläge sichtbar gemacht werden konnten: Praktisch waren es Defizite in der Behandlung des Problems in Hessen und argumentativ die Ansicht, dass die reine Verschärfung, gegen alle gute Pädagogik auf Härte und Rigidität zu setzen, dem Problem nicht beikomme. Stattdessen folgte man der Pyramide der bevorzugten Lösungsansätze: zunächst Prävention und Pädagogik, dann Integration und zuletzt Repression.[19] Zwar plädierten 62 % für den *Warnschussarrest* und 49 % für die Einrichtung von *Erziehungscamps*, und 59 % insgesamt für eine härtere Bestrafung – gleichzeitig aber finden sich bei »weichen« Maßnahmen wie der Beschleunigung von Gerichtsverfahren, Sprachförderung und nicht zuletzt umfassenderer Betreuung hohe Zustimmungsraten.

Im Ergebnis hatte dies am Ende des Wahlkampfs zu Einbußen in der der Landes-CDU zugesprochenen *Lösungskompetenz* nicht nur im Problemfeld Kriminalität, sondern *allgemein* geführt. Am dramatischsten war der Absturz zwar im Problemfeld Kriminalität mit -29 % (davon allein im Januar 11 %), aber auch in anderen

---
18 Infratest dimap
19 vgl. ebd., S. 5

Politikfeldern wie Wirtschaft, Arbeitsplätze und Bildungspolitik (S. 6/7) – und an Vertrauen in die zugesprochene Zukunftskompetenz. (7)

5. Fazit

(1) Anders als 1999 ist eine ideologisch entfesselte Agitation in Hessen offenkundig nicht mehr mehrheitsfähig. Es scheint sich gerade im Bereich der massiven Probleme der Integrationspolitik ein *Realismus* abzuzeichnen, der weniger ideologisch als praktisch und mit öffentlicher Unterstützung dem Problem zu Leibe rücken will. Fast 2/3 der hessischen Wahlbevölkerung und 3/4 der jüngeren Altersgruppen haben einer populistischen Eskalation die kalte Schulter gezeigt.

Dies gilt offenkundig auch für die nicht gelungene Mobilisierung vermeintlicher »Kommunisten«-Furcht.

(2) Dies ist allerdings auch Resultat einer in Bund und Land präsenten *Öffentlichkeit,* gegen die die Kampagne von *BILD* und Teilen der *FAZ* gerade im Blick auf Jugendliche und Ausländer nichts entscheidendes mehr auszurichten vermochte. Ein Stück streitiger Öffentlichkeit.

(3) Die Sprache Roland Kochs ist von dem Mentor des deutschen nationalkonservativen *Ethnonationalismus,* von Jörg Schönbohm mitten im Wahlkampf ausdrücklich unterstützt worden. Sie zeigt eine Mentalität, die nicht nur aus strategischen Wahlkampferwägungen, sondern offenkundig im Verweis auf Überzeugungen eine *Kultur der Abwehr,* der Herablassung gegenüber Problemen von Jugendlichen und insbesondere gegenüber Ausländern gezeigt hat, die diese auf ihre Rolle als Ausländer, mehr noch auf die Rolle des gewalttätigen Ausländers festlegt und zu Formen eines ethnopluralistischen Neorassismus beiträgt. Nationalkonservativ orientierte Autoren von Schirrmacher bis zu den Autoren der Jungen Freiheit haben der Unvereinbarkeit der Kulturen im Sinne eines

solchen Ethnopluralismus das Wort geredet. Schirrmacher hat sich dazu verstiegen, eine strukturelle Feindschaft zu unterstellen, gegen die es sich aufzulehnen gelte.

Dies hat zu einer beträchtlichen Mobilisierung der traditionellen Wählerschaft großer Teile der CDU geführt, aber auch nur zu dieser. Dies erklärt die hohe Motivation der eigenen Anhängerschaft der CDU und zugleich die große Distanz der Wechselwähler, der nicht nationalkonservativ bzw. fremdenfeindlich eingestellten Teile der CDU. Die traditionelle Mentalität der Hohmanns, Kochs, Kanthers ist anders als noch 1999 offenkundig in Hessen nicht mehr mehrheitsfähig. Die Wahltagsbefragungen machen klar, dass eher die alte Klientel »voll dabei« war, ein Teil der katholischen Wählerschaft trotz des Ethnonationalismus Koch gewählt hat und beträchtliche Teile von Menschen mit einfachen Bildungsabschlüssen, wiederum vor allem ältere.

(4) Die große Intensität der Debatte im Januar und der Bereitschaft zu einer sich steigernden Eskalation Roland Kochs hat zum Scheitern seiner Kampagne beigetragen. Es gab erhebliche *Einbrüche in Glaubwürdigkeit und Vertrauen*, in seine demokratische (landesväterliche) Kompetenz. Es ist nicht so recht zu sehen, wie jemand, der in solchem Ausmaß Überzeugungstäter ist, wie Koch das mit der Wiederholung einer gegen Ausländer gerichteten Wahlkampagne des Jahres 1999 belegt hat, erneut Vertrauen erwerben kann – es sei denn, es kommt zu einer inneren Auseinandersetzung sowohl der Parteiführung wie der Partei über den bisherigen Weg in der Frage des Verhältnisses von Inländern und Ausländern, in der Frage der Integrationskapazität der CDU in Hessen. Koch spricht davon, dass für ihn vieles, allzu vieles »gewöhnungsbedürftig« ist, was eher Ausdruck instrumentaler Lernvorgänge praktischer Natur ist als der Substanz.

(5) Das Ergebnis der Landtagswahl vom 27. Januar 2008 erscheint so als Ausdruck eines mündigen Wählerbewusstseins, das allerdings konkreter sozialer, politischer und kultureller *Alternativen*

in der politischen Landschaft bedarf. Davon ist nach den Inkonsistenzen auch in der SPD bisher zu wenig zu sehen.

Joachim Kersten
Der Code der Straße

Im Jahr 1982 erscheint in der Publikumszeitschrift *Atlantic Monthly* ein Essay von James Q. Wilson und George Kelling mit dem Titel »*Broken Windows*«. Zerstörte Fensterscheiben in Wohnhäusern, Autowracks, liegen gelassener Müll, Scherben von Bierflaschen und Injektionsspritzen kennzeichneten in der Analyse der Sozialwissenschaftler eine Gegend, die im sozialen Abstieg begriffen war: Kriminalität, Jugenddelinquenz, Substanzmissbrauch jeder Spielart. Das Hinwegsehen über derartige erkennbare Anzeichen sozialer Unordnung hatte der Wissenschaft zufolge hohe Folgekosten: für die Bewohner und unter Umständen für das Image der ganzen Stadt.

Die *Broken-Windows*-These wurde oft als Theoriegrundlage für die ein Jahrzehnt später eingeführte *Zero-Tolerance*-Politik des New Yorker Polizeichefs Bratton unter Bürgermeister Rudolph Giuliani missverstanden. In Wirklichkeit ging es beim *Broken-Windows*-Ansatz um eine sozialwissenschaftliche Erkenntnis über Straßenkriminalität: Nachbarschaften, auch wenn sie sozial am extremen Rand angesiedelt sind, brauchen eine Art anständige städtische und polizeiliche Fürsorge, eine Einbindung in ein zivilisiertes Gemeinwesen samt einem initiierenden Anstoß, um eigene Energien zu entwickeln, Kriminalität und Zerfall zu bekämpfen und Gegenden für die Bewohner und ihre Kinder wieder erträglich, vielleicht sogar lebenswert zu machen. Wesley Skogan[1] hat dies mit seinen Langzeituntersuchungen über *community policing* in Chicago schlüssig nachgewiesen.

Zwölf Jahre später schreibt der Soziologe Elijah Anderson eine Abhandlung über den »*Code of the Streets*« (sein Buch gleichen Titels erscheint 1999), und zwar in der gleichen Zeitschrift. Inte-

---
1 Skogan 2006

ressant daran erscheint, dass bahnbrechende Gedanken eher in Publikumsjournalen veröffentlicht werden als in kriminologischen Fachblättern.

Zu diesem Zeitpunkt ist das Kriminalitätsproblem der amerikanischen *inner cities* wegen der epidemieartigen Ausbreitungen des *Crack*-Konsums und gleichzeitig massiv beschnittener Sozialpolitik auf dem absoluten Höhepunkt. Anderson bezieht sich auf das Ausmaß an alltäglicher Aggression und Gewalt in den Ghettos der U.S.-Städte, das von jungen Männern aus Minderheiten ausgeht – sie sind gleichzeitig auch die wahrscheinlichsten Opfer dieser Konflikte. Andersons Studie gilt als präzise Ethnographie der alltäglichen Gewalt in den Slums von Philadelphia.

Dort gibt es zwei Wertesysteme, das der trotz Armut und Diskriminierung »Anständigen« (*decent people*) und das derer auf der Straße (*street people*). Letzteres beherrscht, obwohl es nur von einer Minderzahl der Bewohner als aggressives Gewaltsystem ausgeübt wird, die Regeln über das Verhalten im öffentlichen Raum, auch für die »Anständigen« und ihre Kinder. Wer die Regeln nicht kennt oder nicht beachtet, riskiert Gesundheit oder Leben. Solche Personen seien »selbst schuld«, sagen diejenigen, die Unbeteiligte aus dem Viertel – weil sie den Täter angeblich »gedisst« haben sollen – angreifen, ja töten. Die Aggressoren erkannten irgendein Verhalten des späteren Opfers als *diss, disrespect*, als Angriff auf ihre eigene männliche Würde und Ehre. Wer öffentlich »gedisst« wird, muss reagieren, am besten mit unmittelbarer und heftiger Gewalt.[2]

Kurz vor dem Weihnachtsfest 2007 verletzen auf einem Münchner U-Bahnhof zwei junge Männer mit türkischem bzw. griechischem »Migrationshintergrund« nach einem Streit in der U-Bahn einen älteren Herrn, dabei treten sie unter anderem auch auf seinen Schädel ein. Die Überwachungskamera hält das Tatgeschehen

---

2 vgl. Pinker 1999

fest. Nachdem die Tatverdächtigen verhaftet werden, zeigen sie keinerlei Reue für das Verbrechen, das ihnen vorgeworfen wurde. Der Rentner sei selbst schuld, er habe sie »angemacht«.

Auch in Deutschlands Problemvierteln ist der U.S.-Ghetto-Ausdruck *diss* mittlerweile geläufig. Berichten zufolge hatten die Heranwachsenden im U-Bahn-Waggon geraucht. Der Herr, dem dies nicht passte, ein pensionierter Pädagoge zudem, wird, nachdem er aus der Bahn gestiegen ist, von den Angesprochenen verfolgt, brutal niedergetreten und am Kopf schwer verletzt.

Jeder der beiden Angreifer hat eine Liste von vorgängigen Straftaten. Der Haftbefehl lautet auf versuchten Mord und gefährliche Körperverletzung. Kaum ist die Nachricht von der Tat verbreitet, fordern Politiker eine Erhöhung der Höchststrafe für Jugendliche von zehn auf fünfzehn Jahre. Jede Großstadt in Deutschland hat bei der Bekämpfung der Straßenkriminalität seit Jahren mit einer oder mehreren Hundertschaften solcher Mehrfach- oder Intensivtäter zu tun, vielfach besteht der sogenannte Migrationshintergrund: Es sind Kinder oder Enkel von nach Deutschland zugewanderten Familien. Und vielfach ist dieser Familienhintergrund ein problematischer wie im Fall des Serkan A., eines der Münchner Tatverdächtigen: Sein alkoholkranker Vater misshandelt Kinder und Frau, Serkans Mutter flüchtet ins Frauenhaus, Serkan kommt ins Heim.

Den Serkans, Mehmets und ihren Namensvettern aus dem ehemaligen Jugoslawien, aus dem Libanon und anderen Regionen ist ein beachtlicher Anteil der als Straßenkriminalität ausgeübten Gewalt schwereren Kalibers zuzurechnen. Die Jugendlichen und Heranwachsenden treten zu mehreren auf, sind aggressiv, fühlen sich durch Nichtigkeiten »angemacht« und schlagen dann ihre Opfer krankenhausreif.

Bilder der Gewalt

Vorfälle wie der in der Münchner U-Bahn haben einen Effekt auf das Sicherheitsgefühl der Bürger. Die Reaktion auf den Vorfall zeigt auch, wie man von Dezember 2007 bis zum Wahltag in Hessen versucht hat, mithilfe eines Boulevardblatts eine medienwirksame Kampagne der Kriminalpolitik zu initiieren, um sich als Kämpfer gegen die angeblich uferlos steigende Gewaltkriminalität aufzubauen.

Das polarisierte Bild der Straßengewalt im Münchner Beispiel entspricht fast eins zu eins der gängigen Schablone medialer Gewaltdarstellung. Deshalb ließ es sich so gut in einer *Law-and-Order*-Kampagne verwenden: der Täter erscheint als »resolut böse«, das Opfer wird als unschuldig und bemitleidenswert wahrgenommen. Dies ist die klischeehafte Polarisierung von Gut und Böse an der Basis des Kriminalitätsbildes, auf dem der ARD-»Tatort«, aber auch Fahndungssendungen beruhen.

Die Notwendigkeit, zwischen Gut und Böse in solcher Reinheit unterscheiden zu können, ist in der »mentalen Software« (Geert Hofstede) unserer Kultur. Ruth Benedict nannte die westlichen Kulturen »Schuldkulturen«, als sie während des Zweiten Weltkriegs über Japan forschte, ein Land, das sie als »Schamkultur« bezeichnete. Wer ist gut, wer böse, wer ist schuld? Die Klärung dieser Fragen scheint ein unendlich tief verwurzeltes menschliches Bedürfnis im Westen zu sein: Medien und Politik sind lediglich Verstärker. Sie zeigen den Medienkonsumenten das, wonach sie verlangen.

Im gängigen Bild der Straßengewalt werden soziale Probleme auf singuläre Fälle reduziert und die Verantwortung für das Geschehen liegt bei individuellen Verursachern. Besonders brutal erscheinende Ereignisse bestätigen Alltagstheorien über die Schwereskala der Delikte, die anständige Bürger bedrohen. Die Skala beruht auf einer Sinnestäuschung. Wenn im »trauten Heim« Partner oder Kinder misshandelt werden, geschieht das nicht einmalig wie im Münchner U-Bahnhof, sondern einmal wöchentlich und über Zeiträume, die sich über Jahre hinziehen. Die Folgen für die Opfer sind nicht selten genauso schlimm oder noch schlimmer als beim Münchener U-Bahn-Angriff, nur dass keine Überwachungskameras das Geschehen aufzeichnen und eine schnelle erfolgreiche Ermittlung durch die Polizei sowie eine öffentliche Anteilnahme für die Opfer in Gang setzen können.

Tötungsdelikte, schwere Körperverletzung, sexuelle Nötigung, Missbrauch jeder Art geschehen in der Mehrheit der Fälle nicht in dunklen Gassen, in Parks, Autobahnraststätten, Tiefgaragen ohne Frauenparkplätze oder U-Bahnhöfen: Die eigene Wohnung ist Tatort Nummer eins. Aber angesichts der relativen Unsichtbarkeit solcher alltäglicher Gewaltausübung mit schweren Folgen erscheint das Überwachungskamerabild vom Karatekick gegen den Münchner Rentner als ultimativer Zivilisationsbruch, schlimmer und unvorstellbarer – und damit paradoxerweise leichter mental zu verarbeiten als die Gewalt in der Familie.

»Die immer schlimmer ausufernde Jugendgewalt«

In Deutschland sinkt seit Jahren die Zahl der jährlich registrierten Tötungsdelikte. Das ist ein gutes schlechtes Zeichen. Die Anzeigen in der Kategorie »Jugendgewalt« hingegen steigen deutlich und erregen Besorgnis. Andererseits lassen alle Dunkelfeldstudien des letzten Jahrzehnts[3] daran zweifeln, dass es einen allgemeinen Anstieg der von Jugendlichen begangenen Gewalttaten tatsächlich gibt. Der Hellfeldanstieg könnte auf einer Aufhellung des Dunkelfelds beruhen (so auch die Schweizer Untersuchung von Eisner/ Ribeaud 2007), also zum Beispiel auf der gestiegenen Anzeigebe-

---

3 z. B.: Baier/Pfeiffer 2007

reitschaft, speziell gegenüber Tatverdächtigen, die als »ausländisch« auftreten (oder erscheinen).

Für Kriminologen mag dieser Widerspruch ein Gegenstand interessanter Kontroversen oder ein lohnendes Untersuchungsfeld für Doktorarbeiten sein, für praktisch in der Kriminalitätsbekämpfung Arbeitende, für uniformierte oder zivile Straßenarbeiter, also Polizisten oder Streetworker, heißen Hellfeldanstieg und gestiegene Anzeigbereitschaft: öfter Hinfahren, mehr Ermittlung, *more paperwork*, also Mehrarbeit. Die Dunkelfeldstudien bilden zum Teil jedenfalls die nicht zu leugnenden von Steffen[4] und Behrendes[5] benannten massiveren Probleme mit jugendlichen oder heranwachsenden Intensivtätern in den Großstädten ab, zu denen auch die beiden Münchner Tatverdächtigen gehören.

Straßengewalt

Straßengewalt bedarf situativer Gegebenheiten: Kriminalitätsgelegenheiten und -anreize müssen vorhanden sein. »Gelegenheiten und kurzfristige Anreize dafür, Straftaten zu begehen, sind nicht zufällig verteilt: ... typischerweise haben sozial schwache junge Männer beides im Übermaß ...«, so steht es im Lehrbuch der Kriminologie.

Mit Blick auf alle Probleme, die soziale Brennpunkte aufweisen, sei keines so drängend wie das der Gewalt zwischen Personen und das allgemein hohe Niveau der dortigen Aggression, schreibt Elijah Anderson 1994 zu Beginn seines Essays im *Atlantic Monthly*. Berlin Neukölln, der Münchner Harthof, das südbadische Lahr oder jenseits des Rheins die französischen Vorstädte 2005 und 2007: Gibt es deutsche und europäische Parallelen zu dem, was Anderson über die Problemzonen der U.S. *inner cities* schreibt?

---

4 Steffen 2007
5 Behrendes 2007

Weshalb sind soziale Brennpunkte und Zuwanderungsmilieus Lokale und Fokus des Straßengewaltproblems?

Straßenkulturen funktionieren auf der Basis eines Regelwerks der Straße (*code of the street*), den Anderson in seiner Ethnographie des Problemstadtteils von Philadelphia kennen gelernt und beschrieben hat. Es handelt sich dabei um einen Katalog informeller Regeln, die das Miteinander von Personen und die Gewaltanwendung steuern. Bedeutend sind dabei Vorschriften für das »Auftreten« von Personen, die Status beanspruchen, und vorgeschriebene Reaktionsformen bei Herausforderungen durch andere. Der Code hat Verbindlichkeit für *Street*-Leute (also Personen, die im Sinne von Kriminalität, auch Gewaltausübung, auffällig sind) und *Decent*-Bewohnern, also solchen, die sich raushalten und versuchen, ohne Kriminalität zu überleben und ihre Kinder vom schlechten Einfluss der Gangs und heranwachsender Krimineller fernzuhalten.

Respekt als Währung

Im Kern des Codes steht die Währung »Respekt« mit einer Bilanz für jeden Einzelnen, der auf der Straße, im Kiez verkehrt. Ursprünglich kommt dem Wort Respekt eine Bedeutung von »Rücksicht« oder »Zurückblicken« zu, aber im Kiez geht es um das genaue Gegenteil, um den Respekt als Tributleistung für die gesellschaftlich Nichtrespektablen. *To pay one's respect* verweist auf die Heller-und-Pfennig-Qualität des Worts, *to pay one's last respect*, man erweist jemandem die letzte Ehre, indem man zu seinem Begräbnis erscheint. Das genau machen jedoch diejenigen nicht, die jemanden wegen (unterstellter, anscheinender oder faktisch intendierter) Respektverletzung getötet haben.

Respekt erweisen, besser zollen, das verbindet sich in diesen Lebenswelten mit einer Erwartung von Unterwürfigkeit der niedriger Gestellten, eine vormoderne hierarchische Anordnung. Wenn der Feudalherr mit seinen Samurai vorbeiritt, mussten sich die gemeinen Leute (»der Pöbel«) in den Staub werfen und den Kopf senken. Im feudalen Japan und Europa beruht diese Erwartung bedingungsloser Unterwürfigkeit, im Übrigen auch kennzeichnend für die Mitglieder der »rassisch auserwählten« SS, auf massiven Sanktionsdrohungen. Wer sich respektlos gegenüber der Herrschaft verhält, verliert sein Leben. Auch in einigen Slums konnte sich dies zeitweise zum Sanktionsprinzip entwickeln.

Respekt ist für den, der ihn gezollt haben will, ein äußerst hochwertiges und gegenständliches Objekt: schwer erkämpft, leicht verloren, und es muss ständig gehütet und gepflegt werden. Der Code der Straße gibt den Rahmen ab für diese ständige Inspektion von »Respekt«. Das Erscheinungsbild einer Person: Kleidung, Erscheinungsbild, »Auftritt«, sollen verdeutlichen, dass ein Maß an »Respekt« selbstverständlich aufzubringen ist: Man wird als Respektsperson nicht angemacht, nicht »gedisst«. Für den Vorwurf und die Ahndung des *dissing* gibt es den Code mit seinen Straßenregeln, es gelten weder Grundgesetz noch die Menschenrechte oder das Bürgerliches Gesetzbuch.

Dissing

Die erfolgreiche TV-Comedy »Was Guckst Du?« (Kaya Yanar) oder die Clowns des hessischen Mundstuhlduos bringen in ihren Sketchen mit Protagonisten aus dem Zuwanderungsmilieu das Wesen der Respekterwartung und seines Gegenteils, des *dissing*, wesentlich besser auf den Punkt als die Theorien vieler »Gewaltexperten«, die diese zentrale Ursache von Alltagsaggression mit ihren Fragebogenuntersuchungen in Schulklassen nicht erfassen.

Das alltägliche Niveau der Aggressivität und Gewalt hat kausal mit etwas anderem zu tun als nur mit »Arbeits- und Orientierungslosigkeit«. In konkreten Situationen bricht Gewalt los, weil es um eine extreme Empfindlichkeit gegenüber Andeutungen nonverbaler oder verbaler Missachtung oder Beleidigung geht. »Zeichen« der Missachtung werden als physisches Angriffsverhalten aufgefasst und mit verbaler und physischer Aggression beantwortet.

Darin drückt sich eine erhebliche Entfremdung und Entfernung von den Werten und Zeichen der normalen (bürgerlichen) Gesellschaft aus: Tatsächlich bedeutet in den Slums der Code eine kulturelle Anpassung, eine Gewöhnung daran, dass die Menschen den Glauben an die durch Polizei, Gerichtssystem und zivile Gesellschaft zu gewährleistende Ordnung und Gerechtigkeit aufgegeben haben, schreibt Anderson. Dass sie in den Armenslums von Chicago, New York und Los Angeles diesen Glauben verloren hatten (falls sie jemals Grund gehabt hätten, ihm zu vertrauen), lag daran, dass sich dort die Polizei zu lange nicht um Bewohner gekümmert hatte. Die Polizei repräsentierte für die Menschen, die dort leben mussten, nur die Mehrheitsgesellschaft. Der schlimmste Vorwurf: Wird die Polizei gerufen, kommt sie nicht, ein Mangel an *police accountability*: an demokratischer Zurechnungsfähigkeit der Staatsmacht und ihrer uniformierten Vertreter.

Von daher gilt: Wer in rechtsfreien Räumen im Kiez (rechtsfrei im Sinne demokratisch verfasster Gesellschaften) »auf sich selbst aufpassen« kann und psychologische oder physische Kontrolle ausübt, gar andere beschützen kann, genießt Respekt. Er kann auch nicht als 100%ig ungerechter, willkürlicher Nachbarschaftsdespot auftreten, er muss ein System von *give and take* mit seinesgleichen aufbauen, er braucht sowohl diese Reputation und auch die Angst, die man vor seiner Gewalt haben muss, wenn man sie herausfordert. Der Code der Straße würde dort entstehen, wo der Einflussbereich der Polizei endet und wo es der persönlichen Verantwortung des Einzelnen unterliegt, sich um die eigene Sicherheit zu kümmern, so Elijah Anderson in seiner Studie. Sind die Straßenregeln etabliert, so bestimmen sie (Vermeidungs-)Verhalten auch von nichtdelinquenten Personen im öffentlichen Raum des problematischen Viertels, weil es von den Gangs der Straße dominiert wird.

Kieznormen

Im Unterschied zu den tatsächlichen »Gangsta« (das sind nicht die MTV-Poser) gehört die Mehrheit der Leute in Problemvierteln zu den »*working poor*«. Sie sind materiell besser gestellt als die Empfänger staatlicher Hilfen und haben eine Wertschätzung für ehrliche Arbeit. Sie sind bereit, für ihren Nachwuchs Opfer zu bringen, und glauben grundsätzlich an das Wertesystem der Mehrheitsgesellschaft. Sie hoffen auf eine bessere Zukunft, wenn nicht für sie selbst, so doch zumindest für ihre Kinder. Viele sind als Eltern streng, wachsam, religiös, aber prinzipiell kooperationsbereit, wenn es um die Wiederherstellung eines sozialverträglichen Zustands im Viertel geht.[6]

Die »Desorganisierten« hingegen nehmen wenig Rücksicht auf andere und haben eine äußerst oberflächliche Auffassung von Familie und Gemeinwesen. Sie sind als Eltern selten oder gar nicht in der Lage, mit den Anforderungen an ihre Rolle umzugehen, häufig können sie ihre eigenen Bedürfnisse als Erwachsene nicht mit denen ihrer Kinder vereinbaren. Ihr Alltag ist oft desorganisiert, voller Frustrationen und in ihm sind falsche Prioritäten gesetzt. Die Frauen leben in verqueren Abhängigkeiten mit, meist aber ohne ihre Männer, von denen sie trotzdem weiterhin ausgebeutet und misshandelt werden. Bei den »Desorganisierten« sitzen Verbitterung und Ärger tief, ihr versagter Wunsch nach Kontrolle führt zu einem Bedürfnis »auszuteilen«, ihre Geduld ist schnell erschöpft. Ihr Erziehungsstil ist ungeduldig, Grundlage eines von Gewaltgebrauch gekennzeichneten Verhältnisses zu ihren Kindern. Es gibt Schläge für die kleinsten Irritationen. Sie glauben,

---

6 vgl. auch Skogan 2006

man müsste »den Teufel aus dem Kind rausprügeln« und man tue ihm damit etwas Gutes.

Solche Dynamik und so geartete Beziehungsmechanismen liegen an der Basis dessen, was Kriminologen als den Intergenerationenzyklus der Weitergabe von Gewaltbereitschaft kennzeichnen: Kinder beobachten die Auseinandersetzungen und die häusliche Gewalt in der eigenen Wohnung. Die Grundregel wird erlernt: *Might makes right*. Demnach geht Gewalt vor Recht, nur wer stärker ist bekommt Recht. Praktische Konsequenzen aus diesem Lernerfolg sind: Man muss schnell zuschlagen, Konflikte physisch angehen und eine nach außen sichtbare Kampfbereitschaft hat größte Bedeutung für das Überleben auf der Straße.

Gewaltsozialisation

Die Straße ist Sozialisationsagentur für Straßenkids und die Clique der Gleichaltrigen ersetzt Primärbindungen der Familie (Kinder aus »anständigen« Familien erfahren auch im Kiez mehr Kontrollen durch ihre Eltern). Die Straße lehrt gewaltförmiges Durchsetzungsvermögen: Schlagen, verbales Herabsetzen, Beschimpfen, all dies wird Teil der Sozialisation in die Straßenkultur und wird sozial verstärkt. Das System beruht auf einem steten *Campaigning for respect*, auf Respektkampagnen, Streit- und Kampflernen von klein auf. Wer dann physisch Kämpfe für sich entscheiden kann, erntet den Respekt der anderen. *Might makes right* wird zur Lebensregel, Härte gilt als eine unverzichtbare Tugend, Bescheidenheit und Zurückhaltung gelten nichts. Die soziale Bedeutung des dauernden Kämpfens liegt dem nicht zu unterbrechenden Gewaltzyklus zugrunde: Wenn jemand dich anmacht, zahl es ihm zurück, mach' ihn nieder. Wenn dich jemand *disst*, mach' ihn fertig.

Elijah Andersons Feldstudie zeigte, dass auch die »anständigen« Eltern ihre Kinder bestraften oder maßregelten, wenn sie in Kämpfen unterlagen, und so gab es im Kiez eine zumindest teilweise Konvergenz der Erziehungsmethoden der »Straßenorientierten« und der »Anständigen«.

Dinge von Wert

Dinge, das heißt vor allem Luxusobjekte, und Selbstwert sind untrennbar verbunden: Jacken, teure Sportschuhe (*sneakers*) und Goldschmuck sind nach außen gezeigte Symbole für den Eigenwert, den Besitz, den man verteidigen kann und wird, falls ihn jemand anrühren sollte. Was man bei Immobilienbesitz und Aktienpaketen eben nicht kann, solche transportablen Wertzeichen kann man stehlen und jemandem mit Gewalt wegnehmen. Um dazuzugehören, muss man die angesagten Luxusobjekte, die »korrekte« Kleidung, die entsprechenden Markenschuhe et cetera vorzeigen können. Wer das nicht kann, wird zum Gegenstand des Spotts und der Verachtung oder sogar angegriffen.

Ein Selbstwert, der auf Dingen beruht, ist ein prekärer Zustand. Es ist erlaubt, vielleicht sogar Respekt fördernd, durch den Diebstahl, den Raub von Objekten »dazuzugehören«: Das Ganze wird zu einer Trophäenökonomie mit einer dissozialen Laufbahnordnung: Ich klettere sozial nach oben, je besser ich jemand anderen runtermachen kann. Wenn jemand den Code der Straße nicht kennt und deshalb zu meinem Opfer wird, so ist er »selbst schuld«, und ich brauche keine Reue zu verspüren. Niemand sollte es wagen, meine männliche Ehre anzurühren, denn sie ist das Einzige, was zählt. Ich muss nach außen deutlich machen, dass mich nichts erschreckt, deshalb schrecke ich auch vor nichts zurück. Ich habe nichts zu verlieren, das schützt mich.[7] Das Gefängnis ist keine Katastrophe, es zählt wie eine Promotion, es steigert meinen Status, meine Reputation auf der Straße. Außerdem sitzen meine

---

7 vgl. auch Pinker 1999, S. 496 ff.

Kumpels schon dort, und wir halten zusammen und kontrollieren die Knastökonomie.

Ärger und Gewalt im Kiez

Werden Personen chronischen Reizzuständen ausgesetzt, so führt dies zu einer verstärkten Neigung, Situationen als bedrohlich wahrzunehmen. In der Tendenz neigen also solche Personen dann auch stärker dazu – im Vergleich zu weniger durch Dauerreiz gestressten Menschen –, auf bedrohlich empfundene Situationen aggressiv zu reagieren. Mit dieser Theorie versuchte der Soziologe Thomas Bernard[8] zu erklären, weshalb triviale Konflikte und Ehrverletzungen bei Menschen aus extrem benachteiligten Quartieren – den *Inner-city*-Regionen amerikanischer Großstädte – häufiger gewalttätige Reaktionen auslösen. Das verarmte soziale Umfeld führt zusammen mit der Diskriminierung wegen der anderen Hautfarbe zu einem Zustand chronischer physiologischer Erregung bei gleichzeitig vorhandener sozialer Isolation. Die gesteigerte Aggressivität formt eine Spirale von Gewalt.

Die erste Windung entsteht aus dem Zusammenwirken chronischer Reizzustände und einer von sozialer Isolation gekennzeichneten Umwelt. Die Umwelt wird als gefährlich wahrgenommen, weil jeder überall Gefahren wahrnimmt und darauf aggressiv reagiert. Dies steigert wiederum die Gereiztheit, unter der alle leiden. In einem zweiten Schritt lösen sich im Kontext der sozialen Isolation sowohl die übersteigerte Wahrnehmung von Gefahr als auch die dazugehörige aggressive Reaktion von ihren direkten Ursachen ab: Aus dem Reizzustand wird eine subkulturelle Orientierung. Gefahrenwahrnehmung und Gewaltreaktionen werden zum System von Orientierungsmustern. Diese werden in der zwischenmenschlichen Kommunikation übermittelt und schließlich

---
8 Bernard 1990

in der Lebenswelt eines sozial schwierigen Quartiers zu einer geteilten umfassenden Anschauung über die Ordnung der Welt. Ist dies der Fall, so übertragen sich die Gefahrenwahrnehmung und die aggressiven Reaktionsmuster auch auf Quartierangehörige, die nicht unter chronischer Gereiztheit leiden.

Die dritte Windung der Gewaltspirale: Die eigentliche Ursache des Dauerreizes in dieser Lebenswelt kann durch die dort Wohnenden nicht beseitigt, nicht beeinflusst werden, nämlich die relative Armut, die Diskriminierung und der städtische Zerfall. Deshalb entladen die Bewohner ihre Aggressivität auf sichtbare und verwundbare Ziele innerhalb ihrer Umwelt. Das wiederum steigert die Bedrohlichkeit der sozialen Umgebung und die Stärke des von ihr ausgehenden negativen physiologischen Reizes und somit auch die aggressiven Reaktionsmuster. Das nährt die subkulturellen Orientierungen über die Allgegenwärtigkeit von Gefahren und zur gleichen Zeit die Legitimation aggressiver Verhaltensweisen.

Bernard bezeichnet diese spiralförmige negative Dynamik als Subkultur der Ärgeraggression (*Subculture of Angry Aggression*). Es ist kein deterministisches Modell, denn es gibt eine Varianz von Verhaltensweisen von Personen in solchen Lebenssituationen, die von Persönlichkeitsfaktoren und anderen Größen abhängen.

Ob diese Theorie nicht einen besseren Erklärungswert für Gewaltvorfälle auch in unseren Problemvierteln mit hohem Zugewandertenanteil haben könnte als »Desintegrationstheorie« (Bielefelder Zentrum für Gewalt und Konfliktforschung) und »Medienverwahrlosung« (Christian Pfeiffer), müsste durch Forschung geprüft werde. Sie bedürfte allerdings eines anderen Zuschnitts als die des gewohnten Fragebogens in den Schulklassen. Vielleicht gehen die sehr Aggressiven einfach nicht zur Schule in den Gemeinschaftskundeunterricht, wenn die Fragebögen der Dunkelfeldforscher verteilt werden ...

Der Code der Straße

Straßengewalt in Zuwanderungsländern

Die soziale Segregation, die zur Straßengewalt im Kiez und bei Kiezbewohnern führt, hat in Zuwanderungskulturen meist eine ethnische Komponente. Sie hat auch nahezu immer mit einem Mangel an demokratischer *police accountability* zu tun. Den kann man auch der Staatsmacht unseres Nachbarlands Frankreich im Umgang mit den Armenvierteln der Städte, den *banlieue*, vorwerfen.

Dieser Mangel ist die Hauptursache der Ausschreitungen im französischen Herbst 2005, und da er nicht behoben wurde, schon gar nicht unter Präsident Sarkozy, der diesen Mangel für eine Tugend hält und meint, man könne soziale Missstände »wegkärchern«, gab es 2007 wieder Ausbrüche der Gewalt.

Die französischen Medien berichteten Anfang des Jahres 2008, dass die nach der Wahl 2002 von Sarkozy, damals neuer Innenminister, abgeschaffte Nachbarschaftspolizei (*police de proximité*) unter anderem Namen wieder eingesetzt werden soll. Wird es danach wieder »Stille Tage in Clichy« – ein Buchtitel von Henry Miller, der in Clichy noch Spaß haben konnte – geben, in den Vierteln, deren Bewohner nun aus dem Norden Afrikas und aus den südlich der Sahara gelegenen Regionen stammen? Wird ihr männlicher Nachwuchs mit den Nachbarschaftspolizisten besser zurechtkommen als mit den paramilitärischen Patrouillen der Staatsmacht, die einer Besatzungsmacht gleicht und deren Personenkontrollen man in den USA und Großbritannien als *racial profiling* bezeichnen würde?

Bei dem Versuch, einer solchen Kontrolle zu entwischen, kamen in einem Pariser Vorort im heißen Herbst 2005 zwei Jungen in einem Transformatorenhäuschen ums Leben. Die Polizisten wussten um die Gefahr und fuhren einfach weg. Der Tod der beiden Jugendlichen, die vom Fußballtraining kamen, löste die wochenlangen Krawalle aus, die der Polizeiforscher Graham Murray als die französische Version des Hurrikan Katrina bezeichnet hat.

Afrikaner dienten schon im Ersten Weltkrieg der französischen Nation, so, wie auch ihre algerischen Nachfolger für die Grande Nation in Algerien kämpften. Im Mutterland wurden die muslimischen Franzosen – so steht es in ihrem Pass – seit 1923 durch eine spezielle, weiße Nordafrikanerbrigade kontrolliert, vorwiegend ging es um Kleinkriminalität. Diese Truppe wird 1953 zur Brigade Anticriminalité (BAC), deren Aktivitäten sich bis heute gegen Franzosen mit anderer Hautfarbe, insbesondere gegen deren Jugendliche richten.

Im Oktober 1961 tötet die französische Polizei über zweihundert Menschen bei Demonstrationen gegen den Krieg in Algerien. Die Leichen werden in die Seine geworfen. Der Film *Caché* handelt von diesem Tabu der französischen Nachkriegsgeschichte.

Seit 1983 gibt es Schusswaffengebrauch von Bürgern und Polizei gegen die Minderheitenjugendlichen. Die Opferzahl geht in Richtung zweihundert. Die Feldforscherin C. L. Schneider zitiert eine Bewohnerin der Trabantenstädte. Es gäbe andauernd Personenkontrollen, die Beamten zeigten einen Mangel an »anständigem Verhalten«, stattdessen gäbe es brutales Vorgehen samt Straffreiheit bei Übergriffen auf Seiten der Polizei. Man jage die jungen Männer wie Wild, als wäre es ein Zeitvertreib. Und die sehen sich als Helden, wenn sie die Polizei herausfordern und ihr entwischen können. Und inzwischen greifen sie frontal an, zum Teil mit mörderischen Absichten.

Ein von der Polizei getöteter Jugendlicher steht meist am Anfang der gewalttätigen Auseinandersetzungen zwischen den Vorstadtrebellen und der Staatsmacht, Explosionen von Aggression und Zerstörungswut, die seit dem Mai 1991 bis zu den gegenwärtigen Krawallen im Abstand von ein paar Jahren in den Vorstädten Val Fourré, Noisy-le-Grand, Dammarie Les Lys und anderswo losgebrochen sind. Sind die Ursachen wirklich in der Polygamie der afrikanischen Muslims zu suchen? In der »dysfunktionalen Sexualität muslimischer Jugendlicher«, ihrer »Macho-Besessenheit«? Ursachenvermutungen, die auch in der durch Wahlkämpfer Roland Koch entzündeten neuen deutschen Jugendgewaltdebatte auftauchten, in der das Gewaltproblem nicht einigen besonders auffälligen, sondern einer gesamten Kategorie, nämlich Jugendlichen mit Migrationshintergrund, zugeschrieben wird.

Oder handelt es sich um eine kategorische Ungleichheit zwischen »richtigen« Bürgern und wertlosen Vorstadtbewohnern, die wegen ihres Namens und ihrer Hautfarbe schlechtere Chancen haben? Auch ein deutscher Zustand, wir wissen das.

Die Fremden und die Polizei

Polizisten erfinden keine Kategorien, die zwischen Menschen erster und dritter Klasse differenzieren, aber sie können durch ihre Alltagspraxis die in einer Gesellschaft existierenden verstärken, so belegt es die Feldstudie von Schneider. In Frankreich ist der Ausdruck »Immigrant« eine Bezeichnung für »Rasse«. Kolonialstämmige sind keine Fremden, werden aber als »Ausländer« kategorisiert. Deutsche Soziologieprofessoren, die das Nachbarland als im Vergleich zu Deutschland so wundersam »befreit«, den Diskurs im Café so »belebend« finden, sollten sich vielleicht die Vorstädte einmal anschauen. Man fährt allerdings 30 bis 40 Kilometer mit den öffentlichen Verkehrsmitteln. Mit dem Auto ginge es schneller, aber es könnte aufgrund des deutschen Kennzeichens abgefackelt werden ...

Schon im Mai 2001 gibt es im englischen Oldham nahe Manchester einen Angriff auf einen Rentner. Er wird von Jugendlichen und Heranwachsenden aus pakistanischen und Bangladeshi-Familien niedergeschlagen. Das Opfer, Walter Chamberlain, ist 75 Jahre alt, D-Day-Veteran und der Angriff wird in den Medien als »rassistischer Angriff« bezeichnet, als »Versuch muslimischer

Gangjugendlicher, No-go-Areas für weiße Briten« einzuführen. In der Folge gibt es *race riots*: Migrantenjugendliche gegen Polizei und National Front in Aylesbury, eine Woche später in Leeds und Burnley, dann in Bradford.

Die britischen Muslime und ihr männlicher Nachwuchs geraten damals in den Fokus einer Jugendgewaltdebatte. Vorher ging es bei den Problemen in den Zuwandererviertln stets um die fremde Religion, um Heiratspraktiken und die Unterdrückung von Frauen, nun stehen gewalttätige Jugendgangs, Drogen sowie der Rassismus der Minderheit gegen die (weiße) Mehrheit im Lichtkegel der Erregtheit. Der *Asian community* wird Dysfunktionalität bescheinigt, sie könne ihren Nachwuchs nicht zähmen. Dazu addiert sich der Fundamentalismusverdacht. Dabei werden die Zuwanderer als Gemeinschaft – die sie in England so wenig sind wie in unseren Städten – intern homogenisiert, gleichzeitig nach außen abgegrenzt. Dies, sagt die Forscherin Claire Alexander, ist die Geburt der kategorialen Unterschiede, die an der Wurzel einer Vorstellung von der wesensmäßigen Andersartigkeit der Fremden, der anderen »Rasse«, die Mentalität der Bürger prägt.

Unterschiede

In unserem Land mögen wir den Ausdruck »Rasse« nicht, weil wir bei dem Wort an ein Bahngleis denken, das an einer Rampe vor einem Tor endet, auf dem »Arbeit macht frei!« steht. Wir haben keine *race riots* wie in Frankreich, England und in den Städten der USA, in unseren Kiezen kann sich die Polizei trotz aller aggressiven Grundstimmung bei den Jugendlichen bewegen. Polizisten sitzen beim morgendlichen Hausfrauentreff und organisieren Jugendprojekte, sie kochen mit türkischen Jungs. Sie besuchen den Moscheeverein und versuchen geduldig Wege aus der Jugendgewaltmisere, deren Existenz niemand bestreiten kann, zu erkunden. Keine Rambo-Polizei oder »BAC Star Wars Krieger«, sondern eine Stadtteilpolizei mit Hausfrauenqualitäten (fürsorglich aufräumen, sich kümmern, geduldig sein, ermahnen, erziehen, keine große Belohnung erwarten ...) hat gegenwärtig Erfolge in den Kiezen unserer Städte. Die erscheinen weniger berichtenswert als die U-Bahn-Gewalt und die Angriffe auf Rentner.

Die Münchener Tatverdächtigen sind Zöglinge der oben beschriebenen Sozialisationsagenturen, ihrer Normen und ihrer Orientierungsmuster, sie haben dieses Wertsystem erlernt und verinnerlicht. Sie sind Kinder des Ärgers und der Wut, deshalb zeigen sie weder Scham noch Reue. Schuld ist leichter zu ertragen.

Von diesen Jugendlichen und Heranwachsenden gibt es einigermaßen viele auf den Straßen unserer Städte. Ihrer durch eine Verlängerung des Höchststrafmaßes im Rahmen der Jugendstrafe Herr zu werden, das ist die Theorie der geringsten Vorstellungskraft, eine völlig haltlose Annahme. Der Code und seine Normen liegen einer *oppositional culture* zugrunde, die dem Schutz und Selbstwert derer dient, die keine anderen Ressourcen haben als ihre männliche Ehre. Sie verachten das Wertesystem der Abgesicherten, wer sie als Zugehöriger der Abgesichertenmehrheit gedisst hat, wird als »Scheißdeutscher« beschimpft und angegriffen, egal wie alt er ist. Die echten »Gangsta« sind keine Helden vom Typus Robin Hood, die Frauen, Kinder oder ältere Menschen schonen.

Ist das Wertesystem des Kiez eine neue Entwicklung oder gab es sie nicht immer? Beispiele finden sich sowohl in der Feudalgesellschaft als auch in allen Slums der Zuwanderer seit dem Beginn der großen Migrationsströme nach Nordamerika – und nun nach Europa? Das Problem ist, dass die Kluft zwischen diesem Code und dem Wertesystem der Mehrheitsgesellschaft, zusammen mit der Verfügbarkeit von Waffen, und die gesunkene Hemmschwelle, Gewalt einzusetzen, eine Alltäglichkeit entgrenzten Gewaltverhaltens ermöglichen.

So werden statt erwachsener männlicher Vorbilder »Gangsta«-Poser über die Musikvideos Leitfiguren der Szene. Sie verklären in den Texten ihres Rap den 11. September 2001 als Tag der Entscheidung, sie verklären Gewalt als Antwort auf vermeintliches *dissing*, machen Reklame für Selbstmordattentate und kombinieren dies mit brachialem Machismogetue (»… wir stürzen ab und ich ficke mit der Stewardess«). Sie sind so stolz auf ihre Testosteron-Poesie (»Guck, ich hab zweimal Gold …, Mädchen finden, dass ich ausseh' wie ein Kraftpaket …«) wie die Kids auf Taten, mit denen sie im Jugendstrafvollzug landen.

Der Szene, diesen Jugendlichen, fehlt keine Gewaltpoesie. Es mangelt an Fähigkeiten, die eine sozial adäquate Perspektivenübernahme und Einsicht in die Folgen des eigenen Handelns ermöglichen würden, letztlich sozial vermittelte Scham für begangenes schädliches Verhalten. Von solchen Tätern wie den Münchner U-Bahn-Schlägern Reue zu erwarten ist naiv. Die haben das nicht gelernt, wir haben ihnen das Erlernen von Verantwortung für das eigene Handeln und somit Scham über übles Verhalten vorenthalten, unter anderem weil wir sie sich selbst überlassen haben.

Die Gefahr, die von den gegenwärtigen Jugendgewaltdebatten ausgeht, besteht zusätzlich darin, dass kategoriale Unterschiede zwischen Deutschen und »Fremden« auf homöopathische Weise in unsere Wahrnehmung eingeträufelt werden. Deutschland wird nämlich nicht in der U-Bahn verteidigt. No-go-Areas entstehen zunächst im Kopf. Nicht längere Haftstrafen, Boot Camps oder neue zwangstherapeutische »Kuckucksnester« werden bei denen helfen, die noch nicht vor dem Richter stehen, sondern eine andere, striktere, auf Konfrontation und eine mit Recht und Anstand zu vereinbarende Form der Konfrontation ist angesagt, eine deutlichere Reaktion auf Gewaltorientierung und -normalisierung. Wer Gewalt verhindern will, muss ihre »Neutralisierung« bei den

Tatbereiten bekämpfen (»Gewalt ist die richtige Reaktion auf dissing«, »Gewalt macht Spaß«). Das bedarf geschulter Kräfte und wird trotzdem anstrengend.

Dirk Baier, Christian Pfeiffer
Türkische Kinder und Jugendliche als Täter und Opfer von Gewalt

1. Einleitung

Eine am 20. Dezember 2007 von einer Überwachungskamera gefilmte Gewalttat zweier junger Männer hat in den darauf folgenden Wochen die öffentliche Debatte zur Jugendgewalt in Deutschland stark bestimmt. Bei den Tätern handelte es sich um zwei junge Migranten türkischer bzw. griechischer Herkunft. Da der Film mit der extrem brutalen Gewaltszene über Tage hinweg in vielen Nachrichtensendungen gezeigt wurde, entstand schnell die These, die Ausländerkriminalität sei die zentrale Bedrohung für unsere innere Sicherheit. Insbesondere die jungen Türken gerieten in das Visier von Politik und Medien. Schon während des damals laufenden hessischen Landtagswahlkampfs hatten wir diese Debatte zum Anlass genommen, den sehr emotional geprägten Argumenten kriminologische Fakten und empirische Erkenntnisse entgegenzusetzen.[1] Im nachfolgenden Beitrag möchten wir auf die Frage eingehen, welche Besonderheiten sich zeigen, wenn wir uns bei den Datenanalysen auf die Gruppe der jungen Türken konzentrieren. Zentrale Grundlage unserer Untersuchungen sind dabei Repräsentativbefragungen mit Schülerinnen und Schülern vierter und neunter Klassen, die wir in den Jahren 1998 bis 2006 in verschiedenen Städten und Landkreisen aus fünf Bundesländern durchgeführt haben. Ergänzend werden ferner Daten der Polizeilichen Kriminalstatistik herangezogen.

---

1 Pfeiffer/Baier 2008

2. Gewaltverhalten und Schulerfolg bei türkischen Kindern

Im Jahr 2005 konnten wir in unsere KFN-Schülerbefragung erstmals auch 5.529 Schülerinnen und Schüler vierter Klassen einbeziehen.[2] Mit Unterstützung der Klassenlehrer wurden dabei auch Daten zum Bildungshintergrund der Eltern sowie zur Schullaufbahnempfehlung der Kinder erhoben.

Die nachfolgende Abbildung 1 zeigt zu den türkischen Kindern zwei Besonderheiten: Zum einen weisen sie im Vergleich aller ethnischen Gruppen die niedrigste Rate an Empfehlungen für das Gymnasium und die höchste für den Besuch der Hauptschule auf. Zum anderen haben sie innerhalb der Schule nach eigenen Angaben am häufigsten anderen Kindern Gewalt angetan (ein anderes Kind geschlagen/getreten bzw. sich mit einem anderen Kind geprügelt).

Im Hinblick auf den Vergleich der Schullaufbahnempfehlungen ermöglicht uns eine seit 2005 vom KFN durchgeführte Längsschnittstudie mit 1.000 Berliner Schulkindern einen Begabungs-

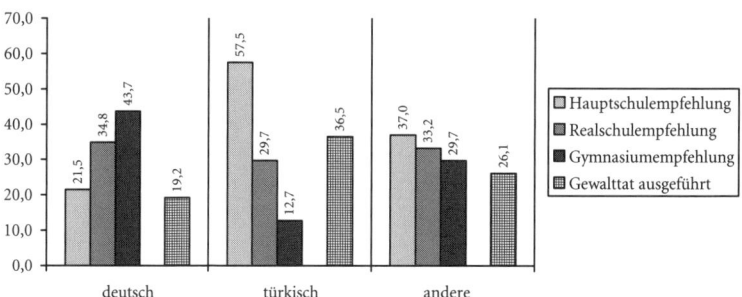

Abbildung 1: Schullaufbahnempfehlungen und selbst berichtete Gewalttaten (schlagen/prügeln) für Viertklässler aus verschiedenen ethnischen Gruppen (KFN-Schülerbefragung 2005, in %)

---
2 vgl. Mössle/Kleimann/Rehbein 2007

vergleich zu den mathematischen Fähigkeiten von Drittklässlern. Zwar haben sich hier im Alter von acht Jahren im Vergleich der ethnischen Gruppen marginale Unterschiede gezeigt; die einheimischen deutschen Kinder schnitten geringfügig besser ab als türkische oder russische Kinder. Die Divergenzen waren aber zu klein, um die bereits in diesem Alter zum Fach Mathematik auftretenden Leistungsunterschiede erklären zu können. Offenkundig spielen andere Faktoren eine gewichtige Rolle. In der nachfolgenden Tabelle 1 werden aus der Schülerbefragung der Viertklässler die Merkmale aufgeführt, bei denen wir davon ausgehen, dass sie für das schulische Lernen wie auch die Gewaltbereitschaft von Bedeutung sind.

Tabelle 1: Rahmenbedingungen des Aufwachsens von Viertklässlern aus verschiedenen ethnischen Gruppen (KFN-Schülerbefragung 2005, in %)

	deutsch	türkisch	andere
eigenes Zimmer	87,5	26,6	60,8
Besitz einer Spielkonsole im Zimmer	21,1	40,4	37,7
Besitz eines Computers im Zimmer	33,8	43,0	39,5
Besitz eines Fernsehers im Zimmer	30,3	46,3	48,6
Medienzeit an Schultag (Mittelwert in Stunden : Minuten)	02:15	03:28	02:54
Medienzeit an Wochenendtag (Mittelwert in Stunden : Minuten)	03:35	05:03	04:31
in letzten 7 Tagen Filme ab 16/18 gesehen	16,8	38,2	29,4
schon einmal Spiele ab 16/17 gespielt	33,0	55,1	46,7
Erleben elterlicher Gewalt	12,1	19,3	18,3
Anteil Freunde mit deutscher Herkunft	90,3	42,8	60,8

Türkische Kinder und Jugendliche

	deutsch	türkisch	andere
Migrantenanteil in Klasse	26,5	57,0	43,8
wohnhaft in Großstadt (> 30.000 Einwohner)	58,0	87,8	77,9
hohe Elternbildung	41,5	8,0	23,9

Auffallend ist, dass türkische Kinder im Vergleich aller Gruppen am seltensten (zu 26,6 %) über ein eigenes Zimmer verfügen. Es liegt auf der Hand, dass daraus erhebliche Nachteile erwachsen, weil die Konzentration auf schulisches Lernen erschwert wird, wenn Geschwister oder auch Erwachsene im selben Raum ihren Freizeitbeschäftigungen nachgehen (Musik hören, fernsehen, telefonieren, mit Freunden reden oder spielen).

Hinzu kommt, dass 10-jährige türkische Kinder am häufigsten über eine eigene Spielkonsole und einen eigenen Computer verfügen und dass sie auch bei der Ausstattung mit einem eigenen Fernseher an zweiter Stelle aller ethnischen Gruppen liegen. Die Verfügbarkeit über eigene Bildschirmgeräte hat zur Folge, dass türkische Viertklässler an Schultagen mit 3 Stunden 28 Minuten weitaus am meisten Zeit mit Medienkonsum verbringen. Auch am Wochenende liegen sie mit 5 Stunden 3 Minuten vor allen anderen Vergleichsgruppen. Ein entsprechendes Bild zeigt sich im Hinblick auf den Konsum von Filmen und Computerspielen, die wegen ihrer extremen Gewaltszenen erst ab 16 oder ab 18 erlaubt sind oder indiziert wurden. Auch hier erreichen die türkischen Kinder die mit Abstand höchsten Belastungsquoten. Ein zentraler Befund unser bisherigen Medienwirkungsforschung lautet aber: Je mehr Zeit Kinder und Jugendliche mit Medienkonsum verbringen und je brutaler die Inhalte der Filme und Computerspiele sind, umso schlechter fallen die Schulnoten aus.[3] Die schlechten Schulresulta-

---
3 Pfeiffer et al. 2008

te der türkischen Kinder finden hier teilweise ihre Erklärung. Dies dokumentiert nicht nur die besonders niedrige Quote ihrer Gymnasialempfehlungen, sondern auch die vergleichsweise schwache Durchschnittsnote von 3,2, die sich bei ihnen für die Fächer Deutsch, Sachkunde und Mathematik ergibt (zum Vergleich deutsche Kinder 2,5, andere Kinder 2,9).

Ein weiterer Belastungsfaktor ist die Erfahrung innerfamiliärer Gewalt. Sie hat nicht nur für Schulnoten Bedeutung, sondern vor allem für das delinquente Verhalten der Betroffenen.[4] Die nachfolgende Abbildung 2 stellt aus der Sicht der von uns 2005 befragten 14.301 Neuntklässler dar, in welchem Ausmaß sie in ihrer Kindheit (bis zum 12. Lebensjahr) Opfer innerfamiliärer Gewalt geworden sind.[5]

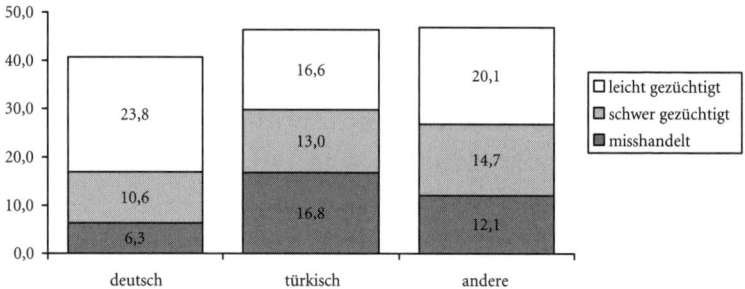

Abbildung 2: Elterliche Gewalt in der Kindheit nach ethnischer Herkunft, neunte Jahrgangsstufe (KFN-Schülerbefragung 2005, in %)

---

4   vgl. Lansford et al. 2007, Smith/Thornberry 1995
5   Erfasst wurden die elterliche Gewalt über die Einschätzung der erlebten Häufigkeit folgender sechs Übergriffsformen: eine runtergehauen, mit einem Gegenstand geworfen, hart angepackt oder gestoßen, mit einem Gegenstand geschlagen, mit der Faust geschlagen oder getreten, geprügelt oder zusammengeschlagen. Wenn höchstens die ersten drei Formen selten erlebt wurden, bezeichnen wir den Erziehungsstil als leicht gezüchtigt; wenn diese drei Formen häufiger oder die vierte mindestens selten angewandt wurde, sprechen wir von schwer gezüchtigt. Misshandlung liegt vor, wenn mit der Faust geschlagen/getreten bzw. geprügelt oder zusammengeschlagen wurde.

Für türkische Kinder ergibt sich danach mit 16,8 Prozent die mit Abstand höchste Misshandlungsquote aller ethnischen Gruppen. Bei den 10-Jährigen haben wir darauf verzichtet, innerfamiliäre Gewalt entsprechend detailliert abzufragen, und lediglich erfasst, ob die Kinder in den letzten vier Wochen eine Ohrfeige bekommen haben bzw. geschlagen worden sind. Aber auch insoweit weisen die türkischen Kinder mit 19,3 Prozent deutlich höhere Belastungsquoten auf als etwa einheimische deutsche Kinder mit 12,1 Prozent.

Ein präventiver Faktor gegen das Hineinwachsen in delinquente Gruppen ist die soziale Integration von Migrantenkindern. Der ethnischen Zusammensetzung der Freundesgruppe kommt dabei offenkundig hohe Bedeutung zu.[6] Wir haben deshalb erfragt, welcher ethnischen Gruppe die drei Kinder angehört haben, von denen man zuletzt zum Geburtstag eingeladen wurde. Von den deutschen Kindern gaben nicht überraschend 90,3 Prozent an, dass die sie einladenden Geburtstagskinder deutscher Herkunft waren. Bei den anderen Kindern gilt dies für 60,8 Prozent der einladenden Kinder, bei türkischen Kindern für 42,8 Prozent. Im Hinblick auf türkische Viertklässler haben sich dabei ausgeprägte regionale Divergenzen ergeben, die als Ausdruck für beachtliche Unterschiede der sozialen Integration gewertet werden können. Im Vergleich der Städte sind türkische Kinder durchschnittlich am häufigsten in Oldenburg von deutschen Kindern zum Geburtstag eingeladen worden (92,2 %), am anderen Ende der Skala steht Dortmund mit 35,5 Prozent. Nicht überraschend zeigt sich bei einer Gegenüberstellung der Gewaltrate türkischer Kinder im Vergleich der Städte das umgekehrte Bild. Die höchste Quote weisen die türkischen Viertklässler in Dortmund auf (48,0 %), eine deutlich niedrigere in Oldenburg (35,3 %).

Freundschaftsbeziehungen zu deutschen Kindern etablieren

---

6 vgl. Rabold/Baier 2008

sich in erster Linie über den Kindergarten und die Schule. Die Kinder sind damit auf die strukturellen Gegebenheiten ihrer Umwelt angewiesen. Vor diesem Hintergrund erscheint es problematisch, dass bei unserer Datenerhebung fast 9 von 10 türkischen Kindern in Städten mit über 30.000 Einwohnern aufwachsen und dabei häufig unter ihresgleichen bleiben, weil knapp drei Fünftel ihrer Klassenkameraden selber Migranten sind. Die deutschen Kinder wohnen demgegenüber häufiger auch im kleinstädtischen und ländlichen Raum und werden seltener in Klassen zusammen mit Migranten unterrichtet.

Nachfolgend werden die bisher erörterten Einflussvariablen auf Schulleistungen und auf gewaltförmige Kinderdelinquenz von Viertklässlern in einer Pfadanalyse zusammengefasst.[7] Die Zahlen an den Pfaden stellen standardisierte Koeffizienten dar, die zwi-

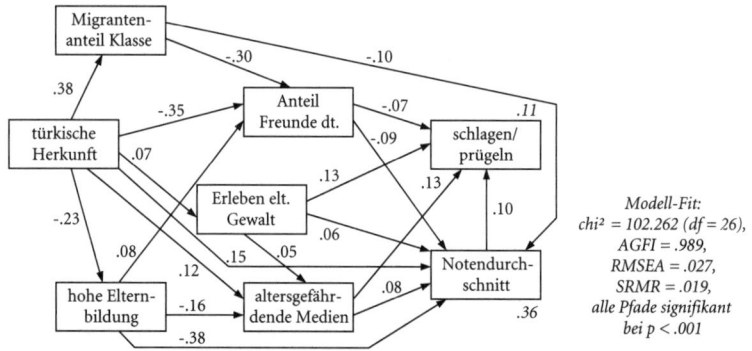

Abbildung 3: Modell zur Erklärung gewaltförmiger Kinderdelinquenz sowie der Schulleistungen von Viertklässlern (kontrolliert um Alter, Geschlecht und regionale Herkunft; KFN-Schülerbefragung 2005; gewichtete Daten; abgebildet: standardisierte Pfadkoeffizienten)

---

7 vgl. zu diesem Auswertungsverfahren u.a. Reinecke (2005). Es gingen nur manifeste Variablen in die Berechnungen ein, was entsprechend den Konventionen durch Verwendung von Rechtecken zur Kennzeichnung der Variablen kenntlich gemacht ist.

schen 0 (kein Zusammenhang) und 1 (perfekter Zusammenhang) variieren können. Existierende Zusammenhänge zwischen Faktoren werden über Pfeile kenntlich gemacht, wobei die Richtung des Pfeils die vermutete Wirkrichtung wiedergibt. Neben den bereits vorgestellten Faktoren haben wir zusätzlich die »hohe Elternbildung« einbezogen, da in der Schulleistungsforschung häufig von einem Transmissionseffekt elterlicher Bildung berichtet wird.[8]

Ein direkter Pfad von der türkischen Herkunft auf die Variable »schlagen/prügeln« besteht nach Kontrolle verschiedener anderer Faktoren nicht mehr. Die Höherbelastung türkischer Kinder im Gewaltverhalten lässt sich dabei im Wesentlichen auf vier Faktoren zurückführen:

1. Türkische Kinder weisen auch nach Kontrolle des elterlichen Bildungsniveaus signifikant schlechtere Schulleistungen auf. Schlechte Schulleistungen sind mit Ärger und Frustration verbunden und erhöhen so das Risiko gewaltförmiger Kinderdelinquenz.
2. Türkische Kinder konsumieren häufiger altersgefährdende Medien. Durch den Konsum dieser Medien erhalten die Kinder häufiger Kontakt mit gewalttätigen Verhaltensvorbildern; zudem senkt insbesondere der Konsum gewalthaltiger Computerspiele nachweislich das Empathievermögen[9], so dass ein Zusammenhang mit der eigenen Gewaltbereitschaft empirisch als gesichert gelten kann.[10] Im Modell zeigt sich zudem, dass ein häufiger Konsum dieser Inhalte auch den Notendurchschnitt senkt.
3. Türkische Kinder besitzen weniger Kontakte zu einheimischen, deutschen Freunden. Mit einem häufigeren Kontakt gehen eine geringere Gewaltbereitschaft und ein besserer Notendurch-

---
8 vgl. z.B. Baumert/Schümer 2001
9 Funk et al. 2004
10 vgl. auch Mößle/Kleimann/Rehbein 2007, S. 31 ff.

schnitt einher. Der Anteil an deutschen Freunden ist dabei abhängig vom Migrantenanteil in der Klasse: Je höher dieser ausfällt, umso weniger deutsche Freunde finden sich im Netzwerk.
4. Türkische Kinder erfahren häufiger elterliche Gewalt. Ein solches Erleben steigert einerseits die Bereitschaft, selbst Gewalt anzuwenden; anderseits sind gezüchtigte bzw. misshandelte Kinder auch seltener dazu in der Lage, gute schulische Leistungen zu erbringen.

Das Modell verdeutlicht zudem, dass es einen sehr engen Zusammenhang zwischen elterlicher Bildung und eigener Schulleistung gibt: Je höher die elterliche Bildung ist, umso besser ist der Notendurchschnitt. Türkische Schüler kommen wiederum seltener aus hoch gebildeten Elternhäusern. Die elterliche Bildung wirkt sich aber nicht direkt auf das Gewaltverhalten von Schülern auf. Die Tatsache, dass türkische Kinder insoweit schlechter gestellt sind, kann also die Gewaltunterschiede zwischen deutschen und türkischen Viertklässlern nicht direkt erklären.[11]

3. Die polizeilich registrierte Gewaltkriminalität türkischer Jugendlicher

Polizeiliche Kriminalstatistiken sind nur bedingt geeignet, Vergleichsanalysen zur Kriminalitätsbelastung von jungen Auslän-

---

[11] In Abbildung 3 findet sich zuletzt ein negativer Zusammenhang zwischen dem Migrantenanteil in der Klasse und dem Notendurchschnitt. Hohe Migrantenanteile entfalten also eine ambivalente Wirkung: Einerseits haben sie zur Folge, dass sich seltener Freundschaften zu deutschen Kindern entwickeln können, was wiederum das Risiko eigenen Gewalthandelns erhöht und den Notendurchschnitt senkt. Anderseits bieten sie zugleich die Möglichkeit, tendenziell bessere Leistungen zu erzielen. In Klassen mit hohem Migrantenanteil, so ist zu vermuten, fällt es einem einzelnen Schüler leichter, sich von dem durchschnittlich schlechteren Leistungsniveau positiv abzuheben. Dies deutet darauf hin, dass hohe Migrantenanteile in Grundschulklassen nicht genuin nachteilig sind, sondern dass es auf die Höhe des Anteils ankommen könnte, es also Schwellenwerte gibt, die nicht überschritten werden sollten.

dern und jungen Deutschen vorzunehmen. Da bei der polizeilichen Registrierung von Tatverdächtigen deren Nationalität erfasst wird, nicht jedoch ihre ethnische Herkunft[12], werden eingebürgerte türkische Jugendliche als Deutsche registriert. Legt man die Befunde der Schülerbefragung 2005 zugrunde, dann betraf das im Jahr 2004 37,5 Prozent der 14- bis 16-jährigen türkischen Gewalttäter. Von den türkischen Schülerinnen und Schülern hatten Anfang 2005 26,8 Prozent angegeben, dass sie im Jahr vor der Befragung mindestens eine Gewalttat begangen hätten. Von diesen verfügten 62,5 Prozent über die türkische Nationalität. Die anderen waren bereits als Deutsche geboren, weil ihre Eltern zuvor die Einbürgerung erreicht hatten, oder sie wurden selbst später eingebürgert.

Zu beachten ist ferner, dass junge Ausländer nach übereinstimmenden Befunden mehrerer Untersuchungen im Vergleich zu einheimischen jungen Deutschen ein höheres Risiko haben, wegen ihrer Gewalttaten angezeigt und danach dann als Tatverdächtige polizeilich registriert zu werden. Dies gilt insbesondere für die häufige Konstellation, dass Opfer und Täter unterschiedlichen ethnischen Gruppen angehören.[13] Längsschnittanalysen zur polizeilich registrierten Gewaltbelastung von jungen Ausländern und jungen Deutschen werden auch dadurch erschwert, dass es sich bei der wachsenden Gruppe von eingebürgerten jungen Migranten um Personen mit spezifischen sozialen Merkmalen handelt. Damit sie als Mitglied ihrer Familie die deutsche Staatsangehörigkeit erhalten, müssen ihre Eltern sozial gut integriert sein und dürfen keine Vorstrafen aufweisen. Als Folge dieser Positivselektion er-

---

12 Eine Ausnahme gilt für junge Aussiedler, bei denen in einigen Bundesländern ergänzend zur Angabe, dass sie als deutsche Tatverdächtige registriert worden sind, auch noch erfasst wird, dass es sich bei ihnen um Aussiedler handelt und aus welchem Land sie nach Deutschland zugewandert sind (vgl. Pfeiffer et al. 2005).
13 vgl. Wilmers et al. 2002, Mansel 2003, Pfeiffer et al. 2005

höht sich wiederum unter den Ausländern der Anteil derjenigen, die sozialen Randgruppen angehören.

Trotzdem sind die Kriminalstatistiken die einzige Datenquelle, die über längerfristige Entwicklungstrends informiert. In Abbildung 4 sind getrennt für deutsche und nichtdeutsche Jugendliche (14 bis unter 18 Jahre) die Entwicklungen im Bereich aller Straftaten sowie im Bereich der Gewalttaten anhand der Tatverdächtigenbelastungsziffer (TVBZ) dargestellt. Diese Ziffer gibt an, wie viele Jugendliche von 100.000 der Altersgruppe als Täter in Erscheinung getreten sind. Dabei können wir eine Fehlerquelle nicht kontrollieren: Unter den ausländischen Tatverdächtigen befinden sich auch Touristen, Illegale oder andere in Deutschland lebende Personen mit ausländischem Pass, die sich vorübergehend im Land aufhalten. Sie werden nur von der Polizei registriert, nicht aber in der Bevölkerungsstatistik. Die TVBZ fällt bei Ausländern deswegen generell zu hoch aus. Bei Jugendlichen kommt diesem Verzerrungsfaktor jedoch etwas geringere Bedeutung zu als bei Erwachsenen, weil der Anteil der 14- bis 18-Jährigen an dieser Personengruppe relativ niedrig ausfällt.

Betrachten wir zunächst die Trends im Bereich aller Straftaten insgesamt, so zeigen sich für deutsche wie für nichtdeutsche Jugendliche bis 1999 dieselben Entwicklungen: Bei beiden Gruppen steigt die Kriminalitätsrate, wobei der Anstieg bei nichtdeutschen Jugendlichen (10 %) geringer ausfällt als bei deutschen Jugendlichen (40 %). Nach 1999 sinkt bei den nichtdeutschen Jugendlichen die TVBZ für alle Straftaten bis 2006 um 21 %, bei deutschen Jugendlichen bleibt sie weitestgehend konstant (minus 6 %). Dies hat zur Folge, dass der Anteil von Straftaten, der von nichtdeutschen Jugendlichen begangen wird, von 27,6 auf 16,4 % fällt. Während also 1993 noch jede vierte polizeilich als Jugendkriminalität erfasste Straftat auf das Konto eines nichtdeutschen Jugendlichen gegangen ist, war es dreizehn Jahre später nur mehr jede sechste Tat.

Türkische Kinder und Jugendliche

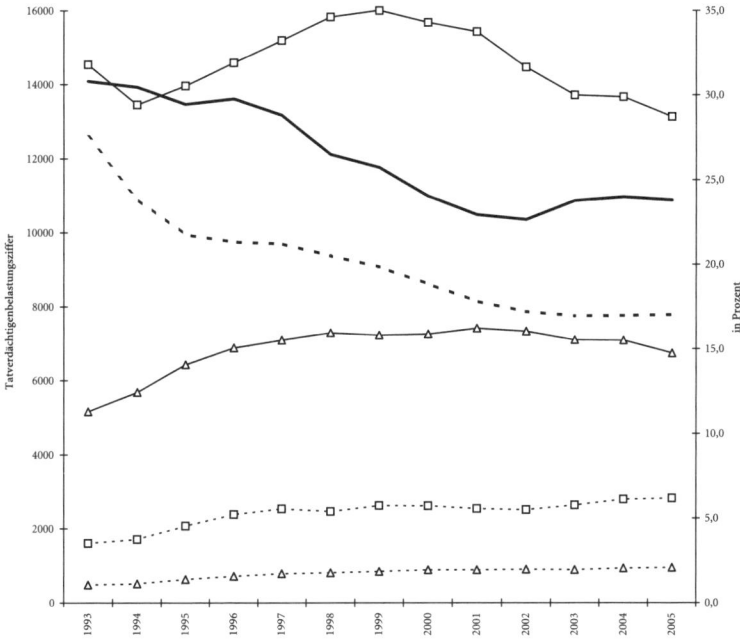

Abbildung 4: Entwicklung der TVBZ für Straf-/Gewalttaten für deutsche und nichtdeutsche Jugendliche seit 1993 sowie Entwicklung des Anteils der von nichtdeutschen Jugendlichen begangenen Straf-/Gewalttaten seit 1993

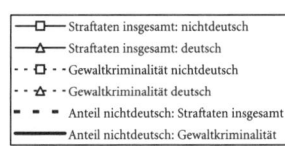

Ein ähnlicher Trend in Bezug auf den Anteil der von nichtdeutschen Jugendlichen begangenen Taten lässt sich hinsichtlich der Gewaltkriminalität konstatieren, worunter die Delikte Mord/Totschlag, Raub, gefährliche/schwere Körperverletzung und Vergewaltigung subsumiert werden. Im Jahr 1993 wurden noch 30,8 Prozent aller als Jugendgewalt polizeilich registrierten Straftaten durch ausländische Jugendliche verübt, 2006 waren es 23,5 Prozent. Dennoch ergibt sich bei beiden Gruppen ein Anstieg der TVBZ, der allerdings für nichtdeutsche Jugendliche schwächer ausfällt als für deutsche Jugendliche: 1993 lag die TVBZ für Gewaltkriminalität bei nichtdeutschen Jugendlichen bei 1.605,4 und bei deutschen Jugendlichen bei 486,9; 2006 ist sie bei nichtdeutschen Jugendlichen auf 2.863,6 und bei deutschen Jugendlichen auf 983,9 gestiegen. Dies entspricht bei den nichtdeutschen Jugendlichen einem Anstieg von 78 Prozent, bei den deutschen Jugendlichen hingegen von 102 Prozent. Ein möglicher Grund für die Annäherung der beiden Gruppen könnte sein, dass eine steigende Zahl von in Deutschland lebenden Aussiedlerjugendlichen, bei denen vor allem die Jungen durch eine überdurchschnittliche Gewaltbereitschaft auffallen[14], in der Statistik als Deutsche geführt werden.

Für das Jahr 2006 können wir im Rahmen eines Querschnittsvergleiches die TVBZ von türkischen Jugendlichen gesondert berechnen.[15] In Bezug auf alle Straftaten weisen sie, wie Abbildung 5 zeigt, eine um zwei Drittel höhere TVBZ auf als deutsche Jugendliche. Für die Gruppe aller Nichtdeutschen ergibt sich hier im Vergleich zu Deutschen ein Plus von 86 Prozent. Zur Gewaltkriminalität fallen die Unterschiede deutlicher aus. Hier weisen die türkischen Jugendlichen die höchste TVBZ auf. Sie übersteigt die der Deutschen um das 3,5-Fache und die aller Nichtdeutschen um 19 Prozent. Im Ergebnis hatte danach in 2006 gut jeder zehnte von der Polizei wegen eines Gewaltdelikts registrierte jugendliche Tatverdächtige eine türkische Nationalität. Ihr Bevölkerungsanteil liegt in der Altersgruppe dagegen nur bei 3,4 Prozent. Der Anteil aller Nichtdeutschen an den Tatverdächtigen der Jugendgewalt liegt bei 23,5 Prozent im Vergleich zu einer Bevölkerungsquote von 9,5 Prozent. Besonders ausgeprägt fällt der überhöhte Anteil türkischer Jugendlicher bei den Tatverdächtigen der Raubdelikte sowie der gefährlichen/schweren Körperverletzung aus. In Bezug auf andere Delikte sind türkische Jugendliche demgegenüber ge-

---

14 Haug/Baraulina/Babka von Gostomski 2008, S. 20 ff.; Pfeiffer et al. 2005, S. 45 ff.
15 Laut Statistischem Bundesamt lebten im Jahr 2006 129.988 Jugendliche (14 bis unter 18 Jahren) mit türkischer Nationalität in Deutschland.

ringer belastet als nichtdeutsche Jugendliche insgesamt. Zudem zeigt sich bei einigen wenigen Deliktgruppen sogar, dass die TVBZ der deutschen und nichtdeutschen Jugendlichen nur unwesentlich divergiert. Dies gilt beispielsweise für Rauschgiftdelikte oder Sachbeschädigung. Beim Ladendiebstahl liegt die TVBZ von deutschen und türkischen Jugendlichen in etwa gleich hoch.

Die Kriminalstatistik zeichnet damit ein differenziertes Bild zur polizeilich registrierten Kriminalitätsbelastung von türkischen Jugendlichen im Besonderen, von nichtdeutschen Jugendlichen im Allgemeinen.

So ist festzuhalten, dass es innerhalb der letzten 13 Jahre nicht zu einem überproportionalen Anstieg der Kriminalität von jungen Ausländern gekommen ist. Ganz im Gegenteil: Die TVBZ-Unter-

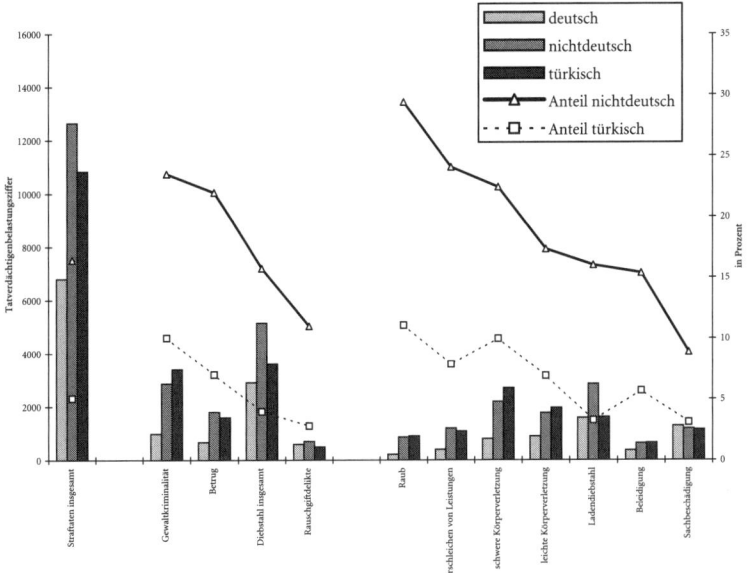

Abbildung 5: TVBZ für ausgewählte Straftaten für deutsche, nichtdeutsche und türkische Jugendliche im Jahr 2006 sowie Anteil von nichtdeutschen und türkischen Jugendlichen begangenen Straftaten im Jahr 2006

schiede werden schrittweise kleiner. Auf 100.000 nichtdeutsche Jugendliche entfallen 2006 deutlich weniger Straftaten als noch 1993, bei deutschen Jugendlichen ist hingegen ein Anstieg festzustellen. Gewaltdelikte werden von beiden Gruppen häufiger ausgeführt. Der Anstieg fällt aber auch hier bei den deutschen Jugendlichen stärker aus.

In der Querschnittsbetrachtung zum Jahr 2006 fällt auf, dass türkische Jugendliche im Vergleich zu den deutschen sowie zu allen nichtdeutschen Jugendlichen bei der Gewaltkriminalität mit Abstand am höchsten belastet sind. Ein völlig anderes Bild zeichnet sich zu den Eigentumsdelikten ab. Die Frage, wie diese Unterschiede erklärt werden können, lässt sich mithilfe von PKS-Daten nicht beantworten. Hier sind wir auf Dunkelfeldanalysen angewiesen, die es ermöglichen, auch die nicht angezeigten Straftaten einzubeziehen und die persönlichen, familiären und sozialen Rahmenbedingungen zu erfassen, von denen wir annehmen, dass sie für die Entstehung von Jugendgewalt und das Hineinwachsen in eine kriminelle Karriere von Bedeutung sind.

4. Türkische Jugendliche als Täter und Opfer von Gewalt

Zum Antwortverhalten von Migrantenjugendlichen bei Dunkelfeldbefragungen

Bevor wir uns mit den empirischen Befunden der vom KFN durchgeführten Schülerbefragungen befassen, möchten wir auf die Frage eingehen, ob diese Methode überhaupt geeignet ist, die spezifische Gewaltbelastung von ethnischen Minderheiten aufzuklären.

Die Gültigkeit der Ergebnisse von Migrantenbefragungen wird aus verschiedenen Gründen in Zweifel gezogen. Ein wesentliches Problem ist nach Eisner und Ribeaud[16], dass Migranten generell

---

16 Eisner und Ribeaud 2007

schlechter zu erreichen sind und zudem eine geringere Bereitschaft aufweisen, überhaupt an Befragungen teilzunehmen. Bei Schülerbefragungen spielt dieser Aspekt jedoch eine untergeordnete Rolle, da die am Befragungstag anwesenden Jugendlichen meist alle teilnehmen. In unserer Befragung aus dem Jahr 2005 verweigerten nur 1,3 % der Schüler bzw. der Eltern von Schülern eine Teilnahme. Und von den am Befragungstag abwesenden Schülern (insgesamt 8,7 %) sind laut Lehrerangaben nur 23,0 % nichtdeutscher Herkunft, also nicht überzufällig viele Migranten. Schülerbefragungen scheinen also ein effektiver Weg zu sein, auch grundsätzlich schwer zu erreichende Populationen zu befragen.

Ein zweites mögliches Problem verbindet sich deshalb mit dem Antwortverhalten von Migrantenjugendlichen. In ihrer Studie zum Berichten der eigenen Delinquenz bei männlichen Jugendlichen konnten Köllisch und Oberwittler[17] zeigen, dass Zweifel an der Validität der Angaben von Migranten zwar durchaus angebracht sind, dass Schülerbefragungen, die im Klassenkontext durchgeführt werden, aber im Vergleich zu anderen Befragungsarten wie bspw. der mündlichen Face-to-Face-Befragung verlässlichere Ergebnisse liefern. Dies gilt sowohl für die selbst berichtete Delinquenz als auch die selbst berichtete Polizeikontaktrate (S. 731). Generell finden die Autoren im Vergleich der Selbstauskünfte und der Polizeistatistiken, dass Migrantenjugendliche Polizeikontakte eher verschweigen; dies führt aber bei den ermittelten Delinquenz- bzw. Polizeikontaktraten eher zu einer konservativen Schätzung bestehender Unterschiede, nicht zu einer Überschätzung.

Unsere in den Jahren 2005 und 2006 mit Schülerinnen und Schülern 9. Klassen durchgeführten Befragungen ermöglichen es ebenfalls, die Verlässlichkeit der Antworten zu überprüfen. Dies kann zunächst darüber geschehen, dass das Berichten von Gewaltverhalten mit theoretisch plausiblen Ursachenfaktoren in allen

---

17 Köllisch und Oberwittler 2004

befragten Gruppen korreliert wird. Die nachfolgende Tabelle 2 gibt dazu ein Beispiel bzgl. der Beziehung zwischen der Bekanntschaft mit delinquenten Freunden und der Angabe, dass man selber Gewalttaten begangen hat. Die Korrelationen fallen in allen Gruppen[18] signifikant aus, die Höhe der Korrelation ist bei deutschen und türkischen Jugendlichen in etwa gleich hoch. Für russische und polnische Befragte ist die Bekanntschaft mit delinquenten Personen besonders folgenreich, da sie stärker mit dem Gewaltverhalten korreliert; bei italienischen Jugendlichen ist dieser Faktor etwas weniger wichtig. Würden nichtdeutsche Befragte ihr Gewaltverhalten systematisch falsch im Fragebogen berichten, müsste eine niedrigere bzw. gar keine Korrelation mit der Variable »delinquente Freunde« bestehen.[19]

Die Verlässlichkeit von Antworten kann daneben dadurch überprüft werden, dass ein Faktor, der für ein spezifisches Antwortverhalten verantwortlich sein sollte, direkt erfasst wird: die soziale Erwünschtheit. Naplava[20] vermutet bspw., »dass Immigranten mit kurzer Aufenthaltsdauer delinquentes Verhalten eher nicht berichten, um zu versuchen, ihre Wahrnehmung durch das Gastland durch Angaben über Verhaltensweisen und Einstellungen, die den Normen des Gastlandes entgegenstehen, nicht negativ zu belasten«.[21] Insbesondere jene Migrantengruppen, die sich erst kurze Zeit in Deutschland aufhalten, müssten also eine erhöhte soziale Erwünschtheit aufweisen, die sich wiederum in einem Unterberichten von Gewaltverhalten niederschlägt. Um die soziale Erwünschtheit zu erfassen, wurde in der Schülerbefragung 2005 eine

---

18 Vgl. zur Bestimmung der ethnischen Herkunft der Jugendlichen den nächsten Abschnitt.
19 Auch für andere Faktoren wie der Zustimmung zu Männlichkeitsnormen, der niedrigen Selbstkontrolle oder dem Gewaltmedienkonsum zeigen sich in allen Gruppen signifikante Zusammenhänge mit der Gewalttäterschaft (vgl. Baier/Pfeiffer 2007).
20 Naplava 2002
21 ebd., S. 19

Türkische Kinder und Jugendliche

Tabelle 2: Ausgewählte Indikatoren zur Verlässlichkeit des Antwortverhaltens deutscher und nichtdeutscher Jugendlicher (KFN-Schülerbefragung 2005/06; gewichtete Daten)

	deutsch	türkisch	russisch	jugoslawisch	polnisch	italienisch	andere
Korrelation zwischen »delinquente Freunde« und »Gewalttat begangen« (r)	.26	.22	.36	.27	.39	.16	.27
Soziale Erwünschtheit (Mittelwert)	2.04	2.35	2.15	2.14	1.94	2.25	2.10
Korrelation zwischen »sozialer Erwünschtheit« und »Gewalttat begangen« (r)	-.07	-.11	-.11	-.20	-.12	-.03	-.07
Fehlende Angaben »Gewalttat begangen« (in %)	1,0	1,7	2,2	3,2	1,8	1,3	1,6
Korrelation zwischen Gewaltakzeptanz und »fehlender Angabe Gewalttat begangen« (r)	.05	-.01	.07	.08	.03	.03	.02
Übereinstimmende Angaben zu »Gewalttat begangen«(in %)	8,1	16,5	15,3	21,7	10,2	10,4	14,1
»Gewalttat begangen« erste Abfrage (in %)	11,8	21,8	18,6	22,5	14,7	17,0	20,3
»Gewalttat begangen« zweite Abfrage (in %)	10,6	21,6	14,4	24,4	14,6	18,2	17,7
bei mindestens eine Abfrage »Gewalttat begangen«(in %)	14,8	27,7	22,2	28,9	18,1	18,8	24,3

Kurzskala mit vier Items genutzt.[22] Beispielsaussagen sind: »Ich sage immer, was ich denke« und »Ich bin immer gewillt, einen Fehler, den ich mache, auch zuzugeben«. Der entsprechende Summenindex kann Werte zwischen 0 (kein sozial erwünschtes Antwortverhalten) und 4 (hoch sozial erwünschtes Antwortverhalten) annehmen. Die Ergebnisse in Tabelle 2 verdeutlichen, dass türkische und italienische Jugendliche die höchste soziale Erwünschtheit aufweisen, d. h. jene beiden Gruppen, die sich durchschnittlich am längsten in Deutschland aufhalten (s. u.). Russische Jugendliche liegen etwas über den deutschen Jugendlichen, polnische Jugendliche etwas darunter. In allen Gruppen senkt die Tendenz zu sozial erwünschtem Antwortverhalten die eigene Gewaltprävalenz, wie die negativen Korrelationen in Tabelle 2 verdeutlichen; d. h. empirisch zeigt sich tatsächlich, dass die Befragten mit hohen Erwünschtheitswerten Gewalttaten eher verschweigen. Da nichtdeutsche Befragte häufiger sozial erwünscht antworten und da bei fast allen nichtdeutschen Gruppen die Beziehungen mit dem Berichtsverhalten der eigenen Delinquenz stärker ausfallen, ist zu folgern, dass die ethnischen Unterschiede im Gewaltverhalten in Wirklichkeit noch stärker ausfallen müssten, als von den Jugendlichen berichtet (vgl. zu den Unterschieden im Gewaltverhalten Tabelle 3 im nächsten Abschnitt). Auch mit den Schülerbefragungsdaten werden die ethnischen Unterschiede also eher noch unter- als überschätzt.

Die gleiche Schlussfolgerung lässt die Auswertung in Tabelle 2 zu den Missing-Fällen zu: Zwischen 1,0 und 3,2 % aller Befragten haben die Antwort auf die Frage, ob sie bereits eine Gewalttat begangen haben, verweigert (sog. Missings). Bei allen nichtdeutschen Jugendlichen ist dies häufiger der Fall als bei den deutschen Jugendlichen. Fehlende Werte können verschiedene Gründe haben: Möglich ist, dass die Jugendlichen bewusst auf eine Antwort verzichtet

---

22 Crown/Marlowe 1960

haben, weil sie eine Täterschaft für sich behalten wollten. Möglich ist auch, dass die Jugendlichen zu diesem späten Zeitpunkt der Befragung – die Fragen nach der Gewalttäterschaft befanden sich auf S. 24 des 27-seitigen Fragebogens – die Beantwortung bspw. aufgrund von mangelnder Motivation oder von Sprachproblemen bereits abgebrochen hatten. Mit Ausnahme der türkischen Jugendlichen findet sich zudem ein schwacher Zusammenhang zwischen einer Antwortverweigerung und einer hohen Gewaltakzeptanz[23], d. h.. es ist plausibel, anzunehmen, dass die Jugendlichen mit fehlenden Angaben tendenziell häufiger Gewalttäter sind; und da nichtdeutsche Jugendliche wiederum häufiger fehlende Angaben aufweisen, würden, wenn alle Schüler die Fragen beantwortet hätten, die ethnischen Unterschiede stärker ausfallen.

Eine zusätzliche Auswertung schließt an die Analysen von Köllisch und Oberwittler[24] an, nur dass die Angaben der Jugendlichen nicht mit offiziellen Polizeidaten, sondern mit den Angaben der Jugendlichen an einer anderen Stelle des Fragebogens abgeglichen wurden. Im Rahmen einer 2006 in Hannover durchgeführten Schülerbefragung wurden den Jugendlichen exakt dieselben Fragen an zwei unterschiedlichen Stellen des Fragebogens vorgelegt (S. 12 und 24). Auch in unseren Auswertungen zeigt sich dabei, dass die Antworten der Migrantenjugendlichen weniger verlässlich im Sinne von weniger stabil sind. Während bei 8,1 Prozent der deutschen Jugendlichen die erste und die zweite Antwort voneinander abwichen, gilt Gleiches bei 16,5 Prozent der türkischen Jugendlichen. Betrachten wir uns bei beiden Abfragen aber die Unterschiede zwischen den Gruppen, so zeigt sich weitestgehend dieselbe Verteilung: Türkische und jugoslawische Jugendliche

---

23 Diese wurde über elf Aussagen wie »Ohne Gewalt wäre alles viel langweiliger« und »Man muss zu Gewalt greifen, weil man nur so beachtet wird« gemessen. Die Gewaltakzeptanz wurde weiter vorn auf Seite 9 im Fragebogen erfasst, so dass sich Motivations- oder Sprachprobleme bei der Beantwortung noch weniger im Sinne von Missing-Fällen bemerkbar machen sollten.
24 Köllisch und Oberwittler 2004

weisen bei beiden Abfragen die höchste Gewaltbereitschaft auf, polnische Jugendliche sind nur etwas gewalttätiger als deutsche Jugendliche. Bei den russischen und bei den anderen Jugendlichen differieren die Prävalenzraten zu beiden Abfragen etwas stärker. Weitere Analysen haben ergeben, dass die Differenz in den Antworten weniger mit der ethnischen Herkunft als mit dem Bildungsniveau eines Befragten variiert.[25] Bei Förder- und Hauptschülern weichen die Antworten häufiger voneinander ab als bei Gymnasiasten. Letztlich belegen diese Analysen aber, dass es alles in allem nur wenige Gründe dafür gibt, anzunehmen, dass Migrantenjugendliche Fragen zur eigenen Gewaltbereitschaft systematisch unwahr beantworten würden. Es existieren eher Hinweise darauf, dass bei Reduktion von Missing-Fällen und Ausschalten von sozial erwünschtem Antwortverhalten die ethnischen Unterschiede noch deutlicher ausfallen würden.[26]
Ethnische Unterschiede im Gewaltverhalten sind damit kein Resultat eines Impression-Managements von nichtdeutschen Jugendlichen, die ihr berichtetes Verhalten spezifischen Erwartungen anpassen, anstatt die Wahrheit zu berichten. Eine höhere Gewaltbereitschaft von Migrantenjugendlichen ist demnach eher Fakt als Artefakt. Diese Folgerung ist auch insofern gerechtfertigt, als verschiedene Datenquellen – die Polizeiliche Kriminalstatistik eben-

---

25 Rabold/Baier/Pfeiffer 2008
26 Die Verlässlichkeit der Angaben der Jugendlichen wird nicht zuletzt durch folgende Auswertung unterstrichen (vgl. Baier/Pfeiffer 2007, S. 21 f.): Die Jugendlichen wurden nicht nur danach gefragt, ob sie Täter von Gewalt, sondern auch ob sie Opfer von Gewalt geworden sind. Schüler, die eine Gewalttat erlebt haben, sollten für die am kürzesten zurückliegende Tat die ethnische Herkunft des Täters benennen. Vier von zehn Gewalttaten an Jungen werden dabei laut Angaben der Opfer von deutschen Tätern begangen; genauso hoch fällt der Anteil an Gewalttaten aus, die von türkischstämmigen Tätern begangen wurden. Damit sind türkische Jugendliche unter den Tätern – auch in den Angaben der Opfer – deutlich häufiger zu finden, als es ihr Anteil unter allen Jugendlichen erwarten ließe.

so wie Dunkelfeldbefragungen – und verschiedene Studien[27] vergleichbare Ergebnisse liefern.

Die Ergebnisse der Dunkelfeldbefragungen zu türkischen Jugendlichen

Nachfolgend berichten wir zunächst über die Befunde der Dunkelfeldbefragung von Schülerinnen und Schülern der 9. Jahrgangsstufe des Jahres 2005.[28] In einigen Gebieten wurden dabei Vollerhebungen durchgeführt, also alle Jugendlichen neunter Klassen befragt, in anderen Gebieten wurden Stichproben gezogen, wobei zumindest etwa jeder dritte Schüler einer Jahrgangsstufe erreicht wurde. Mit der Ausnahme von Förderschulen sowie dem Berufsvorbereitungsjahr, in dem sich ebenfalls Schüler der interessierenden Altersgruppe aufhalten können, werden alle Schulformen (auch Schulen in freier Trägerschaft) in der Befragung repräsentiert.[29]

Zur Bestimmung der ethnischen Herkunft wurden die Jugendlichen gebeten, im Fragebogen die Nationalität der Eltern bei deren Geburt zu berichten. War diese Nationalität türkisch, so wird der Jugendliche als türkisch bezeichnet, war sie russisch, als russisch usw. Wenn Vater und Mutter verschiedene nichtdeutsche Nationalitäten besaßen, entschied die Herkunft der Mutter über die Zuordnung. Bei der Konstellation Vater nichtdeutsch – Mutter deutsch, wurde der Jugendliche der entsprechenden nichtdeutschen Gruppe zugeteilt. Lagen keine Informationen über die Eltern vor, wurden weitere Angaben der Jugendlichen u. a. zur eigenen

---

27 vgl. u.a. Babka von Gostomski 2003, Eisner/Ribeaud 2008, Naplava 2002, Oberwittler 2003

28 Die Befragung wurde in folgenden Gebieten durchgeführt: Dortmund, Kassel, München, Oldenburg, Landkreis Peine, Schwäbisch Gmünd, Landkreis Soltau-Fallingbostel, Stuttgart und Lehrte (vgl. Baier/Pfeiffer 2007).

29 An einigen Stellen wird auch auf eine Befragung von 3.661 Schülern der neunten Jahrgangsstufe in Hannover zurückgegriffen, die im Jahr 2006 durchgeführt wurde und in der neue Messinstrumente in die Befragung aufgenommen wurden (vgl. Rabold/Baier/Pfeiffer 2008).

Nationalität bei Geburt bzw. zum möglichen Einwanderungsland eines der Elternteile zur Klassifizierung herangezogen. Allerdings lassen sich mit dieser Strategie die russischen oder polnischen Jugendlichen nicht fehlerfrei bestimmen. Da es sich hier um die klassischen Aussiedlernationen handelt, schreiben die Jugendlichen im Fragebogen häufiger sich selbst und den eigenen Eltern eine deutsche Staatsangehörigkeit zu. In diesen Fällen wurden deshalb noch zusätzlich gestellte Fragen über einen Aussiedler-Migrationsgrund bzw. über das Einwanderungsland der Eltern für die Zuordnung herangezogen. Auf diese Weise lassen sich über 80 verschiedene Herkunftsnationalitäten bestimmen. Die fünf größten Gruppen sind die türkischen (9,5 % aller Befragten), russischen[30] (5,4 %), jugoslawischen[31] (3,9 %), polnischen (3,5 %) und italienischen (2,2 %) Jugendlichen. Weitere 11,6 Prozent aller unterrichteten Neuntklässler haben eine andere nichtdeutsche Herkunft. Insgesamt weist über ein Drittel unserer Befragten einen Migrationshintergrund auf.

Die deutschen Jugendlichen wurden nahezu alle in Deutschland geboren und verfügen alle über die deutsche Staatsangehörigkeit (vgl. Tabelle 3). Türkische und russische Jugendliche bilden insoweit zwei gegensätzliche Gruppen: Während erstere zu 87 Prozent in Deutschland geboren wurden aber nur zu 37,7 Prozent die deutsche Staatsangehörigkeit besitzen, sind russische Schüler nur zu 10,6 Prozent hier geboren; ihr Status ist aber – entsprechend des mehrheitlich vorhandenen Aussiedlerhintergrundes – weitestgehend deutsch. Über die Hälfte der russischen Jugendlichen sind

---

30 Korrekterweise müsste die Bezeichnung »russisch/ehemalige SU« heißen, da hier Jugendliche zusammengefasst werden, die aus allen Nachfolgenationen der ehemaligen Sowjetunion stammen.
31 Als »jugoslawisch« werden Jugendliche aus den Nachfolgerepubliken des ehemaligen Jugoslawiens bezeichnet (Bosnien-Herzegowina, Kroatien usw.). Zusätzlich finden sich in dieser Gruppe albanische Jugendliche; dies erschien deshalb notwendig, weil die Schüler bei ihren Antworten nicht eindeutig zwischen albanisch und kosovo-albanisch unterschieden haben.

Tabelle 3: Indikatoren der Gewaltbereitschaft und der Lebenssituation verschiedener ethnischer Gruppen (in %; KFN-Schülerbefragung 2005/06; gewichtete Daten)[32]

	deutsch	türkisch	russisch	jugoslawisch	polnisch	italienisch	andere
N	9119	1354	766	560	506	308	1663
In Deutschland geboren	99,5	87,0	10,6	58,5	79,2	89,9	75,5
deutsche Staatsangehörigkeit	100,0	37,7	85,0	29,1	89,7	57,1	74,4
Gewalttat begangen	13,6	26,8	23,5	24,9	24,8	21,0	19,0
fünf/mehr Gewalttaten begangen (Jungen)	4,1	13,2	8,4	11,5	9,1	7,9	7,5
Hauptschulabschluss angestrebt	19,4	53,6	37,6	51,0	25,8	47,6	30,2
Abitur angestrebt	45,2	14,1	28,9	21,6	33,9	21,7	38,6
armutsnahe Lebenslage	8,1	23,0	29,1	15,7	11,6	13,6	16,6
Misshandlung in Kindheit erlebt	6,3	16,8	11,0	13,9	12,7	11,9	12,0
Zustimmung zu Männlichkeitsnormen (nur Jungen)	3,9	23,7	9,2	18,9	8,7	12,9	7,3
Trennung/Scheidung erlebt	30,4	15,0	24,4	19,4	25,9	30,5	32,8
häufiger Gewaltmedienkonsum	34,8	44,0	42,0	41,1	47,4	38,2	36,6
Vereinsmitgliedschaft	64,7	41,4	39,2	39,5	53,6	46,7	54,0
delinquente Freunde (Mittelwert)	2,6	4,7	3,3	4,9	4,4	3,7	3,5
Anteil deutscher Freunde	82,6	24,9	31,5	31,7	57,6	53,2	51,8

[32] An dieser Stelle wird darauf verzichtet, die Signifikanz der Unterschiede zwischen den ethnischen Gruppen auszuweisen. Aufgrund der zahlenmäßig großen Stichprobe, die zahlreiche Vollerhebungen enthält, ist der Schluss auf die Grundgesamtheit per se als wenig fehlerbehaftet einzuschätzen. Wenn im Text nicht anders formuliert, ist davon auszugehen, dass zumindest die Overall-Hypothese, nach der keine signifikanten Unterschiede zwischen den Gruppen bestehen, verworfen werden kann.

weniger als zehn Jahre in Deutschland, d. h., sie haben ihre Primärsozialisation meist in Russland/der ehemaligen SU erlebt. Weitere Analysen haben ergeben, dass drei Viertel der hier als russisch ausgewiesenen Jugendlichen nach 1992 nach Deutschland einreisten, d. h., es handelt sich zum Großteil um Spätaussiedler. Die Befragten in allen anderen Gruppen sind zu mehr als der Hälfte in Deutschland geboren. Zudem besitzt jeweils ein recht großer Anteil die deutsche Staatsangehörigkeit; nur bei jugoslawischen Jugendlichen fällt diese Quote mit 29,1 Prozent gering aus.

Um Informationen über die Gewaltbereitschaft der unterschiedenen Gruppen zu erhalten, wurden die Schüler gefragt, ob und wenn ja, wie häufig sie selbst in den letzten 12 Monaten eine Körperverletzung, eine Raubtat, eine Erpressung oder eine Bedrohung mit einer Waffe begangen haben. Tabelle 3 belegt, dass deutsche Jugendliche am seltensten von dem Begehen einer derartigen Gewalttat berichteten: Nur 13,6 Prozent aller befragten Deutschen gaben dies zu, bei den türkischen Jugendlichen waren es fast doppelt so viele (26,8 %). Auch die anderen Gruppen liegen hier deutlich über dem Niveau der deutschen Jugendlichen, wobei italienische Schüler und Jugendliche einer anderen Herkunft nur ca. um die Hälfte erhöhte Prävalenzraten[33] aufweisen. Werden nur diejenigen männlichen Jugendlichen betrachtet, die nach eigenen Angaben fünf und mehr Gewalttaten begangen haben (sog. Mehrfachtäter), so erreichen erneut die türkischen Jugendlichen die höchste Quote: Für 13,2 Prozent aller männlichen Türken trifft dies zu; bei den Deutschen ist der Anteil nur ein Drittel so hoch (4,1 %). Die Ergebnisse der Polizeilichen Kriminalstatistik werden aber nicht nur im Hinblick auf die erhöhte Gewaltbereitschaft türkischer Jugendlicher bestätigt: In Bezug auf den Ladendiebstahl oder die Sachbeschädigungen unterschei-

---

33 Prävalenzraten drücken aus, welcher Anteil an Jugendlichen ein Delikt mindestens ein Mal im Beobachtungszeitraum (z.B. in den letzten 12 Monaten) verübt hat.

den sich deutsche und türkische Jugendliche auch im Dunkelfeld selbst berichteter Delinquenz nicht voneinander. Während deutsche Jugendliche zu 15,2 Prozent einen Ladendiebstahl und zu 14,0 Prozent eine Sachbeschädigung ausgeführt haben, sind es bei den türkischen Jugendlichen 12,4 und 13,6 Prozent.[34] Insofern scheinen die Kriminalstatistiken trotz der vorhandenen Konstruktionsprobleme ein durchaus verlässliches Abbild des Kriminalitätsgeschehens zu liefern.

Auf der Suche nach möglichen Erklärungsfaktoren für die erhöhte Gewaltbereitschaft türkischer Jugendlicher kann auf verschiedene theoretische Annahmen zurückgegriffen werden. Der deprivationstheoretische Erklärungsansatz fokussiert besonders die sozialstrukturelle Lage von deutschen und nichtdeutschen Jugendlichen. Ausgangspunkt ist, dass Migranten häufiger benachteiligt sind, da sie seltener weiterführende Bildungsabschlüsse erwerben und beruflich eher im Niedriglohnsektor beschäftigt sind. Dieser Sektor ist nicht nur deshalb problematisch, weil hier Tätigkeiten unterdurchschnittlich entlohnt werden, sondern auch, weil die Arbeitsverhältnisse unsicher sind, weshalb Migranten häufiger von Arbeitslosigkeit und Sozialhilfebezug betroffen sind. Die Benachteiligungen in Schule und Erwerbsleben führen dazu, dass die mehrheitlich geteilten kulturellen Ziele nicht auf den gesellschaftlich eingerichteten, institutionalisierten Wegen erreicht werden können. Die Diskrepanz von Zielen und Möglichkeiten erzeugt Frustrationen, die u. a. darüber kompensiert werden, dass innovative Wege der Beschaffung von Ressourcen beschritten werden.[35] Die Theorie nimmt damit an, dass die höhere Auffälligkeit der Migranten Resultat ihrer randständigen sozialen Lage ist. Wie die empirischen Ergebnisse hierzu verdeutlichen, wachsen türkische Jugendliche besonders häufig unter solchen sozialen Rah-

---

34 Die Mehrfachtäterquoten beim Ladendiebstahl sind 3,3 % (deutsch) bzw. 3,7 % (türkisch), bei der Sachbeschädigung jeweils 3,6 %.
35 vgl. Merton 1995

menbedingungen auf. So strebt jeder siebte türkische Jugendliche (14,1 %) derzeit über den Besuch des Gymnasiums oder die Gesamtschule das Abitur an; mehr als die Hälfte wird nur einen Hauptschulabschluss ablegen (53,6 %). Wie oben unter 2. dargelegt wurde, beruht diese schlechte Bildungsintegration auf einem Bündel an Belastungsfaktoren. Daneben zeigt sich, dass 23 Prozent der türkischen Schüler davon berichten, dass die soziale Lage der Familie durch Sozialhilfebezug oder die Arbeitslosigkeit des Haushaltsvorstandes geprägt ist. Deutsche Jugendliche sind insoweit erheblich weniger belastet. So besucht fast jeder zweite von ihnen die Schule mit der Perspektive des Abiturs und nur jeder zwölfte ist in seiner Familie nach eigenen Angaben von Armut betroffen. Bei den Jugendlichen aus den anderen ethnischen Gruppen fallen die Daten zur sozialstrukturellen Integration ebenfalls besser aus als bei türkischen Jugendlichen.

Kulturelle Erklärungen, die sich auf die Existenz und das Aufrechterhalten von spezifischen Orientierungen innerhalb der Migrantengruppen konzentrieren, erweitern das mögliche Ursachenspektrum. Entsprechend der Subkulturtheorie bzw. der Theorie des Kulturkonflikts haben nicht alle Normen und Werte einer Gesellschaft in allen sozialen Kreisen Gültigkeit. So legen Migranten die kulturellen Überzeugungen ihres Herkunftslandes nach der Einwanderung nach Deutschland nicht einfach ab. Es wird sogar die These vertreten, dass in Reaktion auf ausbleibende soziale Integration Normen und Wertorientierungen, die den deutschen entgegenstehen, eine verstärkte Rückbesinnung erfahren.[36] In diesem Sinne bilden die Migrantengruppen eigenständige Lernumwelten. Kinder, die in diesen Gemeinschaften aufwachsen, werden zu Einstellungen und Verhaltensweisen erzogen, die von der deutschen Mehrheitsgesellschaft nicht geteilt werden. Ein Aufeinander-

---

36 Enzmann/Brettfeld/Wetzels 2004, S. 267

treffen der Kulturen, das insbesondere im Jugendalter auch gewaltsame Formen annehmen kann, ist eine mögliche Folge.

Empirische Belege für solch eine kulturelle Sichtweise lassen sich erneut Tabelle 3 entnehmen – und erneut erweist sich die türkische Gruppe als besonders auffällig.

Kulturell geprägt ist u. a. die Einstellung dazu, unter welchen Rahmenbedingungen körperliche Gewalt eingesetzt werden darf mit der Folge, dass sich im Vergleich der Gruppen zunächst beachtliche Unterschiede zur Häufigkeit innerfamiliärer Gewalt ergeben. 16,8 Prozent der türkischen Jugendlichen berichten davon, dass sie in der Kindheit schon einmal mit der Faust geschlagen/getreten oder verprügelt/zusammengeschlagen wurden (Misshandlung). Bei Deutschen liegt diese Quote um etwa zwei Drittel niedriger (6,3 %).

Von den Jugendlichen aus den anderen ethnischen Gruppen werden derartige Erfahrungen ebenfalls etwa doppelt so oft berichtet. Entsprechendes gilt im Hinblick auf die Misshandlungen während der letzten 12 Monate vor der Befragung sowie die Beobachtung, dass sich die Eltern untereinander geschlagen haben – diese Belastungsfaktoren sind in Tabelle 3 nicht gesondert aufgeführt. Türkische Jugendliche erweisen sich auch hier am häufigsten betroffen, deutsche Schülerinnen und Schüler am seltensten (Misshandlung: türkische Jugendliche 10,3 %, deutsche Jugendliche 3,6 %; Beobachtung elterlicher Gewalt: türkische Jugendliche 26,1 %, deutsche Jugendliche 6,2 %).

Wie zahlreiche Untersuchungen belegen, erhöhen die Erfahrungen innerfamiliärer Gewalt die Bereitschaft von Jugendlichen beträchtlich, Gewalt als Mittel der Selbstbehauptung und Selbstdurchsetzung zu akzeptieren. Besonders deutlich gilt das im Hinblick auf die sogenannten gewaltlegitimierenden Männlichkeitsnormen. Um diese zu erfassen, wurden den Jugendlichen Aussagen wie »Ein richtiger Mann ist stark und beschützt seine Familie« und »Wenn eine Frau ihren Mann betrügt, darf der Mann sie schlagen« zur Bewertung vorgelegt.[37] Türkische Jungen halten am häufigsten eine solche »Kultur der Ehre« aufrecht: 23,7 Prozent stimmen ihr uneingeschränkt zu, bei den deutschen Jungen sind es nur 3,9 Prozent. Der Zusammenhang, der zwischen den innerfamiliären Gewalterfahrungen und der eigenen Wertschätzung des Gewalteinsatzes besteht und der letztlich auch für eine höhere Gewaltbereitschaft verantwortlich ist, wird bei Jugendlichen türkischer Herkunft zudem besonders selten durch eine Trennung oder Scheidung der Eltern aufgelöst – ebenfalls ein kulturell geprägtes Verhaltensmuster. Die entsprechende Quote beträgt trotz der hohen Rate von Gewalt, die die Eltern nach Beobachtungen der türkischen Schüler untereinander ausgeübt haben, nur 15 Prozent. Bei den deutschen Jugendlichen trägt offensichtlich die hohe Scheidungs- und Trennungsrate von 30,4 Prozent dazu bei, dass innerfamiliäre Konflikte seltener mit Gewalt ausgetragen werden. Dass von einer Auflösung einer mit höherer Wahrscheinlichkeit von den Kindern als gewaltsam erlebten Ehe tatsächlich ein die eigene Gewaltbereitschaft reduzierender Effekt ausgeht, konnten wir an anderer Stelle insbesondere für türkische Jugendliche zeigen[38], wobei die Effekte gegenüber anderen Faktoren geringer ausfielen.

Die Gegenwart einer Gewaltkultur zeigt sich nicht nur in Bezug auf die Erziehungsstile, sondern auch in Bezug auf die Nutzung von Gewaltmedien. Gefragt nach der Häufigkeit des Konsums von Horror- oder Actionfilmen bzw. des Spielens von Egoshootern und Kampfspielen gaben 44 Prozent der türkischen Jugendlichen an, dies häufig zu tun. Bei den deutschen Jugendlichen liegt diese Quote um fast zehn Prozentpunkte niedriger. Aus der Medienwirkungsforschung liegen inzwischen Belege dafür vor, dass insbesondere der häufige Konsum stark gewalthaltiger Computerspiele in Verbindung mit anderen Belastungsfaktoren die Gewaltbereit-

---

37 vgl. Enzmann/Brettfeld/Wetzels 2004
38 Baier/Pfeiffer 2007

schaft und die Akzeptanz gewaltlegitimierender Männlichkeitsnormen erhöht.[39] Es ist deshalb davon auszugehen, dass auch dieser Aspekt zu der besonders hohen Gewaltrate türkischer Jugendlicher beiträgt.

Neben deprivationstheoretischen und kulturellen Erklärungen kann noch mindestens eine weitere theoretische Perspektive zur Erklärung einer höheren Gewaltbereitschaft türkischer Jugendlicher herangezogen werden: die Theorie der differenziellen Assoziation. In der kriminologischen Forschung hat sich wiederholt herausgestellt, dass der Kontakt zu Personen, die selbst delinquente Taten ausführen, einer der stärksten Erklärungsfaktoren eigenen Gewalthandelns darstellt.[40] Wenn sich Migrantenjugendliche aufgrund ihrer sozialen Randlage und ihrer kulturellen Überzeugungen häufiger in einem entsprechenden Milieu bewegen, wäre das für ihre Gewaltakzeptanz von hoher Bedeutung. Eine solche, die sozialen Kontakte in den Mittelpunkt rückende Sichtweise wird ebenfalls durch die Ergebnisse in Tabelle 3 gestützt.

Die Antworten der Schüler zeigen zunächst, dass nichtdeutsche Jugendliche seltener in strukturierten Freizeitkontexten engagiert sind: Während fast zwei Drittel der Deutschen einem Verein angehören, gilt dies bei türkischen Jugendlichen nur für 44 Prozent. Türkische Jugendliche verbringen ihre Freizeit stattdessen häufiger in delinquenten Freundesgruppen. Danach gefragt, wie viele Freunde sie kennen, die schon einmal eine von sechs delinquenten Taten begangen haben (Ladendiebstahl, Raub, Körperverletzung, Fahrzeugdiebstahl, Fahrzeugeinbruch, Drogendealen), gaben türkische Jugendliche im Durchschnitt 4,7 solcher Bekanntschaften an, deutsche Jugendliche hingegen nur 2,6. Die sozialen Netzwerke von türkischen Jugendlichen sind also stärker mit negativen Verhaltensvorbildern besetzt. Zudem finden sich deutliche Unter-

---

39 vgl. Anderson et al. 2007, Kuncik/Zipfel 2004, Mößle/Kleimann/Rehbein 2007
40 vgl. Baier 2005; Baier/Wetzels 2006

schiede zwischen den Gruppen, wenn die ethnische Komposition der Netzwerke betrachtet wird: In der Befragung in Hannover 2006 haben wir nach der ethnischen Herkunft der fünf besten Freunde gefragt. Bei türkischen Jugendlichen hat nur jeder vierte Freund eine deutsche Herkunft, bei russischen Jugendlichen ist es bereits jeder dritte, bei polnischen Jugendlichen sogar mehr als jede zweite. Persönliche Beziehungen zu deutschen Jugendlichen stellen eine wichtige Form des sozialen Kapitals dar[41], insofern es sich hier um Träger einheimischer Normen und Werte handelt, die zudem im Mittel über eine bessere schulische Ausbildung und einen höheren sozio-ökonomischen Status verfügen.

Die präsentierten deskriptiven Auswertungen ergeben damit empirische Belege für die Gültigkeit aller drei angeführten theoretischen Perspektiven. Türkische Jugendliche erweisen sich als sozial-strukturell benachteiligt, sie sind am stärksten einer gewaltorientierten Männlichkeitskultur verhaftet und ihre sozialen Netzwerke sind besonders häufig von delinquenten Kontakten geprägt. Im Umkehrschluss folgert daraus, dass türkische Jugendliche, die sozial besser gestellt sind und im Hinblick auf ihre alltäglichen Kontakte sowie ihre Gewalterfahrungen keine spezifischen Belastungen aufweisen, im Vergleich zu deutschen mit entsprechenden Merkmalen keine höhere Belastung aufweisen dürften. Genau das bestätigt die nachfolgende Abbildung 6.

Bei der in Abbildung 6 dargestellten Analyse haben wir Schüler/innen verglichen, die die Realschule besuchen, deren Familien nicht unter Armut leiden, die gewaltfrei erzogen worden sind und im Hinblick auf die Akzeptanz gewaltlegitimierender Männlichkeitsnormen ein durchschnittliches Niveau aufweisen. Deutsche und türkische Befragte unterscheiden sich dann nicht mehr signifikant in ihrer Gewaltbereitschaft. Den 12,0 Prozent der jungen Deutschen, die im Jahr vor der Befragung mindestens eine Ge-

---

41 vgl. Haug 2003

Türkische Kinder und Jugendliche

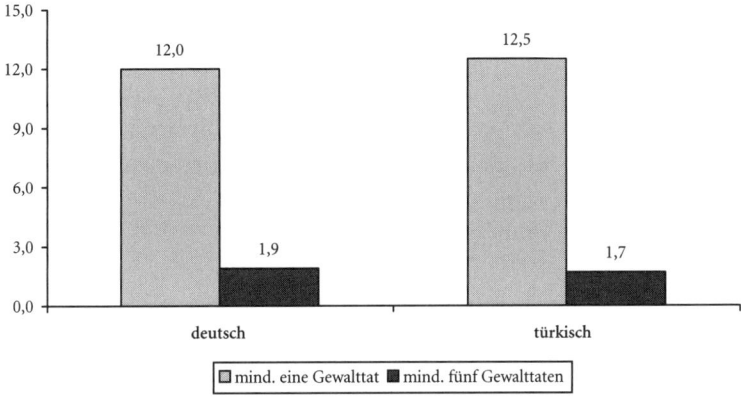

Abbildung 6: Gewaltraten von türkischen und deutschen Jugendlichen (nur Realschüler ohne Armutserfahrung, ohne elterliche Gewalterfahrung in der Kindheit und höchstens mittlere Zustimmung zu Männlichkeitsnormen, in %)

walttat begangen haben, stehen bei den Türken 12,5 Prozent gegenüber. Zur Rate der Mehrfachtäter ergeben sich die Vergleichsquoten von 1,9 Prozent (Deutsche) zu 1,7 Prozent (Türken). Aus dem Befund lässt sich eine klare Botschaft ablesen: Es ist nicht die türkische Herkunft, die die Jugendlichen aus dieser ethnischen Gruppe besonders häufig zu Tätern der Jugendgewalt werden lässt. Verantwortlich sind hierfür vielmehr die belastenden Lebensumstände, unter denen junge Türken aufwachsen.

Die nachfolgende Pfadanalyse erlaubt Aussagen dazu, wie die verschiedenen Belastungsvariablen untereinander in Beziehung stehen und welche die Gewaltbereitschaft besonders fördern.[42] Bis auf den Faktor »Selbstkontrolle« sind alle aufgenommenen Faktoren bekannt. Selbstkontrolle wurde in Form des aufbrausenden Temperaments erfasst (Beispielaussagen: »Wenn ich mit jemandem wirklich Streit habe, kann ich nur schwer ruhig bleiben« und

---

[42] Pfade, die zwar aufgrund der Stichprobengröße signifikant, zugleich aber als eher schwach anzusehen sind (< .10), wurden in der Abbildung nicht dargestellt.

»Ich verliere ziemlich schnell die Beherrschung.«[43]) Niedrige Selbstkontrolle wird als eine entscheidende Ursache von delinquentem Verhalten erachtet[44], weil sie dazu führt, dass die langfristigen Folgen solcher Taten nicht ausreichend bedacht werden und zugunsten des möglichen kurzfristigen Nutzens in den Hintergrund treten.

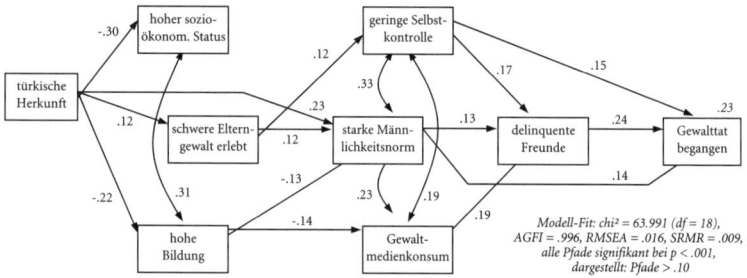

Abbildung 7: Modell zur Erklärung der Gewalttäterschaft, 9. Jahrgangsstufe (kontrolliert um Alter, Geschlecht und regionale Herkunft; KFN-Schülerbefragung 2005; gewichtete Daten; abgebildet: standardisierte Pfadkoeffizienten)

Im Ergebnis zeigt sich zunächst, dass türkische Jugendliche im Vergleich zu deutschen Jugendlichen häufiger in Elternhäusern aufwachsen, die einen geringen sozio-ökonomischen Status aufweisen.[45] Dies ist aber weitestgehend folgenlos, d. h. deprivationstheoretische Erklärungen werden an dieser Stelle nicht bestätigt. Ein hoher bzw. ein geringer Status steht kaum mit anderen Variablen im Modell in Beziehung. Eine Ausnahme stellt das Bildungsniveau dar: Eltern mit höherem sozio-ökonomischem Sta-

---

43 vgl. Grasmick et al. 1993
44 Gottfredson/Hirschi 1990
45 Der sozio-ökonomische Status wurde über ISEI88-Werte abgebildet, wobei auf den Vorschlag von Albrecht et al. (2002) bei Vorliegen begrenzter Informationen (Berufsstatus und Schulabschluss der Eltern) zurückgegriffen wurde; Eltern ohne Berufsstatus (arbeitslos, Hausfrau) wurde eine »0« zugewiesen.

tus ermöglichen ihren Kindern häufiger eine höhere Bildung.[46] Türkische Jugendliche sind hierbei auch direkt benachteiligt, da sie diese Chance sehr viel seltener erhalten. Hohe Bildung wiederum ist ein wichtiger Faktor, der die Bereitschaft zum Gewaltmedienkonsum senkt und seltener zur Ausbildung von gewaltbetonenden Männlichkeitsnormen führt. Diese sind einer der stärksten vermittelnden Faktoren im Modell: Türkische Jugendliche stimmen den antiquierten Männlichkeitsnormen, die Gewalt nach innen (in der Familie) und Gewalt nach außen (zur Verteidigung der Familie) legitimieren, sehr viel häufiger als deutsche Jugendliche zu. Jugendliche mit starken Männlichkeitsnormen schließen sich wiederum häufiger zu delinquenten Freundesgruppen zusammen und begehen auch häufiger Gewalttaten. Neben den Männlichkeitsnormen und dem Bildungsniveau ist ein dritter zentraler Faktor die erlebte Elterngewalt. Insoweit gilt, dass türkische Jugendliche weit häufiger als deutsche Jugendliche von schwerer Elterngewalt belastet sind.

Andere, ins Modell aufgenommene Faktoren sind weniger entscheidend für die ethnischen Unterschiede im Gewaltverhalten. Ganz allgemein gilt, dass Jugendliche, die viel Gewaltmedien konsumieren, eine stärkere Affinität zu Männlichkeitsnormen ausbilden und auch häufiger Kontakt zu delinquenten Freunden suchen. Eine geringe Selbstkontrolle steht sowohl mit eigener Gewaltauffälligkeit als auch mit dem Anschluss an delinquente Freundesgruppen in Beziehung. Der stärkste Effekt auf die Gewalttäterschaft geht von der Einbindung in delinquente Peer-Netzwerke aus. Dies bestätigt eine ergänzende Datenanalyse zur Schülerbefragung 2006 in Hannover. Bei dieser Datenerhebung wurde erstmals die Zusammensetzung der Freundesgruppe, d. h. der Anteil von deutschen Freunden im Netzwerk gesondert erfasst.

---

46 Eine hohe Bildung wurde darüber abgebildet, dass der angestrebte Schulabschluss in Schuljahre übersetzt wurde (Hauptschule = 9 Jahre, Realschule = 10 Jahre, Gymnasium = 13 Jahre).

Die dazu von Rabold und Baier[47] durchgeführte Mehrebenenanalyse zeigt, welch starken Einfluss die ethnische Zusammensetzung der Freundesgruppe auf das Risiko gewalttätigen Verhaltens hat. Bei Kontrolle dieses Merkmals findet sich für Jugendliche türkischer, russischer und anderer ethnischer Herkunft keine höhere Gewaltbelastung mehr.

Die Folgerungen, die sich aus diesen Erkenntnissen für die Prävention von Gewalt ableiten lassen, liegen auf der Hand. Maßnahmen, die auf den Erziehungsstil türkischer Eltern und die von ihnen geprägten Männlichkeitskonzepte ihrer Söhne abzielen, erscheinen ebenso notwendig wie eine bessere schulische Integration der türkischen Kinder und Jugendlichen. Von Letzterer wäre nicht nur ein dämpfender Effekt auf die Ausbildung der »Macho-Kultur« zu erwarten. Von hoher Bedeutung erscheint ferner, dass sich mit dem Besuch von weiterführenden Schulen auch die sozialen Netzwerke und Freundschaftsbeziehungen der jungen Türken verändern können. Eine Längsschnittanalyse zur Entwicklung der Jugendgewalt in München und Hannover ermöglicht es, zu dieser Annahme eine empirische Überprüfung durchzuführen. Sowohl in Hannover als auch in München hatten wir 1998 erstmals Repräsentativbefragungen von Schülerinnen und Schülern 9. Klassen durchgeführt. In München ziehen wir zum Vergleich die Befragungsdaten des Jahres 2005 heran. In Hannover sind es die Daten der Schülerbefragung 2006, weil im Jahr zuvor keine entsprechende Datenerhebung durchgeführt werden konnte. In der nachfolgenden Abbildung 8 wird zunächst die Häufigkeit selbst berichteter Gewalttaten von deutschen und türkischen Jugendlichen im Vergleich der beiden Jahre dargestellt.[48]

Im Längsschnittvergleich von 1998 zu 2005/2006 wird deutlich, dass sich die Gewaltbereitschaft von deutschen und türkischen

---
47 Rabold und Baier 2008
48 vgl. Baier 2008

Türkische Kinder und Jugendliche

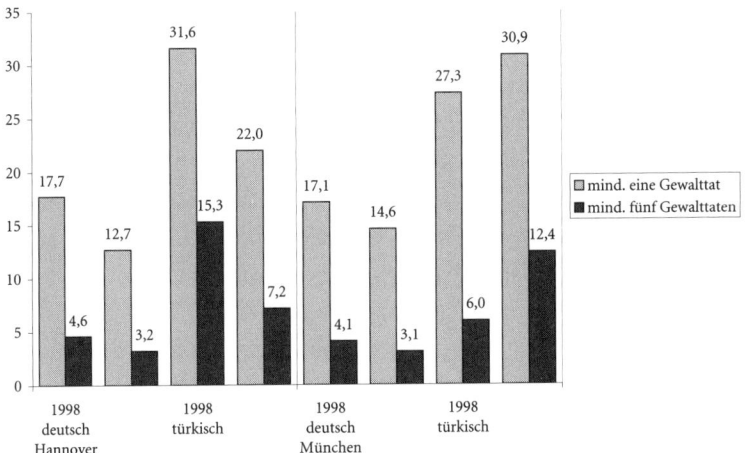

Abbildung 8: Gewalttäterraten im Zeitvergleich nach ethnischer Herkunft in Hannover und München (in %; gewichtete Daten)

Jugendlichen in Hannover und München teilweise konträr entwickelt hat.

In Hannover hat die Quote der jugendlichen Gewalttäter sowohl bei Deutschen wie bei türkischen Schülerinnen und Schülern deutlich abgenommen, wobei der Rückgang türkischer Mehrfachtäter von 15,3 auf 7,2 Prozent besonders stark ausfällt. Der Abstand der Gewaltbelastung beider ethnischen Gruppen hat sich dadurch hier von 10,7 Prozentpunkten auf 4 Prozentpunkte verringert. In München ist dagegen für den Zeitraum von 1998 bis 2005 eine andere Entwicklung zu beobachten. Zwar hat sich die Quote der deutschen Jugendlichen, die nach eigenen Angaben Gewalttaten verübt haben, dort im Verlauf der sieben Jahre etwas reduziert. Die Quote der türkischen Jugendlichen ist dagegen besonders bei den Mehrfachtätern stark angestiegen – von 6,0 Prozent auf 12,4 Prozent. Dadurch ist der Abstand der Gewaltbelastung beider ethnischen Gruppen insoweit von ursprünglich zwei Prozentpunkten auf 9,3 Prozentpunkte angewachsen.

Bei der Suche nach Erklärungen für die in Abbildung 8 zum Ausdruck kommenden Trends, können wir nur teilweise auf die in der Pfadanalyse bestätigten Einflussvariablen zurückgreifen, weil einige 1998 noch nicht erhoben wurden (z. B. Art und Häufigkeit des Medienkonsums oder die Zusammensetzung von Freundschaftsnetzwerken). Zu anderen Faktoren zeigt sich im Städtevergleich kein gravierender Unterschied: Sowohl in München als auch in Hannover hat beispielsweise die innerfamiliäre Gewalt bei deutschen und türkischen Jugendlichen abgenommen.[49] Auffallend ist jedoch, dass sich die Akzeptanz gewaltlegitimierender Männlichkeitsnormen bei türkischen Jugendlichen unterschiedlich entwickelt hat. In Hannover ist hier ein Rückgang der Zustimmung zu verzeichnen, in München dagegen ein Anstieg.[50]

Im Städtevergleich fällt besonders auf, dass sich die Perspektiven schulischer Integration für junge Deutsche und junge Türken sehr unterschiedlich entwickelt haben. Für die deutschen Jugendlichen gilt in Hannover und München, dass sich seit 1998 die Chancen erhöht haben, gestützt auf das Abitur einen viel versprechenden weiteren Ausbildungsweg einzuschlagen. Wie die Abbildung 9 zeigt, ist in München ihre Gymnasialquote von 46,6 auf 49,9 Prozent angestiegen, in Hannover von 40,3 auf 46,1 Prozent. Parallel dazu sank die Hauptschulquote für deutsche Jugendliche in München von 20,9 auf 19,9 Prozent, in Hannover von 16,2 auf 12,7 Prozent. Auffallend ist, dass beide Trends in Hannover jeweils ausgeprägter sind als in München.

Für die jungen Türken zeigt sich zum Gymnasium in beiden Städten eine gegenläufige Entwicklung – in München ein Sinken der Quote von 18,1 Prozent auf 12,6 Prozent, dem in Hannover ein Anstieg von 8,7 Prozent auf 15,3 Prozent gegenübersteht. Ferner fällt auf, welch unterschiedliche Bedeutung die Hauptschule in den beiden Städten für junge Türken hat. Während sie in Mün-

---
49 vgl. Baier 2008, S.50f.
50 Baier 2008, S.16f.

Türkische Kinder und Jugendliche

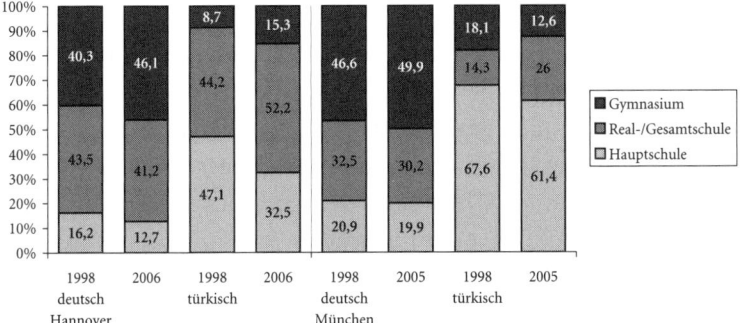

Abbildung 9: Anteil Schüler, die Hauptschule bzw. Gymnasium besuchen, im Zeitvergleich in Hannover und München nach ethnischer Gruppe (in %; gewichtete Daten)

chen im Jahr 2005 trotz leicht sinkender Tendenz mit 61,4 Prozent nach wie vor die klar dominierende Schulform darstellt, wird sie in Hannover inzwischen nur noch von knapp einem Drittel der türkischen Jugendlichen besucht (2006: 32,5 % gegenüber 1998: 47,1 %). Die Mehrheit der türkischen Jugendlichen ist in Hannover inzwischen im mittleren Bildungssegment (Realschule/Gesamtschule) zu finden (52,2 %). In München gilt dies im Jahr 2005 nur für 26,0 Prozent der jungen Türken.

Für die gravierenden Unterschiede gibt es mehrere Erklärungsansätze. So hat sich in Hannover im Verlauf der letzten 10 Jahre ausgehend von der 1997 gegründeten Bürgerstiftung Hannover und verschiedenen Vereinen sowie stadtteilbezogenen Initiativen eine Reihe von Projekten und Maßnahmen etabliert, die darauf abzielen, die schulische und soziale Integration von jungen Migranten zu fördern und in den Schulen konstruktive Maßnahmen zur Konfliktschlichtung zu etablieren. Beispiele sind breit angelegte Mentorenprogramme und kostenloser Nachhilfeunterricht für Grundschüler mit Migrationshintergrund, die Ausbildung von Konfliktlotsen oder die in sozialen Brennpunkten nachmittags angebotenen Betreuungsprogramme für sogenannte »Lückekinder« aus sozial randständigen Familien, sowie Sport- und Musikangebote. Zum gegenwärtigen Zeitpunkt können wir noch nicht einschätzen, ob und in welchem Ausmaß es in München entsprechende Maßnahmen gegeben hat. Erste Recherchen haben allerdings den Eindruck vermittelt, dass das zivilgesellschaftliche Engagement in Hannover hier besonders stark ausgeprägt ist.[51]

Nach Auskunft der von uns befragten Schuldirektoren sind der Rückgang türkischer Hauptschüler in Hannover und der starke Anstieg der Quote von Realschülern und Gymnasiasten hier vor allem darin begründet, dass in Niedersachsen die Schullaufbahnempfehlung der Grundschulen nicht bindend sind. Türkische Eltern nutzen diese Chance in Hannover offenkundig intensiv. In Bayern bedeutet die Empfehlung für die Hauptschule dagegen, dass die Eltern daran gebunden sind. Eine Ausnahme gilt nur für die sehr kleine Zahl von Schülerinnen und Schülern, die auf dem Weg einer strengen Sonderprüfung es dann doch schaffen, sich entgegen dem Votum ihrer Grundschule für eine Realschule bzw. ein Gymnasium zu qualifizieren.

Die Probleme, die sich mit der Schülerschaft an Hauptschulen derzeit verbinden, haben wir ausführlich in zwei anderen Beiträgen dargestellt.[52] Hier möchten wir nur kurz auf die wichtigsten Aspekte aufmerksam machen. Hauptschüler gehören in den meisten Bundesländern, in denen dieser Schultyp noch angeboten wird, in steigendem Maß sozialen Randgruppen an. Zuhause sind

---

51 So konnte die Bürgerstiftung Hannover kürzlich bei ihrer 10-Jahres-Feier darauf verweisen, dass sie seit 1998 für insgesamt 235 Projekte, die überwiegend im Jugendbereich und hier wiederum zur Integration von sozial randständigen Kindern und Jugendlichen eingesetzt waren, 700.000 Euro ausgegeben hat. Ferner verfügt der Verein Mentor e.V., der für den kostenlosen Nachhilfeunterricht an Grundschulen zuständig ist, inzwischen über mehr als 400 aktive Mitglieder. Ein systematischer Vergleich zu den schulischen und sozialen Integrationsmaßnahmen ist im Rahmen einer Untersuchung geplant, die das KFN zurzeit im Zusammenhang mit einer bundesweiten Schülerbefragung von 50.000 Jugendlichen durchführt.
52 Baier/Pfeiffer 2007a, Pfeiffer/Baier 2008

sie beispielsweise dreimal häufiger Opfer massiver innerfamiliärer Gewalt als etwa Gymnasiasten. Männliche Hauptschüler verbringen pro Tag mehr als sechs Stunden mit Fernsehen, Computerspielen und Internet und bevorzugen dabei weit stärker als ihre Alterskollegen aus den anderen Schultypen exzessive Gewalt. Nur eine Minderheit von ihnen ist Mitglied in einem Verein, bei Realschülern und erst Recht bei Gymnasiasten ist das die große Mehrheit. Stattdessen bewegen sich Hauptschüler zu einem beachtlichen Teil in problematischen Freundschaftsnetzwerken. Am Vergleich von München zu Hannover wird das besonders deutlich: Den 27,5 Prozent türkischer Jugendlicher, die in München angegeben haben, fünf und mehr delinquente Freunde zu haben, stehen in Hannover nur 19,5 Prozent gegenüber. Auf der anderen Seite sind es in München nur 28,8 Prozent der jungen Türken, die keine delinquenten Freunde haben, in Hannover dagegen 38,8 Prozent. Damit bestätigt der Städtevergleich, dass der Besuch der Hauptschule unter den heutigen Rahmenbedingungen das Hineinwachsen in delinquente Gruppen und die Entwicklung von Gewaltkarrieren fördert.

5. Zusammenfassung und Schlussfolgerungen

Beide Schülerbefragungen haben damit zu einem übereinstimmenden Befund geführt: Sowohl die türkischen Kinder aus 4. Klassen als auch die türkischen Jugendlichen aus 9. Klassen begehen im Vergleich zu den deutschen Altersgenossen und solchen aus anderen ethnischen Gruppen erheblich häufiger Gewaltdelikte. Zu anderen Bereichen der Kinder- bzw. Jugenddelinquenz wie etwa Sachbeschädigung oder Ladendiebstahl zeigen sich dagegen zu den jungen Türken keine Besonderheiten. Auffallend ist ferner, dass die im Vergleich von deutschen und türkischen Jugendlichen besonders krassen Unterschiede der Häufigkeit von Jugendgewalt völlig verschwinden, wenn wir die Auswertung auf solche Neuntklässler beschränken, die die Realschule besuchen, die nicht von Armut betroffen sind, die zuhause gewaltfrei erzogen worden sind und schließlich im Hinblick auf die Akzeptanz gewaltlegitimierender Männlichkeitsnormen höchstens mittlere Werte aufweisen. Ergänzend dazu eingesetzte, multivariate Auswertungsverfahren bestätigen diesen Befund und bieten Erklärungen für die auffallend hohe Gewaltrate der türkischen Kinder und Jugendlichen. Danach ergibt sich insbesondere in türkischen Familien und im Umfeld der jungen Türken eine Kombination von sich teilweise gegenseitig verstärkenden Belastungsfaktoren:

1. Eine besonders hohe Belastung mit innerfamiliärer Gewalt, die die Gewaltbereitschaft der betroffenen Kinder und Jugendlichen fördert und ihre Persönlichkeitsentwicklung beeinträchtigt.
2. Eine sehr frühe Ausstattung der Kinderzimmer mit Fernseher, Spielkonsole und Computer, die dazu beiträgt, dass insbesondere die türkischen Jungen schon in der Grundschule mit einem hohen und inhaltlich problematischen Medienkonsum belastet sind.
3. Die schlechte Integration der jungen Türken in unser dreigliedriges Schulsystem mit der Folge, dass die Mehrheit von ihnen die Hauptschule besucht und dort in soziale Netzwerke von überdurchschnittlich problembelasteten Kindern und Jugendlichen hineinwächst.
4. Eine starke Orientierung vieler türkischer Jugendlicher an kulturell geprägten Männlichkeitsnormen (»Kultur der Ehre«), die den Einsatz von Gewalt zur Durchsetzung von bestimmten Zielen legitimiert.
5. Ein hoher Anteil von Freunden, die häufig Straftaten begehen, verbunden mit einer geringen Quote von deutschen Freunden, die anderen Milieus angehören.

Diese Faktoren stehen wiederum untereinander in Verbindung. So fördert der bei männlichen jungen Türken besonders ausgeprägte Konsum extrem gewalthaltiger Computerspiele in Verbindung mit anderen Gefährdungsmerkmalen die Akzeptanz gewaltlegitimierender Männlichkeitsnormen. Auf der anderen Seite ist der Besuch einer Realschule oder eines Gymnasiums eine Ressource, die sowohl den Einstieg in positive Freundschaftsnetzwerke fördert als auch gute Perspektiven für die weitere Ausbildung und den späteren Beruf eröffnet. Wenn man ergänzend berücksichtigt, dass zurzeit 20 Prozent der in Deutschland lebenden jungen Ausländer die Schule ohne Abschluss verlassen[53] und dass diese Quote bei jungen Türken noch höher liegen dürfte, wird klar, welch zentraler Ansatzpunkt hier für erfolgsversprechende Präventionsmaßnahmen liegt. Die Forschungsbefunde, die sich im Vergleich von Hannover und München zur Entwicklung der Mehrfachtäterquote von jungen Türken ergeben haben, bieten hierfür einen deutlichen Beleg. Dabei ist uns sehr wohl bewusst, dass dieser Extremgruppenvergleich allein noch nicht ausreicht, um die dargestellte Interpretation des Zusammenhangs von schulischer Integration, Freundschaftsnetzwerk und Gewaltverhalten empirisch ausreichend abzusichern. Wir sehen allerdings gute Aussichten dafür, unsere Thesen zukünftig auf erheblich breiterer Datenbasis überprüfen zu können. Mit Förderungsmitteln des Bundesministeriums des Innern führen wir gegenwärtig in 61 Städten und Landkreisen eine Repräsentativbefragung von 50.000 Schülerinnen und Schülern neunter Klassen durch. Ein zentrales Anliegen des Forschungsprojektes ist es, die Auswirkungen unterschiedlicher sozialer und schulischer Integration von jungen Migranten auf ihre Delinquenzrate zu überprüfen.

Zwei Feststellungen dürfen aber schon heute getroffen werden. Den starken Rückgang der Gewaltkriminalität junger Türken in

---

53 vgl. Diefenbach 2007, S. 70 f.

Hannover bewerten wir als nachhaltige Ermutigung für diejenigen, die bei der Bekämpfung von Jugendgewalt auf Maßnahmen schulischer Integration setzen. Zum anderen wird deutlich: In der öffentlichen Debatte dieser Thematik sollten wir nicht generalisierend von jungen kriminellen Türken oder Ausländern sprechen. Die Tatsache, dass junge Migranten in Deutschland zurzeit häufiger als junge Deutsche mit Straftaten auffallen, ist kein unveränderbares Naturgesetz. Wenn wir ihre hohe Gewaltrate reduzieren wollen, müssen wir dafür Sorge tragen, dass sich neben den schulischen auch die familiären und sozialen Rahmenbedingungen des Aufwachsens angleichen.

Claus Koch
Kinder aus dem Niemandsland – Jugendgewalt und Empathieverlust

»Empathie ist eine grundsätzliche Fähigkeit aller Lebewesen. Sie ist die Schranke zur Unmenschlichkeit und der Kern unseres Menschsein, also auch der Kern dessen, was unser Eigenes ist.«
ARNO GRUEN

Wenn in der breiten Öffentlichkeit das Thema Jugendkriminalität zur Sprache gebracht wird, ist damit meistens Jugend*gewalt* gemeint, besonders dann, wenn sie von Jugendlichen »mit Migrationshintergrund«, also Kindern von Einwanderern, ausgeht. Wendet sich diese Gewalt zudem noch gegen unbescholtene »deutsche« Bürger, kann daraus schnell ein Wahlkampfthema werden oder den Mitherausgeber einer großen deutschen Tageszeitung veranlassen, gar von einer drohenden »Ausgrenzung der Deutschen« zu schreiben und dies im Zusammenhang mit einer »demographischen Krise« unserer Nation.[1]

Medienwirksame Ratschläge, wie mit den Gewalttätern umzugehen sei, reichen in solch ideologischem Umfeld dann von martialischen Strafandrohungen wie »Wegsperren«, »Erziehungscamps«, »Warnschussarrest«, »Ab nach Sibrien«[2], bis hin zum »Gulag als Therapie«[3], Strafen und Strafandrohungen, von denen eigentlich bekannt ist, dass sie nicht viel nutzen bzw. meistens das Gegenteil von dem erreichen, was sie beabsichtigen. Eine weitere Variante, Jugendkriminalität einfach »abschaffen« zu wollen, besteht in dem zumeist fremdenfeindlich motivierten Hinweis, die gewalttätigen Jugendlichen doch dorthin zurückzuschicken, wo-

---
1 So Frank Schirrmacher: »Junge Männer auf Feindfahrt. Die Debatte über ausländische Jugendkriminalität muss geführt werden – jetzt. Es besteht die Gefahr, dass aus den Gewalttaten eine Ideologie erwächst.« FAZ vom 15.01.2008
2 BILD-Zeitung, 17.01.2008
3 Der Spiegel, 5, 2008

her sie gekommen sind – was bei in Deutschland geborenen Jugendlichen aus Einwandererfamilien häufig genug am Besitz des deutschen Reisepasses scheitert.

Wenn ich einleitend einige gängige *Erklärungsmuster von Jugendgewalt* aufzähle, dann fällt auf, dass in der breiten Öffentlichkeit neben denen, die auf fremdenfeindlichen Stereotypen beruhen und uns fortan nicht weiter beschäftigen müssen, besonders solche diskutiert werden, die mit dem Migrationshintergrund des Umfeldes einzelner (Intensiv-)Täter oder von Tätergruppen in Verbindung gebracht werden: religiöser Fundamentalismus, streng patriarchalische Strukturen, die gepaart sind mit autoritärer Gewaltausübung in der Familie und Frauenfeindlichkeit.[4] Daneben werden ebenso gewaltsam-autoritäre Familienstrukturen, Frauenverachtung, aber auch das Fehlen eines »starken« Vaters[5] als Erklärungsmuster für Gewalttaten herangezogen, die aus rechtsradikaler Ideologie, zumeist gepaart mit Fremdenhass, verübt werden.

Eine weitere Erklärungsvariante, die sich auf die meisten der gewalttätigen Jugendlichen bezieht, verweist auf den Teufelskreis von Armut, Arbeitslosigkeit, auf mangelnde soziale Ressourcen und auf Bildungsferne, was, in die folgende Generation tradiert, wiederum zu Armut, Bildungsferne usw. führe. Häufig werden in diesem Argumentationszusammenhang auch zusätzlich traumatisierende Erfahrungen in der Familie (Missbrauch, Gewalt) angeführt, die, als Konsequenz von Armut und sozialer Herabsetzung, jugendliche Gewalttäter geprägt haben sollen.

---

4 Necla Kelek: »Gehorsam und Erziehung zur Gewalt. Über ein kulturelles Problem«, FAZ vom 09.02.2008; dies.: »Respekt vor Roland Koch habe ich nicht«, taz, 26./27.01.2008; dies.: »Diese Kinder leben im Niemandsland«, Focus-Schule, 3/2007

5 Jugendgewalt wird überhaupt immer wieder mit einer problematischen Vaterbeziehung in Verbindung gebracht, spielt doch der Vater in der elterlichen Familienkonstellation die Rolle, durch seinen Eintritt in die Mutter-Kind-Dyade das »Außen« oder das »Gesetz« (Jacques Lacan) zu verkörpern. Entsprechend die Folgen, wenn er diese Rolle gar nicht oder nur autoritär-gewalttätig ausübt.

Zusammenfassend finden sich in der Öffentlichkeit also folgende am meisten diskutierte »rationale Modelle« zur Erklärung von Jugendgewalt:
- Ideologischer Hintergrund
  Religiöser Fundamentalismus, Traditionalismus, Islamismus
  Rechtsradikale, faschistische Ideologie, Fremdenhass
- Armut, Arbeitslosigkeit, mangelnde soziale Ressourcen
- Bildungsferne
- Traumatisierende Erfahrungen in der Familie (Missbrauch, Gewalt)

Daneben wird häufig noch auf den Einfluss von »gewaltfördernden« Computerspielen hingewiesen, und von konservativer Seite werden gerne fehlende Sekundärtugenden wie Disziplin, Ordnung und Autoritätshörigkeit angemahnt und damit zusammenhängend auf einen Werteverfall bei den Jugendlichen verwiesen, oftmals in Zusammenhang mit aufgeweichten Erziehungsmaximen, für die letztendlich die Generation der »68er« verantwortlich sei. Besonders stark mit dieser Position machte sich vor einiger Zeit der ehemalige Leiter des Internats Salem, Bernhard Bueb[6], der in seinem Bestseller »Vom Lob der Disziplin« genau jene »Tugenden« einforderte, die man in den Familien der jugendlichen Gewalttäter so überhäufig findet: die bedingungslose Anerkennung von Autorität, strengen Gehorsam, kurzum eine Erziehung nach dem Motto: »Gelobt sei, was hart macht.«[7]

Alle die oben genannten »rationalen« Erklärungsmodelle sind wissenschaftlich gut belegt. Wenn aber ideologische Einflüsse, soziale Deklassierung, Kinderarmut, Arbeitslosigkeit, der fehlende

---
6   Bueb 2007
7   Eine ausführliche Kritik der Positionen von Bernhard Bueb findet sich in dem Buch von Micha Brumlik (Hrsg.): Vom Missbrauch der Disziplin. Weinheim: Beltz 2007.

Schulabschluss und Bildungsferne ein hinreichender Grund für Jugendkriminalität wären, dann hätten wir sie *massenhaft*, was aber nicht der Fall ist.[8]

Deswegen gehe ich davon aus, dass etwas *dazukommen* muss, was besonders bei den schweren Gewalttaten von Jugendlichen, und um die geht es in diesem Beitrag, eine *besondere* Rolle spielt. Als *Empathieverlust* bezeichne ich dann im Folgenden den Verlust der Fähigkeit, sowohl eigene Gefühle als auch die des anderen wahrzunehmen, eine Fähigkeit, die sich bereits kurz nach der Geburt zwischen Mutter und Säugling in wechselseitiger Beziehung, die auf verlässlicher Bindung beruht, herausbildet. Eine entscheidende Rolle spielen dabei die elterlichen Fürsorge- und Erziehungspraktiken, denn obwohl der Wunsch, verstanden zu werden, um den anderen zu verstehen – woraus Empathie entsteht –, offensichtlich jedem Neugeborenen mitgegeben ist, schützt ein solches Verlangen das Kind nicht davor, diese Fähigkeit aufgrund von nicht hinreichenden Bindungserfahrungen schon früh (primär) oder in den ersten Lebensjahren (sekundär) zu verlieren. Empathie ist also ebenso wenig angeboren wie die Bereitschaft zu Gewalt, sondern muss, von Generation zu Generation, immer wieder neu erlernt werden. Anders gesagt: Sie ist Teil unserer Kulturwerdung.

Wenn ich von dieser Art schwerwiegendem Empathieverlust spreche, dann geht es nicht um alltägliche Rangeleien zwischen Kindern und Jugendlichen, sondern – wie in München und anderswo geschehen – um den Tritt auf das wehrlos am Boden liegende Opfer, das Messer im Rücken eines 14-Jährigen, über die hemmungslose Jagd auf Menschen, die »anders« sind – Taten, die eine kulturell mit den frühesten Kindheitserfahrungen erworbene Schranke durchbrechen und mit denen sich eine Gesellschaft sehr

---

8 Die Tatsache, dass Massenmedien mit spektakulären Fällen Schlagzeilen, Kasse und Quoten machen, darf nicht darüber hinwegtäuschen, dass die extreme Gewalt von Jugendlichen kein Massenphänomen ist.

wohl auseinandersetzen muss. Denn über die Folgen für die Opfer hinaus ist die Frage zu stellen, ob solche Jugendgewalt nicht – bislang an ihren Rändern lokalisiert – ein Phänomen darstellt, das auf einen allgemeinen gesellschaftlichen Aggregatzustand hinweisen könnte, ein Zeichen für das ist, was auf uns zukommt, wenn wir die Jüngsten und ihre besonderen Bedürfnisse nicht mehr ernst nehmen und sie viel zu früh einem Niemandsland, einem Land ohne Bindung und Vertrauen in den »Ersten Anderen«, überlassen.[9]

So werde ich, ausgehend von dem mir anthropologisch stimmig erscheinenden Befund, dass sich die kulturspezifische Entwicklung unserer Gesellschaft und unser komplexes Zusammenleben einer stetigen Entwicklung und Verfeinerung menschlicher Betreuungspraktiken und der Verfeinerung frühkindlicher Interaktionsformen verdanken[10], am Ende des Beitrags fragen, welche konkreten Maßnahmen ergriffen werden müssen, dass sich diese Entwicklung in einer Zeit globalisierten Zusammenlebens, in der es Fürsorgepraktiken bedarf, die eine »erhöhte Entwicklung psychischer Fähigkeiten für reflexives Denken, Empathie und umfassendere globale Identifikationen fördern«[11], nicht wieder umkehrt. Exzessive Jugendgewalt kann Vorbote einer solchen Entwicklung sein.

---

9 Natürlich äußert sich der beschriebene »Empathieverlust« nicht ausschließlich darin, dass der oder die Betroffene gewalttätig wird. Auch andere Folgen sind möglich, schwere Depression oder Borderline-Störungen, Letztere oft begleitet von delinquentem Verhalten. Und ebenso dürfte die gesellschaftlich sanktionierte Gewalt von Topmanagern, die buchstäblich »über Leichen« gehen, häufig verbunden mit hoher Intelligenz, eine denkbare Reaktionsform auf schwere frühkindliche emotionale Entbehrungen sein.
10 Greenspan/Shanker 2007
11 ebd., S. 449

Empathie

Empathie bezeichnet die Fähigkeit, sich in jemanden »einzufühlen«, in der Lage zu sein, des anderen Gefühle gefühlsmäßig bei sich selbst wahrzunehmen. Davon zu unterscheiden ist die – abstraktere – kognitive Fähigkeit, sich in jemanden hineinzudenken, seine Handlungsschritte und Absichten erahnen zu können, was in der fachpsychologischen Literatur gern als »Theory of Mind« gehandelt wird. Beide Fähigkeiten hängen, auch was ihre frühkindliche Entstehung betrifft, eng zusammen, wobei Empathie die basale Fähigkeit ist und ihr Verlust, weil frühkindlich nicht »erlernt«, zweifellos schwerste psychische Schäden beim Individuum hinterlässt. Wie also entsteht Empathie?

Alle neuere Forschung deutet darauf hin, dass Kinder diese Fähigkeit, außer bei ernsthaften Störungen, die eventuell auch pränatal erworben sein können[12], schon mit ihrer Geburt auf die Welt bringen.[13] So setzen das neugeborene Kind und seine erste Bezugsperson, zumeist die Mutter, schon kurz nach der Geburt ein emotional bewegendes Wechselspiel in Gang, das von Beobachtung, Nachahmung, Übung und stetigem Fortschritt in der Interaktion miteinander geprägt ist. Es ist ein gegenseitiges Sichanblicken, ein Sichabtasten, ein Erfühlen, was in dem anderen gerade vorgeht, es ist ein Suchen, mit den Augen, aber auch mit Gesichtsmimik, nach positiven Signalen von Seiten des Kindes, die dann *von beiden* bestätigt und gespiegelt werden, und ebenso ein steter Versuch der primären Bezugspersonen, dem Kind gefühlsmäßig positive Gesten zu entlocken, ein Lächeln, ein zufriedenes Lallen, einen ersten, einen zweiten freundlichen, fast dankbaren Blick. Jede und jeder, der mit Kindern in diesem Alter zu tun hatte, weiß spontan, wo-

---

12 Hüther/Krens 2008; Moll/Dawirs/Niescken 2007
13 Stern 2007; Dörner 2000; ders. 1994

von hier die Rede ist, und es ist genau diese Begegnung, die den Ausgangspunkt *jeder* zwischenmenschlichen Beziehung bildet.

Nun ist das Baby freilich nicht immer positiv gestimmt, sondern ganz im Gegenteil, es hat Hunger, fühlt sich körperlich unwohl oder hat Angst, wenn seine Mutter den Raum verlässt. Auch hier sind es besonders der Blick und die Gesichtsmimik, die das Kind beruhigen. Der amerikanische Kinderpsychiater Stanley Greenspan spricht von »katastrophischen Emotionen«, die »globale Emotionszustände wie heftige Wut, Furcht oder emotionalen Hunger bzw. Bedürftigkeit« bezeichnen und oft an archaische Kampf- oder Fluchtreaktionen gebunden sind.[14] Entscheidend bei der frühkindlichen Kommunikation von Kind und Bezugspersonen – und in der menschlichen Entwicklung – ist, dass die kleinen Kinder lernen können, die »katastrophischen Muster« zu zähmen, und auch, wie man diese Emotionen in interaktive Signale, nicht zuletzt in die Sprache, umwandelt.

Eine Mutter will beispielsweise die Wiege, in der das Kind schläft, verlassen. Sie wird dies bis auf Ausnahmefälle, dass ein Geschwister gerade im Nebenzimmer vom Stuhl gefallen ist und losbrüllt, in der Regel nur ganz langsam tun. Zuerst wird sie sich dem Gesicht des Kindes noch einmal nähern und aufmunternd lächeln im Sinne von »Hab keine Angst, meine Kleine, Mama ist gleich wieder da«. Verzieht das Baby jetzt sein Gesicht und deutet es an, gleich zu weinen, wird die Mutter diese Geste und diesen Blick als Angst des Kindes interpretieren und ihre Geste und ihren Blick noch einmal wiederholen. Vielleicht so lange, bis das Kind sich entspannt hat und seinerseits lächelt. Erst jetzt verlässt die Mutter das Kind, das ihr vielleicht fragend, aber doch insgesamt zufrieden, weil sicher, hinterherschaut.

Was hat das Kind erblickt, als es seiner Mutter ins Gesicht sah? Zum einen ihre Stimmung, die sie auf das Kind überträgt. Zum

---

14 Greenspan/Shanker 2007, S. 35

anderen aber wohl auch das, wie es D. W. Winnicott einmal ausgedrückt hat, »was es in sich selbst erblickt«[15]. Es ist also der internalisierte Blick der Mutter, der anschließend zum eigenen Blick wird!

Das »Werben um den Blick«[16], Blickkontakt suchen, ihn herstellen, sich einander anschauen, sich aufeinander abstimmen, ahnen, was der andere möchte und was ihm gefällt, das Ausdrücken von Trost – all das gehört zu den wertvollsten menschlichen Grundvermögen. Neu hingegen ist, dass man in den letzten Jahren die dazu neurobiologischen Voraussetzungen gefunden hat, die man Spiegelnervenzellen oder einfacher und bildlicher, einfach »Spiegelneuronen« genannt hat. Ich will im Rahmen dieses Beitrags auf dieses Phänomen kurz eingehen.[17]

Spiegelneuronen

Situationen, in denen die Spiegelneuronen »feuern«, kennen die meisten. So öffnen wir selbst den Mund, wenn wir ein Kind füttern, verziehen schmerzhaft das Gesicht, wenn wir zusehen, wie jemandem Schmerz zugefügt wird, schießen selbst das Tor vor dem Fernseher usw. Über derlei nachahmende Gesten ist man den Spiegelneuronen dann auch – im Tierversuch – auf die Spur gekommen. Was sie – insbesondere für die Fragestellung dieses Beitrages – bewirken, fasst der Mediziner, Neurobiologe und Psychotherapeut Joachim Bauer wie folgt zusammen:

> »Im System der Spiegelneurone begegnen sich die Vorstellungen, die wir von uns selbst haben, und die Bilder, die

---

15 Winnicott 1971/1979, S. 129
16 Lacan 1996, S. 76
17 Denjenigen, die sich mit den »Spiegelneuronen«, ihrer Entstehungsweise, ihrer Verortung im Gehirn näher befassen wollen, sei das Buch von J. Bauer »Warum ich fühle, was du fühlst. Intuitive Kommunikation und das Geheimnis der Spiegelneurone« (2005) zur Lektüre empfohlen.

wir uns von anderen machen. Spiegelnervenzellen sind das neuronale Format, mit dem wir sowohl uns selbst als auch andere Personen wahrnehmen bzw. als Vorstellung abbilden. Die Arbeitsweise der Spiegelneurone zeigt, auf welche Weise wir andere verstehen: Einen Menschen zu erleben geschieht dadurch – man könnte auch sagen: *hat zur Folge –, dass etwas ihm Entsprechendes in uns selbst aktiviert wird* (Hervorhebung von mir, CK). Spiegelnervenzellen feuern, wenn wir selbst eine Handlung vollziehen, aber auch dann, wenn wir dieselbe Handlung, ausgeführt von einem anderen Menschen, beobachten. Sie feuern, wenn wir die mit einer bestimmten Situation verbundenen körperlichen Empfindungen spüren, aber auch dann, wenn wir (mit)erleben, dass sich jemand anders in einer entsprechenden Situation befindet.«[18]

Diese Resonanz hervorrufenden, neurobiologischen Vorgänge in unserem Gehirn sind demnach nichts anderes als eine unabdingbare Voraussetzung, dass wir uns in den anderen einfühlen und entsprechend auf ihn reagieren könne. Sie sind Voraussetzung für das, was wir weiter oben als »Empathie« bzw. »empathisches Vermögen« bezeichnet haben.

Was aber kann, wenn sie sozusagen zur Grundausstattung jedes Menschen gehören, ihren »Erfolg« beeinträchtigen bzw. sie außer Gefecht setzen? Noch einmal Joachim Bauer:

»Die genetische Grundausstattung stellt dem Säugling ein Startset von Spiegelneuronen zur Verfügung, die ihm die Fähigkeit verleihen, bereits wenige Tage nach der Geburt mit seinen wichtigsten Bezugspersonen erste Spiegelungsaktionen vorzunehmen. Es ist jedoch von entscheidender Bedeutung, ob ihm die *Chance* gegeben wird, solche Aktionen zu realisieren, denn eine Grundregel unseres Gehirns lautet: ›Use or lose it.‹ Nervenzellsysteme, die nicht be-

---
18 Bauer 2005, S. 88 f.

nutzt werden, gehen verloren. Spiegelaktionen entwickeln sich nicht von allein, sie brauchen einen Partner.«[19]

Zum Glück hat die übergroße Mehrheit unserer Kinder in den ersten Jahren, wenn auch unter ganz unterschiedlichen Bedingungen, diese Partnerin, diesen Partner, also Eltern, die ihr Kind mit Liebe, Wärme, Zuversicht, mit vielfältigen emotionale Sicherheit verleihenden Gesten in seinen allerersten Lebensmonaten und Lebensjahren begleiten. Aber was, wenn diese elterliche Zuwendung im extremen Fall ausbleibt, in weniger extremen Fällen teilnahmslos, »gestresst«, unter Zeitdruck oder unter hoher eigener seelischer Belastung vonstatten geht?

Das Kind selbst wird den positiven Zugang zur primären Beziehungsperson *in jedem Fall* am Anfang suchen – und genau das macht die ganze Tragik aus, wenn seine angeborene wohlmeinende Geste (und sei es nur, um als völlig hilfloses und abhängiges Wesen zu überleben) nicht verstanden, im schlimmsten Fall sogar konterkariert wird. Experimente zeigen, dass sich ein Kleinkind von einem Erwachsenen impulsiv abwendet, wenn der entgegen seiner eigenen emotionalen Intuition auf seine kommunikativen »Angebote« nicht eingeht. Die Bindungsforschung hat wiederholt zeigen können, dass sich das Kind, vielleicht nach mehrfachem Widerstand, indem es seine Wut, aber auch seine Angst durch Schreien und motorische Unruhe zum Ausdruck gebracht hat, emotional zurückzieht, bis es irgendwann völlig stumpf[20] auf seine Umwelt reagiert, der es sein ganzes (Ur-)Vertrauen entzogen hat. Seine Bereitschaft, im mimischen Ausdruck sich mit der Welt zu verbinden, ist gestört oder ganz beseitigt worden. »Aus Beobachtungen dieser Art«, so Joachim Bauer, »darf und muss die Schlussfolgerung gezogen werden, dass Versuche, Neugeborene bzw. Kleinkinder emotionslos, nach rein ›rationalen‹ oder ›vernünfti-

---

19 Bauer 2005, S. 57
20 zum Hospitalismus-Syndrom: Spitz 1985; Spitz 1967/1992; Bowlby 1950

gen‹ Kriterien zu versorgen, verheerende Folgen haben. Sie ruinieren die Fähigkeit des Kindes, mit anderen Menschen in emotionalen Kontakt zu kommen und sich mit ihnen intuitiv verbunden zu fühlen.«[21]

Empathieverlust

Es kann kein Zweifel bestehen, dass die Ablehnung des frühkindlichen Versuchs, mit der Welt über seine ersten Bezugspersonen in wechselseitigen Kontakt zu treten, zu schwersten psychischen Störungen führt. Störungen wie der frühkindliche Hospitalismus, wie sie die Bindungsforscher Bowlby oder Spitz bei Waisenkindern festgestellt haben, sind bekannt. Es kann auch kein Zweifel darüber bestehen, dass diese Zurückweisung vom Kind schmerzhaft erlebt wird, darauf deuten allein schon seine sogar in Missbrauchsfällen langjährigen Versuche, trotz aller Verletzungen den emotionalen Kontakt zu den Eltern immer wieder aufzunehmen. Wenn die Zurückweisung bereits im präverbalen Stadium passiert, das Kind seine »katastrophischen« Gefühle wie Angst und psychischen Schmerz also nicht verbal ausdrücken kann, bleiben ihm nur archaische Äußerungsformen: der komplette Rückzug, motorische Ticks und vor allem die Internalisierung und Einkapselung der erlittenen und empfundenen Verletzung.

Auf den Zusammenhang zwischen der Verleugnung von eigenem Schmerzempfinden, dem Verlust von Empathie und der damit zusammenhängenden Gewaltbereitschaft geht auch der Psychoanalytiker Arno Gruen in seinem Buch »Der Verlust des Mitgefühls« ein:

> »Schmerz und Mitgefühl sind eng miteinander verbunden, ebenso ist unsere Fähigkeit, Schmerz zu erleben, auch bestimmend für unsere Empathie. Gleichzeitig verhindert

---
21 Bauer 2005, S. 62

die Verneinung von Schmerz in der Lebensgeschichte eines jeden Einzelnen die vollständige Entwicklung des eigenen Selbst (...). Eine unter solchen Umständen sich bildende Identität kann nur die Angst, die sie formte, widerspiegeln und ist so alles andere als lebendig und originell. Unter derart eingeschränkten Bedingungen verkümmern viele mögliche Ausprägungen des Menschsein. Auschwitz ist ein Mahnmal dessen, was sich unter solchen Bedingungen des Aufwachsens entwickeln kann; es stellt uns vor die Frage, was Menschsein dennoch ausmacht, wenn die Fähigkeit, Schmerz und Mitgefühl zu empfinden, verlorengegangen ist. In der Kindheit werden die Weichen für ein voll entfaltetes beziehungsweise verkümmertes Menschsein gestellt.«[22]

Dass sich der völlige Empathieverlust zu mörderischen Zwecken nutzen lässt, haben gewalttätige Regimes schon immer gewusst. So haben die Nationalsozialisten bereits für das früheste Kindesalter Erziehungspraktiken gefordert, um die späteren jungen Erwachsenen gefühllos und damit nicht zuletzt für ihre mörderischen Absichten verfügbar zu machen und ihnen damit jedwedes Mitgefühl gegenüber ihren Opfern auszutreiben. Vorschläge ihrer »Erziehungsexpertin« Johanna Haarer etwa zielen darauf, die frühkindliche Kommunikation dadurch empfindlich zu stören, dass man sich dem Gesicht des Kindes möglichst nicht so sehr nähert (was Mütter im Normalfall automatisch tun), dass eine echte Kommunikation stattfinden kann, dass man liebevolle Gesten bewusst unterlässt und sich lediglich an elementaren physischen Bedürfnissen des Kindes orientiert: Bloß keine Gefühle zeigen in der Absicht, dass die oder der andere erst gar keine entwickelt.[23] Arno Gruen hebt hervor, dass der rumänische Geheimdienst mit sicherem Instinkt Kinder aus rumänischen Waisenhäusern rekrutierte, weil man davon ausging, dass man sie für ihre mörderischen Zwe-

---
22 Gruen 2005
23 Chamberlain 2003; Koch 2007, S. 100–133

cke besonders fungibel machen konnte.[24] Nach den gleichen Prinzipien werden überall auf der Welt die Kindersoldaten »ausgebildet«.

Auch wenn Kinder von Geburt an auf eine gefühlsmäßige Abstimmung bzw. auf eine positive Gestimmtheit und Übereinstimmung mit ihrer ersten Bezugsperson »programmiert« sind, dürfte sich ihre Fähigkeit, sich in »den Anderen« einzufühlen, erst später gänzlich herausgebildet haben, wenn Objektkonstanz, d. h., die andere oder den anderen als getrennt von sich wahrnehmen zu können, und Sprache, d. h. die Fähigkeit, psychische Prozesse auch symbolisieren zu können, dazugekommen sind. Bei normaler Entwicklung ist dieser Prozess etwa zwischen dem zweiten und dritten Lebensjahr abgeschlossen, was aber nicht heißt, dass ein solcher »primärer« Erwerb des Einfühlungsvermögens ein für alle Mal eine sichere Spur im Individuum hinterlässt. Auch eine bereits vorhandene Fähigkeit zur Empathie kann, sekundär, schweren Schaden erleiden. Zu den Ursachen können neben den gravierenden Auslösern wie Missbrauch und Gewalt in der Familie auch weniger »spektakuläre« Faktoren treten: Vernachlässigung, die im Übrigen keinesfalls nur auf die »unteren Schichten« beschränkt ist, eine schwierige soziale Lage, die das Kind beschämt, oder eine Trennung der Eltern, bei der sich die Partner ständig gegenseitig entwerten und somit auch ihr Kind. Was damit zusammenhängt, dass die Spiegelneuronen, von denen schon die Rede war, durch starken äußeren Druck und Angst an Resonanzstärke verlieren können und damit auch das Vermögen tangiert wird, sich einzufühlen, andere zu verstehen, wahrzunehmen, was der andere denkt und fühlt. Die in diesem Zusammenhang gerne angeführten Auslöser wie Armut und Bildungsferne können mit ihren sekundären Folgen – Gewalt in der Familie, Vernachlässigung – zwar die

---
24 Gruen 2005, S. 12

Empathiefähigkeit des Kindes beeinflussen, sind aber nicht ursächlich. Gerade unter schwierigen ökonomischen Verhältnissen können sich auch stärkere Bindungen zwischen Eltern, auch Alleinerziehenden, und ihren Kindern ergeben, als dies bei denen der Fall ist, die für ihre Kinder kaum noch Zeit haben und ihnen damit das Gefühl der »Zugehörigkeit« nehmen, das beim Aufbau von Gefühlen für andere ebenfalls eine bedeutende Rolle spielt.

Zu den Folgen primären Empathieverlusts gehört, wie schon angesprochen, die Unfähigkeit, angemessen, d. h. symbolisch, mit Konflikterfahrungen umzugehen und stattdessen in archaische Reaktionsmuster zurückzufallen. Autistische Strukturen in der Wahrnehmung anderer und unkontrollierte Gewaltausübung prägen besonders das Verhalten von sog. »Intensivtätern«, die dann der Öffentlichkeit pressewirksam und auflagensteigernd gerne als »Monster« vorgeführt werden. Hinter der manchmal exzessiven Gewaltausübung tarnen sich schwere Ängste, die blockierte Kindheitserinnerung an einen erlittenen Schmerz. Gepaart ist das Ganze häufig mit Projektionen auf einen »äußeren Feind«, auf die, die »anders« (und deswegen auch beneidenswert) sind, manchmal mit einer extremen Frauenfeindlichkeit, die stellvertretend für erlebte Zurückweisung der Mutter steht. All dies gilt für Jugendliche ganz unabhängig von ihrer ethnischen Herkunft.

Bei sekundärem Empathieverlust verhält es sich anders und komplizierter. Hier existiert eine positive Bindungserfahrung in der frühesten Kindheit, resultierend zumeist aus der Beziehung zwischen Mutter und Kind, gefolgt von einer sekundären Schädigung durch Missbrauch im Kindes- und Jugendalter bzw. durch gewaltsame Strukturen in der Familie, oft gepaart mit unnachsichtiger Autorität und dem Zwang zu bedingungslosem Gehorsam und Disziplin. Die darüber empfundene Verlusterfahrung (im Gegensatz zum primären Empathieverlust) kindlicher Geborgenheit und kindlichen Schutzes führt in den meisten Fällen zu schweren Ängsten, die wiederum häufig mit einer Identifikation mit dem Aggressor, die das Erlittene plausibel machen soll, gedämpft werden und sich in Form einer Reaktionsbildung aggressiv nach außen richten: Aus dem Hass auf das eigene Opfersein, das Zurückgewiesenwerden, muss der Betreffende die anderen zu Opfern machen, auf die sich seine ganze Aggression richtet. Da sekundär erworben, vermittelt sich der damit einhergehende Empathieverlust symbolisch-sprachlich, und da Gefühle von Geborgenheit und Sicherheit aus frühester Kindheit weiterhin lebendig sind, spielen auch Solidarität und Mitgefühl in der Tätergruppe untereinander eine stärkere Rolle.

Vor dem Hintergrund der bisherigen Ausführungen werden viele Äußerungen von Jugendgewalt verständlicher. An drei Beispielen soll das eine oder andere noch einmal vertieft und verdeutlicht werden: an der Rolle, die der gegenseitige Augenkontakt, der *Blick*, ganz offensichtlich immer wieder spielt, an der Rolle des *Opfers*, das mittlerweile als geflügeltes Schimpfwort auf den Schulhöfen dieser Republik Einzug gehalten hat, und an der Rolle einer oft vermeintlichen, oft aber auch ernst gemeinten *ziellosen Solidarität*.

»Was guckst du?« – der Blick

»Ein Blick reicht«, sagt der 16 Jahre alte Yang. »Guckt mich einer falsch an, frage ich: Ey was willst du? Wenn er dann weggguckt, ist er ein Loser. Wenn nicht, haue ich ihm eine rein.«[25]

Dieser Satz könnte über vielem stehen, was mit Jugendgewalt zu tun hat, denn »der Blick« steht bei den Tätern offensichtlich hoch im Kurs. Der Blick des anderen ebenso wie der eigene Blick. Sieht mich der andere nicht an, ist er ein Loser, sagt Yang, dann interes-

---
25 Respekt für die harten Jungs. Von Ulrich Schulte und Bernd Hartung, taz vom 25.01.2008

siert er mich nicht. Sieht er mich an, weckt er mein Interesse; aber nicht so, wie dies normalerweise der Fall ist, wenn Interesse am anderen geweckt wird, wenn der Blick gespiegelt wird, abgewogen, eventuell zurückgewiesen, eventuell aber den Beginn einer Beziehung, auch Liebesbeziehung, markiert. Sieht er mich an, »dann haue ich ihm eine rein«, dann ertrage ich dieses Angebot nicht, dann fühle ich mich bedroht, dann muss ich zurückschlagen. Verkehrte Welt? Nicht unbedingt. Wurde der Blick, wie er ja beim Aufbau des kindlichen Vertrauensverhältnisses in die Welt, wie bereits hervorgehoben, eine zentrale Rolle spielt und auch bei der Konstitution des eigenen Selbst[26], immer wieder zurückgewiesen und bildete so keine »Tragfläche für die sich anbahnende Mutter-Kind-Beziehung und für die Sicht des Kindes seiner selbst«[27], dann wird der Blick des anderen gefährlich, weil er die Erinnerungsspur wieder besetzt, in der die Verletzung durch den nicht erwiderten Blick noch frisch ist, sei es – im extremen Fall – durch die Zurückweisung der Mutter oder durch die spätere Zurückweisung von Bezugspersonen – übrigens bis hin zu Erziehern und Lehrern. Ein solcher Blick, der an das erinnert, was hätte sein können, verursacht Schmerz und ist nicht auszuhalten, er muss »abgewendet«, im schlimmsten Fall vernichtet werden: »Dann haue ich ihm eine rein.« Das mittlerweile zur Karikatur gewordene »Was guckst du« heißt mit anderen Worten: »Schau mich bloß nicht an, ich ertrage deinen Blick nicht, weil er mir irgendwann einmal verlorenging.« Oder im Falle einer weniger gravierenden frühkindlichen Störung: »Dieser Blick will mich nur bewerten, weil er nicht ernst gemeint ist, weil er mich verachtet, mich vernichten könnte. Lieber schlage ich selbst gleich zu.« Angesehen zu werden wird automatisch zu einer Bedrohung. Von daher ist der Schlüssel zu einem Zugang zu diesen Jugendlichen auch, wie eine Streetworkerin berichtet, den Kindern dieses Gefühl für die Bedrohung zu nehmen: »Mein Ziel

---

26 Lacan 1991, S. 61–70
27 Gruen 2005, S. 68

für die ersten Monate war: Ihr müsst mir in die Augen gucken, Guten Tag sagen und die Hand geben.« Aber: »Die Kinder starrten einfach in die Luft.«[28] Kinder, die den Blick des anderen nicht ertragen können, leben in einer Art Niemandsland, in dem sie glauben, keinem mehr vertrauen zu können. Sie sind desorientiert, sie finden »draußen«, d. h. im »Blick der anderen«, keine Stütze und suchen sie stattdessen in Allmachtsphantasien, aber auch in solidarischen Zusammenschlüssen, in Gangs. Alles, was an den erlittenen Verlust erinnert, soll zerstört werden. Umgekehrt geht es auch darum, selbst »kein Gesicht zeigen zu müssen«, aus Angst, dass sich im eigenen die eigenen Verletzungen und Verwundungen widerspiegeln könnten, aus Angst, sich dem anderen als »Opfer« zu präsentieren.

»Opfer«

Man muss nicht sonderlich viel von psychologischen Mechanismen wissen, um sofort zu verstehen, dass diejenigen, die am lautesten Opfer schreien und dabei auf den anderen zeigen, selber Opfer gewesen waren und sind: Die Degradierung des anderen zum »Opfer« meint die eigene Degradierung, die Degradierung als Kind, die Degradierung der eigenen Lust auf Leben und Wissen, der Neugierde und Suche nach menschlicher Nähe, der in Kindergarten und Schule dann häufig die soziale Degradierung, der soziale Ausschluss, folgte, eine zweite Entfernung aus einer doch nur gemeinsam zu erfahrenden Welt. Dann wird der Schwache wegen seiner Schwäche verhöhnt, und wer einmal Opfer gewesen ist, verdient kein Mitleid mehr. Der Hass auf das eigene Opferdasein richtet sich nach außen, vermeintliche Stärke im eigenen Selbst aufrufend. Die erfahrene Wertlosigkeit macht die anderen wertlos. Da das Opfer in einem selbst verachtet werden muss, um weiter-

---
28 taz, 25./26.01.2008

leben zu können, werden die anderen verachtet. Um das Selbst zu stärken, wird von anderen bedingungsloser Gehorsam erwartet, denn das verschafft Stärke und Dominanz – Brutstätte für die Bereitschaft, extremen Ideologien wie Fremdenhass, Antisemitismus ebenso zu verfallen wie der Ausübung von Schrecken und Terror. Wenn die Opferhaltung aus frühkindlichen Erfahrungen resultiert, aus der Erfahrung, Opfer von Gewalt und Autorität gewesen zu sein, wenn also Kinder zu Opfern gemacht wurden, dann werden sie diese Opferhaltung innerlich beibehalten, sie beständig wiederholen bzw. in dem Zwang, als Opfer zu leben, versuchen, die eigenen Lebenskräfte in der Zerstörung des anderen wieder zu spüren.

> »Diese Menschen können nicht über ihre Verletzung trauern, denn sie haben keinen Zugang mehr zu ihrem Schmerz, weil dieser als Schwäche ausgelegt wurde. So müssen sie die Aggression, die den Schmerz begleitet, nach außen verlagern. Der Schmerz der Opfer wird von ihnen als verdiente Bestrafung erlebt, da auch sie in der Kindheit bestraft wurden. Es ist ein unaufhörliches Weitergeben der eigenen Bestrafung.«[29]

Als in französischen Vorstädten Kindergärten und Schulen brannten, waren es nicht nur die Erfahrungen von sozialer Benachteiligung und »zu kurz gekommen sein«, was die Täter zu diesem widersinnigen Schritt veranlasste. Was brannte, waren auch die Symbole einer verbrannten Kindheit, deren Brandwunden die Jugendlichen nicht mehr spürten.

---

29 Gruen 2005, S. 265

Solidarität ohne Perspektive

Dass solidarisches Handeln und Gewalt sich nicht ausschließen, teilweise sogar aufeinander verweisen, ist nicht neu. In unserem Zusammenhang ist auffallend, dass neben schweren, auf den ersten Blick oft unmotiviert erscheinenden Gewalttaten von Einzeltätern jugendliche Gewalttätigkeit zumeist aus der Gruppe heraus bzw. in einem Gruppenzusammenhang ausgeübt wird. Hier geht es aber nicht nur darum, dass einem »in der Gruppe« manches leichter fällt, wie soziologisch-psychologisch gerne erklärt wird. Die Fähigkeit zum sozialen Zusammenschluss deutet eher darauf hin, dass der Empathieverlust sekundär erworben ist, d. h., dass er auf einem positiven Bindungsgeschehen gleichsam aufbauen kann. Dennoch schließt man sich zusammen mit der festen Absicht, andere zu schädigen, sie zu überfallen, sie zu »klatschen«, sie »abzustechen«, »abzuziehen« usw. Während in rechtsradikalen Kreisen sich dafür eine dürftige, oft irrationale »Legitimationsgrundlage« zurechtgezimmert wird, übernehmen Täter mit Migrationshintergrund die häufig erfahrene Perspektivlosigkeit[30] ihrer Existenz als Motiv, was die Gewaltausübung dann selbst – auch für sie – ziellos werden lässt, außer, dass sie den Gruppenzusammenhang stärkt. Denn nur die empfundene und gelebte Solidarität in der Gruppe ist wichtig, kein Ziel, zu dessen Erreichung sie als Mittel dient. Yanis, Mitglied der Bande der »30 Kings« aus Berlin-Schöneberg: »Wenn einer im Wedding oder in Neukölln Stress hat, ruft der seine Freunde an. Die kommen. Das ist wie Familie.«[31] Unschwer zu erkennen ist auch, dass hier nach einem Ersatz gesucht wird für das Gefühl fehlender Geborgenheit, das eben meistens bis in die frühe Kindheit zurückreicht, das sich

---
30 Dass sich die Aggression aus empfundener, aber oft auch tatsächlicher Ausgrenzung und Perspektivlosigkeit gegen die »Deutschen« richtet, ist zumindest noch eher selten.
31 In: Ulrich Schulte, a.a.O., taz, 25.01.2008

aber auch durch die Erfahrung ständiger gesellschaftlicher Zurückweisung legitimiert, die, als solche erfahrbar, Geborgenheit zumindest gekannt haben muss. Da die Jugendlichen sich dies aber nicht zugestehen dürfen, wird auf »hart« gemacht: »Auf der Straße musst du auf stark machen«, sagt Damir. Früher hat er aus Langeweile zugeschlagen, er saß auch schon im Knast, inzwischen prügelt er sich nicht mehr. »Mädchen sind die einzige Rettung. Wenn du sie liebst, hörst du auf sie.«[32]

Dem ist im Prinzip nichts hinzuzufügen. Nur das Erleben einer positiven Bindung in einer Beziehung kann therapeutisch wirken.

Strafe und Therapie

In den Gefängnissen wiederholen sich für viele der Jugendlichen jene Erfahrungen, die die meisten von ihnen in ihrer frühen Kindheit bereits zur Genüge kennen gelernt haben: bedingungslos geforderter Gehorsam, eine permanente Bedrohung durch Gewalt durch Zellennachbarn, autoritäre Amtspersonen, die sich für ihr Tun nicht rechtfertigen müssen; hinzu kommt der weitgehende Verlust »echten« verbalen Austauschs. Das alles knüpft an archaische Strukturen und entsprechende Erfahrungen in der frühen Kindheit an, so dass es kein Wunder ist, dass ein Gefängnisaufenthalt dieser Art in den meisten Fällen wirkungslos ist und eine erneute Gewalttätigkeit nur bis zur »Entlassung« aufschiebt. Das heißt nicht, dass man die jugendlichen Gewalttäter nicht aus dem Verkehr ziehen darf und sie im extremen Fall wegsperren muss. Die Gesellschaft hat ein Anrecht auf Schutz vor solchen Tätern. Nur soll man sich nicht vormachen, dass längere Gefängnisaufenthalte der Täter das Problem jugendlicher Gewalt lösen. Nur dann, wenn diese Maßnahme eingebettet ist in ein Sozialisierungskon-

---

32 ebd.

zept, das auch die frühkindlichen Erfahrungen der Jugendlichen ernst nimmt und nicht nur ihren aktuellen Status als Täter, mag sie eine positive Wirkung ausüben.

Dasselbe gilt im Prinzip auch für die sogenannten »Boot Camps«: Im Gegensatz zum einfachen Wegsperren werden die Jugendlichen hier vorübergehend – und solange sie in diesem künstlich erzeugten »setting« verbleiben – ob ihrer Gewaltbereitschaft ruhiger. Das ist kein Wunder, denn die Struktur in diesen »Erziehungslagern« ähnelt der, die sie von zuhause her kennen; auch in den »Camps« spielen unbedingter Gehorsam, Disziplin, erfahrene, wenn auch meistens nur verbale Gewalt von einem »Anführer«, und vorgelebte »Gefühllosigkeit« eine zentrale Rolle. Damit kommen die Jugendlichen gut klar, besser als die, die diese »Erziehungsmaßnahme« nicht mit ihren frühkindlichen Erfahrungen abgleichen können. Oft finden sie im »Führer« des »Boot Camps« auch eine Art Vaterersatz, einen »harten« Mann, den sie idealisieren, obwohl er ihnen doch eigentlich vormacht, weshalb sie sich jetzt da befinden, wo sie sind. Es ist dieser einfache Wiederholungseffekt, der vorübergehend Ruhe verschafft, so wie das hyperaktive Kind ruhiger wird, wenn es sich seiner Hyperaktivität hingeben kann – bzw. sie durch Ritalin einfach chemisch simuliert wird.[33] Welche längerfristigen therapeutischen Effekte diese Camps zeitigen soll, bleibt ein Rätsel. Eher ist zu vermuten, dass die frühkindlichen Erfahrungen, die in dieser Situation gespiegelt werden, geradezu erneut bestätigt werden und in dem Moment, wo sie »draußen« erneut anschlussfähig werden, beim Betreffenden wieder zum »Tragen« kommen, besonders, wenn sie einem »Schwachen«, »Opfer« oder »Andersartigen« begegnen, was das Aushalten von Differenz erfordert, was den Jugendlichen, oft auch aus ihrem Selbsthass heraus, aber nicht möglich ist und sie »im Lager« oder in »Sibirien« auch nicht dazugelernt haben.

---

33 Siehe DeGrandpre 2002

Positive Bindungserfahrungen

Die oben zitierten Sätze »Mädchen sind die Rettung« von Damir, bzw. »Das ist wie Familie« von Yanis deuten in die Richtung, wie wirksame Therapie aussehen kann. Sie muss versuchen, an positiv erfahrene, meistens noch im frühesten Kindesalter erworbene Bindungserfahrungen der Betroffenen anzuknüpfen, die oft verschüttet liegen unter einer Schicht von körperlich erlebtem Missbrauch, Gewalterfahrungen, eigenen Hassgefühlen und Gewaltausbrüchen. Dass die Unterbringung von jugendlichen Gewalttätern in funktionierenden Familien erstaunlich guten therapeutischen Erfolg erzielt, zeigen die Beispiele aus dem Projekt »Junge Menschen in Gastfamilien« (Jumega), wie es in Baden-Württemberg erfolgreich betrieben wird.[34]

Beispiel Sebastian, 22 Jahre alt: Seinen Vater, Sizilianer, hat er nie kennen gelernt, seine leibliche Mutter setzte ihn buchstäblich vor die Tür, als er 6 Jahre alt war. Er erzählt von der Wut, die ihn stets gepackt hat, wenn ihm jemand dumm gekommen ist, etwas gesagt hat gegen Italiener, gegen Ausländer: »Da sieht er rot, da schlägt er zu, ›willsch 'n Problem, kriegsch 'n Problem, halt die Gosch oder's scheppert.‹« Über die Organisation »Jumega« findet er ein neues Zuhause. Wieder einmal im Knast denkt er nicht an seine leibliche sondern an seine Gastmutter: »Weil er wusste, dass sie ihn nicht im Stich lassen würde, dass sie auf ihn wartet.« Dass er in dieser Familie wieder zu sich fand, erklärt der (Gast-)Vater einfach und treffend: »Na, Liebe hasch mitgenommen und Gefühle.« Eine andere (Gast-)Mutter: »Die Kinder fangen mit einem Null-Konto bei uns an, wir kennen ihre Vorgeschichte, klar, aber wir blenden sie aus. Wir geben ihnen die Sicherheit: Jetzt gehörst du zu uns, wir lassen dich nicht im Stich. Ich glaube fest daran, dass die das speichern.« Warum das »Rezept Familie« in den meis-

---

34 Fiona Ehlers: »Wo die wilden Kerle wohnen«, DER SPIEGEL 7, 2008

ten Fällen therapeutisch erfolgreich ist, erklärt die Jumega-Leiterin Barbara Roth: »Weil Familien Gefüge aus Rollen und Regeln sind, sie werden gegründet, um Leben gelingen zu lassen. In Millionen deutscher Familien geht das gut, wir wären schön blöd, wenn wir diese Ressource nicht nutzen würden.«[35] Am Ende dieser »Therapie« haben die Betroffenen, ob durch »Übertragung«, »Lernen« oder eben durch neurobiologische Prozesse, positive Bindungserfahrungen re-internalisiert: Sebastian, von dem eben die Rede war, steht überwältigt vom Anblick des Bodensees am Ufer, zieht sein Handy aus der Tasche und sagt: »Boa ey, Wahnsinn! Was Schöneres gibt's net. Ich rufe die Mama an.«[36]

In dieselbe Richtung zielen auch die Vorschläge des Familientherapeuten Wolfgang Bergmann: »Nach verborgenen Motiven in ihrer Kindheit zu suchen ist weitgehend vergeblich. Sie liegen tief im Somatisch-Unbewussten, weit vor der Sprache. Sie lassen sich nicht bewusst machen. (…) Ein guter Pädagoge bedeutet mit allen kommunikativen Signalen, die einem Menschen zu Verfügung stehen (und es sind unendlich viele, die wirksamsten sind die unauffälligen, unwillkürlichen): ›Ich halte an deiner Besonderheit fest, und damit halte ich dich. Ich verzichte nicht auf das, was ich wahrnehme, auch dann nicht, wenn du es selber schon getan hast.‹ Kurzum, erwachsene Gelassenheit gibt sich den Kindern als autoritative Gewissheit zu erkennen. Das wirkt auf ihr unruhiges Selbst wie ein Versprechen. Sie schafft Raum für Geborgenheit.«[37]

Die Aufgabe der Gesellschaft

Jugendkriminalität und Jugendgewalt sind Indikatoren für den inneren Zusammenhalt und den »kulturellen« Stand einer Gesell-

---

35 ebd.
36 ebd.
37 Wolfgang Bergmann: »Aggressive Jugendliche wollen bezwungen werden.« Die Welt, 22.02.2008

schaft. Wenn sie außerhalb einer »normalen Bandbreite« (kleinere Eigentumsdelikte, leichte Körperverletzung usw.) ansteigt, zeigt Jugendgewalt uns an, dass etwas an den grundlegenden Fürsorgepraktiken einer Gesellschaft, auf denen menschliche Beziehungen beruhen und deren Produkt sie sind, nicht stimmt.

Um dies näher zu verstehen, müssen wir ganz am Anfang der Menschwerdung ansetzen, aber nicht, um uns in einer abstrakten und abgehobenen Debatte zu verlieren, sondern um für präventive Maßnahmen wie auch für sanktionierende Maßnahmen die richtigen Schlüsse zu ziehen. Bahnbrechend für diese Sicht ist das Buch von Stanley Greenspan und Stuart Shanker »Der erste Gedanke – Frühkindliche Kommunikation und die Evolution menschlichen Denkens«[38], in dem die beiden Autoren nachweisen, dass das Missing Link bei der Erklärung der Menschwerdung im *gelungenen* frühkindlichen emotionalen Austausch zwischen der ersten Bezugsperson und dem Kind liegt, d. h. in den Fürsorgepraktiken der frühen Kindheit, die jede Generation der folgenden mitgeben muss, weil sie, kulturell geworden, gerade nicht auf bereits vorgeformten, genetisch bedingten Strukturen beruhen. Es ist der emotionale Austausch, der ein Kind in die Lage versetzt, seine vorsprachlichen Wahrnehmungen so aufzuladen, dass sie emotionale Bedeutung erhalten und später auch außerhalb von ihm als Symbole weiterexistieren, als gute wie schlechte »Objekte«, im schlimmsten Fall als Blanks, Leerstellen; in diesem Fall ist der andere buchstäblich »nichts mehr wert« und dennoch muss die entstandene Leere gefüllt werden, weil ihr Fehlen unbewusst schmerzt: »Die Nichtanerkennung eines anderen Menschen in einem engen Beziehungskontext ist vielleicht die schlimmste Beleidigung und Demütigung, die Menschen erleiden können.«[39]

Die Radikalität dieses Ansatzes besteht darin, dass die menschliche Evolution bei einer gesellschaftlich determinierten tiefgrei-

---
38 Weinheim und Basel: Beltz 2007
39 Ebd., S. 436

fenden Störung von frühkindlichen Interaktionsformen auch den Rückwärtsgang einlegen kann. Gewalt ist in diesem Zusammenhang also alles andere als eine menschliche Konstante, die es bloß einzudämmen gilt[40], sondern Ausdruck einer »Unmenschlichkeit«, die, wiederum kulturell erworben, das soziale Geflecht einer Gesellschaft zerstören kann. Um eine derartige Entwicklung zu verhindern und ihr entgegenzusteuern, schlagen die Autoren *unter solchem Vorzeichen* entlang der Entwicklung des Kindes folgenden »Weg zu Empathie, Reflexivität und Interdependenz« vor:

> »Als Erstes müssen Kinder lernen, *sich emotional ›für einen anderen‹ zu engagieren*. Dies ist die Basis für einen gemeinsamen Sinn für Humanität. Er entsteht durch die verlässliche, fürsorgende Zuwendung liebevoller Bezugspersonen, die in den nächsten Jahren Teil des Lebens des Kindes sein werden. Unterminiert wird dieser Prozess durch eine Ganztagsbetreuung von zu vielen abwechselnden Bezugspersonen oder auch durch eine Bezugsperson, die für zu viele Babys sorgen muss, (wie dies in vielen überforderten Kinderkrippen der Fall ist). Er wird auch determiniert durch Bezugspersonen und/oder Familien, die unter zu großer Stressbelastung leiden. (…)
> Als Nächstes muss das Kind lernen, *mit Emotionen zu interagieren und zu signalisieren und sein emotionales Spektrum zu erweitern*. Dies ist die Basis für die Wahrnehmung der Intentionen und Gefühle von ›anderen‹. Dieser Prozess entsteht durch anregende und emotional vielseitige Interaktionen: lange emotionale Dialoge, in denen es um so grundlegende emotionale Belange wie Liebe, Wut und Neugier geht. Er wird unterminiert durch unzurei-

---

40 So eine auch im Zusammenhang mit der deutschen Vergangenheit und durch den Roman von Jonathan Littell »Die Wohlmeinenden« motivierte beliebte Erklärungsvariante. Im Spiegel-Artikel »Morden für das Vaterland« und im Zusammenhang mit der von den Nazis betriebenen Judenvernichtung schreibt die Genozidforscherin Birthe Kundrus unter der Überschrift »Wir sind alle gewaltbereit«, dass »Gewaltbereitschaft eine anthropologische Konstante« sei (Der Spiegel 11, 2008, S.54). Nur zu falscher Zeit am falschen Ort gewesen?

chende Interaktionen, das Missverstehen der emotionalen Signale des Babys oder durch Interaktionen, die zu intensiv, zu eingeschränkt oder zu kurz sind.
Danach muss das Kind lernen, *für einen anderen da zu sein, ihn zu beschützen, mit ihm zu teilen und sich ihm gegenüber altruistisch zu verhalten*. Dies ist die Basis für Kooperation. Dieser Prozess wird gefördert ... durch emotionale Dialoge mit Bezugspersonen und Gleichaltrigen sowie durch unterstützende, feste Grenzen. Dieser Prozess wird unterminiert durch unzureichende interaktive Möglichkeiten und übermäßig strafende und inkonsequent gehandhabte Grenzsetzungen.«[41]

Aus diesen und weiteren Wegschritten hin zur Empathie folgern die Autoren zum Schluss:

»Das Kind ist nun in der Lage, *die Bedürfnisse von anderen zu verstehen*. Dies ist sowohl die Verstehensbasis dafür, dass die Bedürfnisse und Gefühle von anderen sich von den eigenen unterscheiden, als auch die Gründe für diesen Unterschied (...) Das Kind entwickelt nun reflexive Empathie: Es nimmt wahr, wie eine andere Person fühlt, und vergleicht dies mit seinen eigenen Gefühlen.«[42]

Bedingung für eine solche Entwicklung, die zu einer kulturellen Praxis gemeinsamen globalen Überlebens hinführt, sind also »Fürsorgepraktiken, die eine erhöhte Entwicklung psychischer Fähigkeiten für reflexives Denken, Empathie und umfassendere globale Identifikationen fördern«[43], wobei aus allem bisher Gesagten deutlich geworden ist, dass Faktoren wie Armut, Bildungsferne oder soziale Ausgrenzung zwar einen Prozess begünstigen, der hier als primärer oder sekundärer Verlust von Empathie bezeichnet wird, ihn aber nicht einfach determinieren: »Rechnet man den

---
41 ebd. S. 440 ff.
42 ebd. S. 442
43 ebd. S. 449

Effekt der Erziehungspraktiken statistisch heraus, so verschwindet derjenige der am häufigsten genannten soziodemographischen Variablen – Armut und Bildungsniveau – (fast) völlig. (…) Dies verdeutlicht erneut, dass soziale Benachteiligung hauptsächlich durch das Nadelöhr elterlicher Erziehungspraktiken ihre Wirkung auf die Kinder entfaltet.«[44]

Besonders solche Veränderungen in der frühen Kindheit, wie sie für westliche Gesellschaften an der Tagesordnung sind, wie vormoderne Erziehungspraktiken in den Einwandererfamilien, bewusste Erziehung hin zur Desintegration, aber auch postmoderner Zerfall traditioneller Familienstrukturen, kompensiert durch inadäquate frühkindliche Betreuung und die oft damit einhergehende Tendenz, mangelnde Fürsorgepraktiken durch materielle Zuwendungen wettzumachen (Verwöhnung und Wohlstandsverwahrlosung), führen zu einer Unterminierung frühkindlicher Empathie und in der Folge zu einem Verlust an Interaktionsformen, deren es in einer globalisierten Gesellschaft bedarf. Gerade die Konstitution eines solidarischen Zusammenhalts in einer globalisierten Welt, ein Zusammenhalt, der nicht länger »von oben« vorgegeben, umfassend sozial abgesichert und gegen äußere Einflüsse abgeschottet stattfindet, bedarf solch fundamentaler Strukturen, wie sie zur Menschwerdung notwendig waren und, von Generation zu Generation tradiert, weiterhin sind. Auf die Frage, wie gefährlich unsere Jugend ist, lässt sich dann nur die Antwort geben, dass sie so gefährlich ist, wie wir, die Erwachsenen, unseren Kindern gefährlich werden, besonders in ihrer frühesten und frühen Kindheit. Denn aufgewachsen in einem Niemandsland ohne positive Bindungserfahrungen werden Kinder gefährlich – zunächst meistens sich selbst gegenüber und, wenn sie älter werden, den anderen um sie herum.

---

44 Dornes 2008

S. Karin Amos
Der Umgang mit »defekten Seelen«: Löschen und Neuprogrammieren – das Beispiel der Boot Camps

Allgemeine Vorbemerkung

Boot Camps kennt man aus den Medien. Dort wird man informiert, dass es sich um eine US-amerikanische Erfindung handelt, um eine Mischung aus Straf- und Erziehungslager für Jugendliche, entlehnt den Praktiken der US Marines, basierend auf einem durchstrukturierten Tagesablauf unter äußerster Betonung von Disziplin und Gehorsam. Körperliche Ertüchtigung, teilweise auch Erniedrigungen und körperliche Bestrafung spielen eine wichtige Rolle. Alles in allem handelt es sich um ein Verhaltensmodifikationsprogramm auf der Grundlage eines strikten Belohnungs- und Bestrafungsprinzips. Nun mag man vermuten, dass ein insgesamt doch recht drakonisches, auf Zwang und Internierung beruhendes Bestrafungs- und (Um-)Erziehungsprogramm auch hierzulande in pädagogischen/erziehungswissenschaftlichen Fachkreisen heftig umstritten und viel diskutiert wird. Allein, diese Vermutung bestätigt sich nicht.

Will man sich informieren, wie in Deutschland in Pädagogik und Erziehungswissenschaft über die Boot Camps gesprochen und reflektiert wird, empfiehlt sich eine Internetsuche im Deutschen Bildungsserver. Interessanter Befund: Es gibt kaum Treffer. Sucht man in der Singularform: Boot Camp, stößt man auf einen einzigen einschlägigen Treffer im British Education Index, die anderen verstehen unter der Bezeichnung Boot Camp so etwas wie Intensivtrainingskurse in der Fort- und Weiterbildung, haben also mit delinquenten oder devianten Jugendlichen nichts zu tun. Recherchiert man die Pluralform, findet sich gar kein Verweis. Diese magere Ausbeute mag als Indiz dafür gelten, dass, neben der wortgewaltigen öffentlichen Diskussion im Zusammenhang mit dem hessischen Wahlkampf Anfang 2008, nur in bestimmten spezialisierten Fachkreisen über die Boot Camps diskutiert wurde, wahrscheinlich im Schnittfeld zwischen Kriminologie und Sozialpädagogik. Dies ist bedauerlich, denn die Boot Camps werden keineswegs nur im Zusammenhang mit Jugendstrafvollzugsfragen diskutiert. Bereits ein kursorischer Blick auf populäre Darstellungen wie Morton Rhues Jugendroman Boot Camp fördert einen auffälligen Befund zutage. So erklärt Rhue in einem Nachwort, dass es in seinem Buch um die Darstellung einer Form der Umerziehung geht, die Eltern ihren als missliebig wahrgenommenen Minderjährigen angedeihen lassen, und nicht um eine »offizielle Maßnahme« in Kooperation mit den Justizbehörden, und führt dann weiter aus:

»Man muss nicht eines Verbrechens überführt worden sein, um in ein solches Camp gesteckt zu werden. Man muss überhaupt nichts Kriminelles getan haben. Es genügt, minderjährig zu sein. ... Es gibt verschiedene Arten von Boot Camps. Einige werden vom Staat betrieben, andere privat. Manche wiederum sind religiös orientiert. Aber alle haben die folgenden Punkte gemeinsam:

- Das Versprechen, einen ›aufsässigen, schwer erziehbaren Teenager‹ aufzunehmen, um am Ende des ›Erziehungsprozesses‹ ein ›respektvolles, höfliches und gehorsames‹ Kind bei seinen Eltern abzuliefern.
- Rigorose und nicht selten körperlich, seelisch und psychologisch quälende Übungen und Vorschriften mit dem obersten Ziel, die jungen Insassen ›umzuprogrammieren‹.
- Extreme Sicherheitsvorkehrungen – Überwachungskameras, Bewegungsmelder, Stacheldrahtzäune –, um jegliche Möglichkeit zur Flucht auszuschließen.

Die Nachfrage nach den Dienstleistungen solcher Camps ist so groß, dass manche dieser Einrichtungen, die sich selbst als ›Spezialschulen‹ oder ›Institute für Verhaltensänderung‹ bezeichnen, bis zu 40 000 Dollar pro Jahr berechnen.«[1]

Wie breit das Spektrum der adressierten »Fehlverhaltensweisen« ist, mag folgender der Internetseite eines entsprechenden Anbieters entnommene Fragenkatalog illustrieren, aus dem ich im Folgenden beispielhaft einige Fragen zitiere. Dort werden die Eltern gefragt, ob ihr »schwieriger« oder »gestörter« Teenager eine der folgenden Verhaltensauffälligkeiten zeigt, und die Eltern werden aufgefordert, alle zutreffenden Aussagen entsprechend anzukreuzen.

1. Fällt Ihrem Teenager schwer, eine anstrengende Aufgabe vollständig zu lösen, und zwar unabhängig davon, ob die Lösung der Aufgabe für sein weiteres Leben von Bedeutung ist? (Zum Beispiel beim Hausaufgabenerledigen.) ☐

2. Diskutiert er endlos herum, um Konsequenzen und Problemen aus dem Wege zu gehen, oder versucht er, seine Umgebung entsprechend zu manipulieren? ☐

3. Findet er es gut, ständig anderen die Schuld zuzuschieben? ☐

4. Will er die Konsequenzen, die sein Verhalten für die Familie und Freunde hat, einfach nicht wahrhaben? ☐

5. Geht er Familienaktivitäten, Festen oder Feiern systematisch aus dem Weg? ☐

6. Wird er leicht ungeduldig oder regt sich schnell über andere auf? ☐

7. Hat Ihr Teenager übertriebene Angst, dick zu werden? ☐

8. Haben sich seine Schulleistungen plötzlich verschlechtert? ☐

9. Hat er Schwierigkeiten, Freunde zu finden, sich überhaupt auf andere zu beziehen? ☐

10. Ist er leicht vergesslich oder wird er oft für faul gehalten? ☐

---

1 Rhue 2007, S. 280, 281

Der Umgang mit »defekten Seelen«

11. Hat er ständig Widerworte gegenüber Erwachsenen und Autoritäten? ☐
12. War er bereits erfolglos in einer Therapie oder Beratung? ☐
13. Unternimmt er gefährliche Sachen, ohne dabei an die Konsequenzen zu denken? ☐
14. Hat er schon einmal bewusst Tiere gequält? ☐
15. Ist er extrem selbstbewusst? ☐
16. Ist er von zu Hause schon mindestens 2-mal davongelaufen? ☐
17. Ist er sexuell aktiv? ☐
18. Gebraucht er Drogen oder trinkt Alkohol? ☐

Die aufgeführten Fragen sind dem Katalog mit dem Link: Identify a troubled teen (Erkenne einen »schwierigen« bzw. »gestörten« Teenager) auf der Homepage von Turning Winds (http://www.turningwinds.com) entnommen, einer privaten Internatsschule für »schwierige Teens«, die sich selbst als Alternative zu Boot Camps oder Militärschulen beschreibt, auf die man aber durch http://www.teen-bootcamp.com/ bzw. http://www.TeenBootCamps.org verwiesen wird.

Insgesamt sind sie so vage gehalten, dass die Grenze zwischen alters- und entwicklungsgemäßem Verhalten und interventionsbedürftigen Auffälligkeiten schwer zu ziehen ist. Bereits hier stellt sich ein gewisser Verdacht ein, sich aus kommerziellen Interessen die Unsicherheiten der Eltern zunutze zu machen, um ein möglichst breites Spektrum potenzieller Kunden (Klienten) anzusprechen.

Obwohl *Turning Winds* sich selbst nicht als Boot Camp bezeichnet, treffen doch eine Reihe der von Morton Rhue benannten Kriterien zu: Die Eltern geben für die Dauer der Maßnahme ihre Erziehungskompetenz ab mit der Erwartung, dass sie ein anderes, ein besseres Kind zurückerhalten. *Turning Winds Academic Institute* ist eines der besten therapeutischen Internate und sorgt für einen entsprechenden Therapieerfolg aller ihm anvertrauter Teenager.

Auch in diesem Internat wird strikt nach dem Belohnungs- und Bestrafungsprinzip gehandelt, mit dem Anspruch oder der Behauptung, durch gezielte Verhaltensmodifikationen letztlich die Einstellungen verändern zu können. *Turning Winds* ist abgelegen und nicht leicht zugänglich. Entscheidend ist der elterliche Wille und nicht die Frage, was die Jugendlichen von diesem Ort erwarten. Die Implikationen dieses Befunds werden durch einen weiteren diskreten Link auf der Homepage unterstrichen. Dort wird auf einen speziellen Transportdienst verwiesen, der die Jugendlichen sicher dahin bringt, wo sie hinsollen – auch wenn dies gegen ihren Willen geschieht.

Boot Camps beanspruchen immer, eine Antwort auf jugendliches Fehlverhalten zu geben, aber die Bandbreite dessen, was sie kurieren wollen, ist groß und umschließt aktenkundige Straffälligkeit ebenso wie allgemeine elterliche Unzufriedenheit.

Geht es um ihre grundsätzliche Einschätzung in der Öffentlichkeit, so lässt sich insgesamt festhalten, dass sie eher positiv bestimmt ist. Denn Boot Camps signalisieren Intensität und Härte, Persönlichkeitswachstum durch Herausforderung und Strenge, gelungene Umerziehung schwieriger Jugendlicher, aber auch effektives und effizientes Training in ausgewählten Bereichen der Fort- und Weiterbildung. Mit Blick auf die hier zur Diskussion stehende Thematik versprechen Boot Camps, in einer Zeit der allgemeinen Orientierung auf »what works« – Hauptsache, es funktioniert – eine rationale und ökonomische Antwort auf teils als lästig empfundenes, teils als bedrohlich und gefährlich wahrgenommenes Verhalten zu geben.

Die sehr breiten Anwendungsmöglichkeiten von Boot Camps werfen prinzipiell die Frage nach der Bestimmung von Normalität und Abweichung auf. Wie der oben zitierte Fragenkatalog bereits illustrierte, ist die Grenze zwischen dem, was als normal, und dem, was als deviant gilt, keineswegs so eindeutig und unveränderlich, wie sie zunächst erscheint. Nun ließe sich einwenden, dass dies zwar mit Blick auf jugendliches Verhalten im Allgemeinen so sein mag, dass in der Tat der schillernde Begriff des »troubled teen«, ein breites Spektrum von Auslegungen und Zuschreibungen zulässt, dass davon aber Fälle von Kriminalität und Straffälligkeit grundsätzlich zu unterscheiden seien.

Was immer von den Boot Camps als allgemeiner Erziehungsmaßnahme zu halten sei, so könnte der Einwand lauten, im Falle der sogenannten Mehrfach- und Wiederholungstäter sei eine auf Härte und strenger Disziplin beruhende Bestrafung allemal angezeigter als ein permissiver Kuschelpädagogikkurs. Da dieser der häufigste Bezug der Diskussionen um Boot Camps für Jugendliche darstellt, werde ich mich mit diesem auch zunächst kurz befassen. Im Anschluss daran werde ich den Blick erweitern und kurz darauf eingehen, wie in der Moderne das Verhältnis zwischen Gesellschaft und Pädagogik gedacht ist, um der Frage auf die Spur zu kommen, was aus pädagogischer Sicht das Problem mit den Boot Camps ist. Anschließend werde ich die von Morton Rhue aufgeworfene Frage aufnehmen: Wer bestimmt eigentlich, wann ein Kind/ein Jugendlicher zu einem Fall für strafende/therapeutische Erziehung wird?

Darauf folgt eine Auseinandersetzung mit der den Camps oder Lagern zugrunde liegenden Erziehungstheorie, und schließlich sollte noch ein wichtiger Aspekt thematisiert werden, den sowohl Rhue als auch die zitierte Homepage von Turning Winds aufwerfen: das Verhältnis zwischen öffentlicher Verantwortung und Zuständigkeit und privaten Interessen. Sowohl der Straf- als auch zunehmend der Erziehungssektor sind in den USA – zunehmend aber auch in anderen Ländern – Big Business. So hat Morton Rhue auf die teilweise sehr hohen Kosten der Boot Camps hingewiesen und auch Turning Winds machen auf den kommerziellen Aspekt aufmerksam, wenn davon die Rede ist, dass es sich um eine »industry leading private boarding school« handelt.

Diese Klärungen zur Diskussion des Umgangs mit jugendlichen Straftätern, Normalität und Abweichung, Erziehungstheorie und Kommerzialität werden am Ende nochmals zusammengefasst und auf die aktuellen gesellschaftlichen Veränderungen und ihre Folgen für die Einbettung der Erziehungssysteme bezogen.

Boot Camps als Ausdruck gesellschaftlicher Hinwendung zu Punitivität

Erziehung, Umgang mit Abweichung, mit Straffälligkeit usw. findet immer im gesellschaftlichen Kontext statt. Diese Fokussierung hat die sogenannte kritische Kriminologie in den Mittelpunkt ihrer Überlegungen gestellt. Sie geht, wie noch jüngst von Fritz Sack formuliert, davon aus, dass Kriminalität als Reflex von Gesellschaft zu betrachten und zu rekonstruieren ist.[2] Diese Perspektive ist irritierend: für Teile des kriminologischen Selbstverständnisses, aber mehr noch für die Öffentlichkeit. »Es ist schon nicht so leicht, zumal in diesen Zeiten, die Kriminalität und insbesondere unseren Umgang mit ihr als Teil und Ausdruck von uns selbst, unseren Institutionen und unseren Einrichtungen zu entlarven.«[3] Dies umso mehr, als in vielen Gesellschaften gegenwärtig eine neue »Lust am Strafen« beobachtet wird – die wiederum als wichtiges Indiz gewertet wird für eine Renaissance des punitiven Strafrechts. Die Forderung nach mehr Härte, nach mehr Gefängnissen und Herabsetzung des Strafmündigkeitsalters ist populär. Damit können Wahlen gewonnen, aber – wie man sehen konnte – auch verloren werden. Obwohl hierzulande eine stark akzentuierte Repressionspolitik mit Blick auf jugendliche Straffällige nicht reüssierte, ist doch der Sühne- und Abschreckungsgedanke zurzeit

---
2 Sack 2004, S.18
3 Sack, S. 21

vorherrschender als der Resozialisationsgedanke. Ein prominenter Gutachter wird von dem Kriminologen Fritz Sack auf die Frage nach der Zeitgemäßheit des Jugendstrafrechts wie folgt zitiert: »Das Erziehungsziel als Begründung des Jugendstrafrechts und als Leitlinie der Bemessung von jugendstrafrechtlichen Sanktionen hat zu entfallen.«[4] Diese Äußerung bedeutet einen klaren Punktsieg der Boot Camps über eher auf Bildung und Qualifikation setzende Einrichtungen wie die Glen-Mill-Schulen, auch wenn dabei zu bedenken ist, dass es sich eher um graduelle als um prinzipielle Differenzen handelt, denn auch die Glen-Mill-Schulen operieren nach dem Prinzip einer konfrontativen Pädagogik und sind im Schnittfeld von Schule, Kinder- und Jugendhilfe und Justiz angesiedelte Einrichtungen.

Eine kurze Anmerkung zum Verhältnis zwischen Gesellschaft und Pädagogik in der Moderne

Angesichts der Beobachtung, dass Boot Camps und ähnliche Einrichtungen als diskussionswürdige Alternativen zu auf Einsicht und Bildung setzenden pädagogischen Interventionen erscheinen, sollte nicht nur deren Operationsweise zur Diskussion gestellt werden, sondern auch grundsätzlicher eine Vergewisserung darüber stattfinden, auf welche Frage sie eine Antwort zu geben versprechen. Wie tritt diese Frage in Erscheinung und welche gesellschaftlichen Veränderungen lassen sich konkret benennen? Vor diesem Hintergrund lässt sich auch darlegen, worin aus wissenschaftlicher Sicht die pädagogischen Bedenken gegen derartige Eingriffe bestehen.

Vorauszuschicken ist, dass mit dem Eintreten in die Moderne sich ein bestimmtes Verhältnis zwischen Gesellschaft und Pädagogik konstituiert. Vor allem wird ein enger Zusammenhang zwischen

---

4 Albrecht, S. 117, zitiert in Sack, S. 33

gesamtgesellschaftlichem Fortschritt und individueller Vervollkommnung angenommen. Die darin vorherrschende Vorstellung von Entwicklung erstreckt sich auf alle Bereiche: sozial, ökonomisch, politisch, aber eben auch individuell. Wenn von individuellem Fortschritt die Rede ist, spricht die Pädagogik seit der Aufklärung auch von Perfektibilität. Entscheidend ist nun, dass moderne Gesellschaften einen engen Zusammenhang behaupten zwischen individuellem und kollektivem, gesamtgesellschaftlichem Fortschritt. Die Verknüpfung zwischen beiden läuft grob gesagt auf Folgendes hinaus: Durch Bildung und Erziehung soll das Individuum zu einem nützlichen und verantwortlichen Mitglied der Gesellschaft werden. Es soll selbständig sein Leben führen können und unabhängig von den Zuwendungen anderer seinen Lebensunterhalt verdienen. Es soll einen Beitrag zum allgemeinen Fortschritt leisten, seinen bürgerlichen Pflichten nachkommen und sein Handeln an ethischen Grundsätzen ausrichten. Man sieht an dieser kurzen Darstellung, dass Nützlichkeitsaspekte von Anfang an eine bedeutsame Rolle im modernen pädagogischen Denken spielen. Damit verbunden sind Fragen der Optimierung, aber auch der Reintegration nach Verfehlungen. Auf beides wird mit Erziehung geantwortet. Es stellt sich aber auch die Frage, wie Erziehung zu gestalten sei. In wichtigen Teilen der pädagogischen Tradition werden Erziehungsverhältnisse als Generationenverhältnisse beschrieben. Es handelt also eine ältere an einer jüngeren Generation. Die implizierte Asymmetrie kann nicht geleugnet werden, sie ist aber im pädagogischen professionellen Handeln mitzubedenken. Das heißt, dass sich das Erziehungshandeln an Einsicht und Zustimmung des zu Erziehenden auszurichten hat. Nur unter diesen Bedingungen kann es Legitimität beanspruchen. Dies bedeutet nicht, dass jede einzelne Interaktion zwischen Erziehenden und Zöglingen auszuhandeln wäre, es setzt aber Freiräume und eine gewisse Freiwilligkeit voraus und spricht einer auf Zwang, Unfreiwilligkeit oder Manipulation beruhenden Pädagogik die Legitimität ab. In den klassischen Formulierungen werden Bildsamkeit und Selbsttätigkeit der Zöglinge betont und der Maßstab der Erziehung als im Kinde selbst liegend definiert. Nun gibt es Phasen, in denen gesellschaftlich mehr über die Bedingungen von Erziehung nachgedacht wird, und andere Zeiten, in denen basale Legitimitätsfragen eher in den Hintergrund rücken. Eine solche Konjunktur gab es sicher in den siebziger Jahren des vergangenen Jahrhunderts, während heute nicht der Legitimitäts- sondern der Wirksamkeitsgesichtspunkt erzieherischer und/oder strafender Maßnahmen im Vordergrund steht. Gleichzeitig mag man darin auch ein Symptom dafür erkennen, dass über derartige Maßnahmen eher unter Ausblendung von gesellschaftlichen Kontexten reflektiert wird. Dies erkennt man eben auch daran, Verfehlungen und Straftaten zu individualisieren und den hergestellten Zusammenhang zu naturalisieren.

Zu Norm und Abweichung

Andere Beiträge in diesem Band diskutieren die Kategorien und ihre statistischen Messungen detailliert und ausführlich; dennoch sei auch an dieser Stelle nochmals ausdrücklich darauf aufmerksam gemacht, dass die Kategorie Jugendlicher (ausländischer) Straftäter kein natürliches Vorkommnis ist, sondern das Resultat bestimmter gesellschaftlicher Beobachtungen. Die Kategorie »ausländisch« oder auch »mit Migrationshintergrund« macht dies besonders deutlich. Was als Straftat gilt und wie unterschiedliche Gruppen beobachtet werden, variiert von Gesellschaft zu Gesellschaft. In Amerika etwa kann unter Anwendung des Zero-Tolerance-Gesetzes der Besitz von Plastikmessern, Spielzeugwaffen, der Konsum von Hustensaft oder Halsbonbons als Strafhandlung deklariert werden. Kinder afroamerikanischer oder lateinamerikanischer Abstammung werden eher bestraft als »weiße« Kinder. In Deutschland sind in der aktuellen Diskussion besonders die

»ausländischen« Kinder, auch wenn es sich um die dritte oder vierte Generation von Zuwanderern handelt, im Visier. Aber auch hier gibt es gruppenspezifisch unterschiedliche Beobachtungen. Auch unterscheiden sich Gesellschaften hinsichtlich ihrer anthropologischen Grundannahmen. So wird in einigen Ländern oder Staaten keine wesentliche Unterscheidung zwischen Jugend- und Erwachsenenstrafrecht gezogen – in diesen Fällen können auch gesetzlich Minderjährige zum Tode verurteilt werden –, während in anderen Ländern der Grundsatz der entwicklungsgebundenen Einsichtsfähigkeit gilt. Außerdem zeigte die oben kurz umrissene Diskussion, dass Punitivität und Erziehung immer wieder neu ins Verhältnis gesetzt werden müssen. Gesellschaften sind also nicht nur miteinander zu vergleichen, sondern auch in historischer Perspektive. Seit dem neunzehnten Jahrhundert gibt es ein Beobachtungsinstrumentarium in Form von Statistiken. Ian Hacking hat dazu eine interessante kleine Schrift verfasst: *Making up people.* Auf Deutsch heißt sie: Leute zurechtmachen. *Making up* heißt sowohl erfinden, im Sinne von sich etwas ausdenken. als auch sich zurechtmachen. Hacking geht es um die Ursprünge der Moralstatistik und eben darum, dass diese Messung von Abweichung erst vor dem Hintergrund von Norm und Normalität bestimmt werden konnte. So gab es zwar schon immer unterschiedliche sexuelle Präferenzen, aber erst seit dem neunzehnten Jahrhundert die Strafkategorie Homosexualität.

In modernen Gesellschaften hat sich im Laufe der vergangenen Jahrhunderte die Vorstellung durchgesetzt, die Straftat auf individuelle Verhaltensdispositionen zurückzuführen. Gleichzeitig sind moderne Gesellschaften zunächst auf Inklusion programmiert: also darauf, alle Gesellschaftsmitglieder einzubeziehen. Gerade in wohlfahrtsstaatlichen Gesellschaften bildet der Resozialisationsgedanke eine zentrale Zielvorgabe. Diese Annahmen haben weit reichende Konsequenzen. Daraus ergibt sich zum einen, dass man zukünftige Taten dadurch verhindern kann, dass man die Einstellungen und die Verhaltensweisen des Täters ändert, und es ergibt sich zweitens, dass dies als gesellschaftliche Aufgabe gesehen wird. Es gibt noch eine andere einflussreiche Vorstellung, nämlich die, dass die Höhe des Strafmaßes insofern erzieherisch wirkt, als sie vor zukünftigen Straftaten abschrecken soll. Die Verhängung hoher Strafmaße wird auch mit dem Hinweis auf gesellschaftliche Sicherheit und Opferschutz verhängt. Unter diesen Gesichtspunkten: gesellschaftliche Sicherheit, abschreckende Wirkung, tendiert man in England und den USA dazu, minderjährige und erwachsene Straffällige gleich zu behandeln.

Wer beobachtet, klassifiziert und entscheidet?

Zu diesem Grundproblem tritt noch ein weiteres: Auf welcher Grundlage und von wem wird eigentlich entschieden, wer Kandidat für solch fragwürdige Umerziehung ist? Hier kann man wiederum von Michel Foucault lernen, wie sich in der modernen Strafpraxis medizinisches/psychologisches und juristisches Expertenwissen verbinden. Dazu muss man sich wieder die Grundfrage vergegenwärtigen: das Spannungsverhältnis zwischen sozialstaatlichen und sicherheitsstaatlichen Kräften, das sich im Falle von als »gefährlich« eingestuften jugendlichen Straftätern zur sicherheitsstaatlichen Seite neigt. Das Problem wird von Wolfgang Deichsel wie folgt beschrieben: »Kriminalitätsfurcht in ihrer der Kriminalitätswirklichkeit angemessenen wie von dieser nicht gedeckten, als subjektiven Lebensängsten hervorgehenden Form, richtet sich zunächst in erster Linie auf die Jugendkriminalität als sichtbarster Ausdruck von Verbrechen wie sich für die entsprechenden Bedrohungsphantasien besonders eignender Gegenstand.«[5] Angelpunkt ist hier die Formulierung »schädliche Neigungen« als Anordnungsvoraussetzung für die Entscheidung

---
5 Deichsel 2004, S. 109

Jugendstrafen zu verhängen und nicht mit sozialstaatlicher Jugendhilfe zu intervenieren. Mit auslegungsweiten, unspezifischen Formulierungen wie »schädliche Neigungen« wird ein Diskurs in Gang gesetzt, mit dem sich Foucault ausführlich befasst hat. Auch ihm war in der Auseinandersetzung mit entsprechenden Dokumenten aufgefallen, wie gehäuft beispielsweise folgende Formulierungen in psychiatrischen Gutachten der Rechtsprechung auftraten: »wenig strukturierte Persönlichkeit«, »tiefes affektives Ungleichgewicht«, »psychologische Unreife«, »schlechte Realitätseinschätzung« usw. Auch die »schädlichen Neigungen« sind in diesem Zusammenhang zu betrachten. Was passiert, ist Foucault zufolge Folgendes: Die Begriffe haben die Funktion, »das Vergehen tautologisch zu wiederholen, um es als individuellen Zug einzuschreiben und zu konstruieren. Das Gutachten macht es möglich, von der Tat auf das Verhalten zu schließen, vom Delikt auf die Seinsweise, und die Seinsweise als nichts anderes als das Delikt selbst erscheinen zu lassen, aber in gewisser Weise in einem Zustand der Allgemeinheit innerhalb des Verhaltens eines Individuums.«[6] Damit mündet die Bestrafungsaktion, wie Foucault schreibt, in »ein allgemeines Korpus reflektierter Techniken der Transformation von Individuen«.[7]

Eben diesen Zusammenhang hat Wolfgang Deichsel im oben erwähnten Beitrag näher beleuchtet. Im Sinne der Analyse von Foucault konstatiert auch er: »Die zentralen Entscheidungskriterien beziehen sich also in erster Linie auf die Persönlichkeit des Jugendlichen und in weiterer Hinsicht auf seine Tat, oder genauer: auf den Zusammenhang von Persönlichkeit und Tat. Weitere zentrale Stichworte zu den ›schädlichen Neigungen‹ aus Rechtsprechung und Kommentarliteratur lassen sich diesen zuordnen. Persönlichkeitsbezogene Interpretationen sind danach weiterhin: in der Persönlichkeit wurzelnde falsche Trieb- und Willensrichtung,

---

6 Foucault 2003, S. 33
7 ebd., S. 36

Persönlichkeitsmängel mit Neigungscharakter, Erziehungsstrafe setzt Erziehungsfähigkeit voraus. Tatbezogene Interpretationen fordern, dass die schädlichen Neigungen in der abzuurteilenden Tat hervorgetreten sein müssen und dass in der Regel Vorverurteilungen vorliegen müssen, wobei durchaus schon bei der Ersttat ›schädliche Neigungen‹ angenommen werden können.«[8]

Es ist nicht verwunderlich, dass sanktionsrechtlich betrachtet die »schädlichen Neigungen« am ehesten mit jugendlichen Mehrfach- und Intensivtätern in Verbindung gebracht werden – eben jener Gruppe, die auch im öffentlichen Diskurs für die meiste Empörung und Aufregung sorgt. Die Verhängung von harten Strafen entspricht jenseits der Frage nach den positiven Wirkungen für den jugendlichen Straffälligen dem Common-Sense-Bedürfnis nach Rache und dem weit verbreitetem Gerechtigkeitsverständnis, Gleiches mit Gleichem zu vergelten. Prisionierung ist aber keineswegs gleichbedeutend mit der Ideologie der Boot Camps. Eingesperrtsein alleine ist noch kein hinreichendes Distinktionsmerkmal. Dies zeigt der Diskurs um die Wirksamkeit des Freiheitsentzugs ganz deutlich; hält er doch daran fest, dass nicht nur Strafe, sondern gleichzeitig zu erfolgende Erziehungsmaßnahmen die gesellschaftlich adäquate Antwort auf gravierendes jugendliches Fehlverhalten sind. Da Erziehung in diesem Verständnis aber immer die oben bereits angesprochene Einwilligung der Betroffenen voraussetzt, verschärft sich das seit Kant thematisierte Spannungsverhältnis zwischen Zwang und Freiheit in der Erziehung durch die Imprisionierung in besonderer Weise und wird immer wieder zum Anlass kontroverser Diskussionen. Es ist notwendig, sich dies vor Augen zu führen, um zu sehen, dass die Boot Camps auf völlig andere Weise mit dem postulierten Zusammenhang zwischen »schädlichen Neigungen« und besonders schweren Straftaten der »violent few«[9] umgehen. Die ethische Frage stellt

---
8 Deichsel 2004, S. 110
9 zitiert bei Deichsel, S. 115

sich nicht, weil der wörtlich zu nehmende außerordentliche Umgang mit Jugendlichen – der außerhalb der Ordnung stehende Umgang – die besonderen Maßnahmen zu rechtfertigen vorgibt. Es ist also zunächst ein Ausnahmezustand herzustellen mittels eines erhöhten semantischen Aufwands zur besonderen Gefährlichkeit, schädigendem Verhalten usw. des Adressaten der Maßnahmen.

Einige Anmerkungen zum Klassifikationstableau aktueller amerikanischer Strafpolitik

Bereits angesprochen wurde die Null-Toleranz-Politik, die in den USA vom strafrechtlichen Bereich in den pädagogischen übertragen wurde und dort bei einmaligem Vergehen auch in harmlosen Fällen sofort zum schulischen Ausschluss führen können.[10] Ebenfalls zu erwähnen sind die Durchsetzung und Verbreitung bestimmter Redeweisen. Besonders auffällig: der Superpredator, das Monster und die Menace to Society. Die beiden Bezeichnungen Menace to Society, Bedrohung, Gefahr für die Gesellschaft, und Monster sind die ältesten. Beide wurzeln in der biologistischen Tradition. Mit Monster hat sich Michel Foucault ausführlich befasst und darauf hingewiesen, dass es um Wesen ging, die als widernatürlich deklariert wurden, u. a. die Hermaphroditen, weil sie beiden Geschlechtern angehörten. Im Laufe der Zeit wurde Monster auch zu einer Kategorie zur Erfassung besonders gefährlicher Straffälliger. Die »Bedrohung für die Gesellschaft« hört sich zwar sehr nach gefährlichem Straftäter an, wurde aber zu Beginn des vergangenen Jahrhunderts mit fremder »Rassenzugehörigkeit« in Verbindung gebracht und figurierte prominent in der amerikanischen Eugenikbewegung.

Durch den Film »Menace II Society« aus dem Jahre 1993 wurde

---

10 Amos 2006; 2007

die Bezeichnung eng mit dem Superpredator verknüpft. Beide haben als Grundfigur den männlichen jugendlichen Bewohner dunkler Hautfarbe in den amerikanischen städtischen Ghettos, der skrupellos ohne jegliche moralische Bremse blind seinem Killerinstinkt folgt, sich in Orgien der Gewalt und Schändung ergeht. Alle drei Figuren sind stark biologistisch unterlegt, soll heißen, sie gelten als unverbesserlich und nicht mehr zu erreichen; sie werden als außerhalb der Gesellschaft und gänzlich verantwortungslos wahrgenommen. Den Gesellschaftsvertrag haben sie aufgekündigt, und daher ist die Gesellschaft nur noch verpflichtet, sich vor ihnen zu schützen. Resozialisation, gesellschaftliche Wiedereingliederung, steht als Alternative nicht mehr zur Verfügung. Vor allem die kaum angemessen zu übersetzende Bezeichnung Superpredator weist starke Bezüge zum Animalischen, Bestialischen auf; bedeutet Predator doch auch Raubtier. Das »Habitat« aller drei Figuren »Superpredator«, »Monster« und »Menace to Society«, die Ghettos der amerikanischen Metropolen, gelten in den einschlägigen Redeweisen als No-go-Areas, als gesellschaftliche »Unorte«, als riesige Straflager, und so schreibt der Ghettoforscher Loic Wacquant auch darüber, wie sich Gefängnis und Ghetto zunehmend übereinanderlagern und zu einer Einheit verschmelzen.[11] So viel also zur gesellschaftlichen Klassifikation der als unerreichbar oder auch nur als verzichtbar deklarierten ausgeschlossenen Personen. Verzichtbar deswegen, weil sie durch die Maschen der gesellschaftlichen Nützlichkeits- und Verwertungslogik gefallen sind. Knapp darüber liegen diejenigen, die nur unter Zuhilfenahme von Ausnahmeinstrumenten erreichbar sind, die Fälle für die Boot Camps. Auch hier spielen beide Gesichtspunkte eine Rolle: Bestrafung und Steigerung der Nützlichkeit. In jedem Falle sind zunächst die falschen Verhaltensweisen zu zerstören, um dann gewünschtes Verhalten neu einzuschreiben. Es handelt sich also um die im Titel des Beitrags

---

11 Wacquant 2006

angesprochene Logik des »Löschens« und »Neuprogrammierens«. Die äußerst drakonischen Maßnahmen werden nicht von allen bewältigt. Manche derjenigen, die das Boot Camp nicht überleben, sterben an den Folgen der Misshandlungen, die Mehrzahl flüchtet in den Suizid. Auch wenn es sich nicht um eine statistisch signifikante Zahl handelt, so sind die Todesfälle doch deutliches Indiz dafür, dass es sich bei den in der Strafjustiz eingesetzten Boot Camps nicht um eine in der Kritik als übertrieben dargestellte Form der Umerziehung handelt.

Wenn es funktioniert, worin liegt das Problem?

Nun könnte man sagen, dass es jenseits der Frage nach der wirklichkeitsprägenden Kraft von Redeweisen über Menaces, Monster und Superpredators gefährliches, für andere schädliches Verhalten gibt und dass die Gesellschaft darauf zu reagieren hat. Man könnte weitergehen und argumentieren, dass – sofern die »Neuprogrammierung« erfolgreich ist – doch eigentlich ein wichtiges Ziel erreicht sei: Der Straffällige kann wieder in die Gesellschaft aufgenommen werden und diese braucht sich vor ihm nicht mehr zu schützen. Damit wäre man bei der Frage nach den Wirkungen und der Wirksamkeit angelangt.

Boot Camps und ihnen verwandte Einrichtungen basieren auf einem durchstrukturierten Tagesablauf, der so gut wie keinen Spielraum zur eigenen Gestaltung und für eigene Entscheidungen lässt. Sie bedienen sich eines militärischen Einrichtungen entnommenen Drills, häufig verbunden mit öffentlichen Demütigungen und nicht selten mit körperlicher Züchtigung. Alle Interventionen sind darauf abgestimmt, missliebiges Verhalten zu beseitigen, und arbeiten mit dem Belohnungs-Bestrafungs-System. Gutes Verhalten bringt Vergünstigungen und Belohnungen, schlechtes Verhalten Strafen und Verlust von Vergünstigungen. Angesetzt wird also immer bei dem, was sicht- und wahrnehmbar ist, am Verhalten,

Der Umgang mit »defekten Seelen« 149

um von hier aus die Einstellungen zu ändern. Eine Rückkopplung mit Einsicht und Reflexion kann nicht stattfinden, da dies eine Form der Entscheidungsfreiheit voraussetzt, die nicht gegeben ist, auch wenn die unterschiedlichen Erziehungslager dies rituell zu berücksichtigen vorgeben – etwa durch regelmäßige Beratungs- und Reflexionsgespräche. Das zugrunde liegende Menschenbild ist denkbar einfach: Jede Person hat die Verantwortung für sich und ihr Verhalten zu übernehmen. Unterstellt wird, dass »defekte« Jugendliche, gleich ob sie straffällig geworden sind oder für ihre Eltern nicht tolerierbare Verhaltensweisen zeigen, »Falsches« gelernt haben, das nun durch »Richtiges« zu ersetzen ist.

Gesetzt den Fall, es ließe sich der Nachweis führen, dass die auf Konditionierung beruhenden Interventionen erfolgreich sind. Gesetzt den Fall, die Gesellschaft wäre sicherer und verfügte über eine größere Zahl nützlicher und produktiver Mitglieder, heiligt der Zweck alle Mittel?
Die Pädagogik hat immer schon nach der Wirksamkeit ihrer Mittel gefragt und versucht, Kriterien anzugeben, die lohnenden von weniger lohnenden Investitionen in Humankapital unterscheiden. Aber: Die Frage nach der Effektivität war durchkreuzt durch die nach der oben angesprochenen Legitimität. Dass die Erziehung der Zustimmung der zu Erziehenden bedarf, markiert eine professionelle Grundhaltung, die den anderen als gleichwertigen Menschen anerkennt und seinen Eigensinn (hier nicht im Sinne von Halsstarrigkeit, sondern von je individueller »Verarbeitungslogik«) berücksichtigt. Erziehung ist daher ein interaktives Verhältnis zwischen Personen und nicht die starre Anwendung einer Technik. Der Differenzierungstheoretiker Niklas Luhmann hat hierzu einen lesenswerten Beitrag zum Thema erziehender Unterricht geschrieben, in dem er nochmals den Unterschied zwischen einem menschlichen Wesen und einer Trivialmaschine betont. Eine Trivialmaschine verarbeitet einen bestimmten Input

unter Anwendung einer starren Regel zu einem bestimmten Output. Das klassische Beispiel dazu sind die Maschinen industrieller Fertigung: Eine Plastikflaschenherstellungsmaschine wird immer die gleiche Plastikflasche produzieren und nie etwas anderes – es sei denn, man ändert die Produktionsregel. Da Schüler keine Trivialmaschinen sind, sind alle Versuche, sie als solche zu behandeln, zum Scheitern verurteilt, weil sich ihr psychisches System, sprich: ihr Bewusstsein, dazwischenschaltet und den »Output« verändert. In den Boot Camps wird dieses als Störfaktor behandelt und ausgeschaltet. Einsicht und Verhalten werden nicht als Einheit behandelt, sondern voneinander abgespalten. Darin liegt das Problem. Die erschreckende, dem eigentlichen Text vorangestellte Botschaft von Morton Rhue lautet: Du kommst hier nicht raus, wenn du ihnen vorspielst, was sie haben wollen. Du kommst hier erst raus, wenn du bist, was sie haben wollen. Das Ziel ist erst erreicht, wenn der eigene Wille erfolgreich gebrochen wurde, und nicht, wenn eine oberflächliche Adaptation stattgefunden hat. Wie dies geschieht, wird bereits in den Kapitelüberschriften deutlich: Du bist verantwortlich, für das, was du tust; du schweigst, bis man dir gestattet, zu reden; du stehst, sitzt oder gehst nur mit Genehmigung; du folgst jedem Befehl unverzüglich und ohne zu zögern; körperliche Zwangsmaßnahmen können auch über einen längeren Zeitraum angewendet werden; du wirst ständig überwacht; jeder Verstoß gegen die Vorschrift kostet Punkte; du kannst jederzeit aus jedem Grund auf die Isolierstation kommen; Minuspunkte verlängern deinen Aufenthalt in Lake Harmony; Lake Harmony hat die Zustimmung deiner Eltern zu körperlichem Drill; du musst von jeder Mahlzeit mindestens die Hälfte essen; auf die Krankenstation kommen nur wirklich Kranke; du musst an allen sportlichen Aktivitäten teilnehmen; du hast dein Lernpensum zu absolvieren, um den Anschluss an deine Klasse zu halten; die kleinste Aufsässigkeit führt zu Minuspunkten; Flucht ist ausgeschlossen; du musst uns deine intimsten Gedanken mitteilen; ohne Grund darfst du niemanden anfassen; für deine Entlassung musst du Punkte sammeln; du wirst jeden Verstoß gegen die Regeln sofort melden; du musst deine Treue zu Lake Harmony unter Beweis stellen; du musst akzeptieren, dass es für dich gut ist, in Lake Harmony zu sein; wenn du in Lake Harmony Erfolg haben willst, musst du dein früheres Leben aufgeben; von Stufe zu Stufe wirst du mit Privilegien belohnt; du musst deine Loyalität unter Beweis stellen, indem du deine Mitschüler überwachst und Verfehlungen meldest; wenn du keine Dankbarkeit empfindest, wirst du in Lake Harmony niemals Erfolg haben; deine Eltern haben dich nach Lake Harmony geschickt, weil sie dich lieben.

Boot Camps und andere Erziehungslager zwischen Öffentlichkeit und Privatheit

Boot Camps sind Einrichtungen, die nach dem Ausnahmeprinzip funktionieren. Mit Michel Foucault gesprochen handelt es sich um Heterotopien – »andere« Orte der Gesellschaft, wie Altenheime, Gefängnisse, Psychiatrien, Friedhöfe –, Orte des Übergangs und der Transformation. Boot Camps sind abgelegene, unzugängliche Orte, die der öffentlichen Beobachtung und Kontrolle entzogen sind. Als Normalfall der Behandlung von Jugendlichen sind sie zunächst nicht vorgesehen, sie gewinnen ihre Rechtfertigung unter Verweis auf eine Ausnahmesituation wie der Straffälligkeit. Sie bedienen und bekräftigen das verbreitete Verständnis des engen Zusammenhangs von individuellem Verhalten und Straftat, das aber keine anthropologische Konstante darstellt, sondern eine historisch gewordene Sichtweise, die noch eine weitere Konsequenz im Gefolge führt, nämlich die Ausblendung jeglicher sozialer und gesellschaftlicher Zusammenhänge. Als Verhaltensmodifizierende technologische Intervention ist die Grundidee der Boot Camps verallgemeinerbar und auf beliebig viele Verhaltensweisen anwendbar. Welche Eltern von Kindern im Teenageralter können sich mit dem eingangs zitierten Fragenkatalog nicht identifizieren? Eltern, die hoffen, dass ihr Nachwuchs unter den strengen Fremdbestimmungen der Camps die richtigen Selbstführungstechniken für ein erfolgreiches Leben erlernen wird. Diese Hoffnungen überwiegen die Bedenken, die Erziehungskompetenz vollständig abzugeben. Unterstützt werden die Hilfesuchenden durch eine veritable Erziehungs- und Beratungsindustrie, die sie unter Vermittlung von Consultants und Coaches sicher zu ihrem Ziel navigiert und dabei Entscheidungsentlastung schafft, denn schließlich handelt es sich um Fachkräfte, die für ihre Dienste angemessen entlohnt werden. Und dies ist nun der eigentlich interessante Befund: In einer Zeit, in der das Verhältnis von öffentlicher und privater Erziehung und anderen Dienstleistungen neu konstelliert wird, entstehen scheinbar hochtransparente, in Wahrheit aber unbeachtete Zonen, der Rede über Qualitätssicherung und permanente Evaluation ungeachtet. Der Anschein der Transparenz ist nicht selten ein Effekt geschickten Marketings. So erwecken private Anbieter den Eindruck, sie kooperierten mit Fachverbänden, ohne dass dieser Augenschein substanziell unterfüttert würde. Die Betreiber halten sich bedeckt; wer sie sind, welche Qualifikationen sie ausweisen, erfährt man ebenfalls nicht ohne Weiteres, stattdessen finden sich pauschale Hinweise auf den wirtschaftlichen Erfolg der Unternehmen. Und ist dies nicht Ausweis genug? In einer Zeit, in der einige Autoren vom Wandel von einer Solidar- zu einer Leistungsgemeinschaft reden, in der die höchste Investition die in die Aktie des eigenen Selbst ist, in der die Wahlmöglichkeiten scheinbar unendlich ausdifferenziert sind, herrscht eine rege Nachfrage nach Navigation zur Lebensbewältigung durch Experten. Dies verringert die persönliche Risikohaftung (Beck) und lockt obendrein mit eingebauter Erfolgsgarantie.

Die Voraussetzung, damit jeder und jede zu voller Leistungsfähigkeit in der Lage ist, schreibt Ulrich Bröckling, liegt in der Entwicklung der Selbstführungskünste. Um wiederum diese Selbstführung leisten zu können, bedarf es der Inanspruchnahme von Fremdführung in unterschiedlicher Intensität, Zusammensetzung und Dauer. Et voilà – die Boot Camps!

Joachim Walter
Zwischen Erziehung und Strafe.
Was kann Jugendstrafvollzug leisten?

Einleitung

Das Jugendalter ist eine Zeit der Entwicklung. Jugendkriminalität ist deshalb in aller Regel *Entwicklungskriminalität*. Aus erziehungswissenschaftlicher Sicht wird dies auch als Erkundungs- und Lernfehlerkriminalität bezeichnet.[1] Denn das Hineinwachsen junger Menschen in die Sozial- und Rechtsordnung komplexer Gesellschaften darf man sich nicht als einen einfachen, gleichmäßig fortschreitenden und linearen Prozess vorstellen, sondern vielmehr als eine recht störanfällige Entwicklung, die durch gelegentliche Regressionen und Fehlentwicklungen gekennzeichnet ist. Aus jugendpsychiatrischer Sicht wäre ein Jugendlicher, der die Phase der Pubertät und frühen Adoleszenz ständig stabil und schwankungslos durchleben würde, geradezu als unnormal zu bezeichnen.[2] Auch im statistischen Sinne ist es bekanntlich normal, im Jugendalter zu delinquieren: Fast alle (männlichen) Jugendlichen begehen zwischen dem 14. Lebensjahr und dem Ende der Adoleszenz Straftaten – nach ihren Angaben durchaus mehrfach.[3] Und nicht wenige werden auch erwischt und sanktioniert.[4] Jugendkriminalität ist somit weit verbreitet, ubiquitär, in

---
1 Prim 1993, S. 267
2 Dörner/Ploog 1986, S. 107
3 Nach Kerner 1993, S. 29 geben »über 90 % der mit Befragungen erfassbaren Jungen und jungen Männer an (bzw. zu), mindestens einmal im ihren seitherigen Leben, regelmäßig jedoch wiederholt, Handlungen begangen zu haben, die juristisch unter eine Strafnorm ... subsumiert werden könnten«.
4 Heinz 2004, S. 48 f.: »Die Prävalenzrate der informell und formell sanktionierten Männer [dürfte] am Ende des 25. Lebensjahres bereits bis über 50 % gelegen haben.« Ähnlich im Ergebnis v. Hofer 2004, S. 317 für Schweden: Dort waren

statistischer wie entwicklungspsychologischer Sicht durchaus normal und bleibt in der Regel – wie das Jugendalter selbst – Episode.[5]

Für viele der in unseren Jugendgefängnissen einsitzenden Gefangenen gilt dies allerdings nur bedingt. Ihre Delinquenz ist oft keineswegs nur eine vorübergehende und weniger bedeutsame Episode im Verlauf der konfliktträchtigen Entwicklungsphase Jugend. Denn man wird in Deutschland als Jugendlicher oder Heranwachsender in aller Regel nicht bei der ersten der Justiz bekannt gewordenen Straftat inhaftiert. Vielmehr machen Staatsanwaltschaft und Jugendgerichte in erheblichem Umfang von den zahlreichen Möglichkeiten der Diversion (Absehen von der Verfolgung, ggf. nach erzieherischen Maßnahmen, Auflagen oder Weisungen) Gebrauch.[6] Von den seltenen Fällen abgesehen, in denen ein ansonsten strafrechtlich nicht vorbelasteter Jugendlicher eine besonders schwere Straftat wie z. B. einen Mord begeht, was freilich zu seiner sofortigen Inhaftierung führt, handelt es sich bei der großen Mehrzahl der Insassen des Jugendstrafvollzugs um *Mehrfachtäter*, die, bevor sie zu einer Jugendstrafe ohne Bewährung verurteilt wurden, wiederholt strafrechtlich auffällig geworden und schon mehrfach zu milderen Sanktionen als Jugendstrafe verurteilt worden sind. Im Ergebnis erhalten nur etwa 7 % aller Jugendlichen und Heranwachsenden, die vom Jugendgericht verurteilt werden, eine Jugendstrafe ohne Bewährung. Alle anderen kommen mit weniger schweren Sanktionen davon.

Für diese das Bild im Jugendvollzug bestimmenden Mehrfachtäter gilt, dass ihre Situation zwar typischerweise durch soziale Belastungen sowie individuelle Mängellagen und Defizite gekennzeichnet ist, dass es sich dabei aber gleichwohl nur selten um irre-

---

37 % der Männer der Geburtsjahrgänge 1958–1978 bis zum 37. Lebensjahr wenigstens einmal strafrechtlich belangt worden.
5 vgl. PSB I 2001, S. 475 ff.
6 Heinz 2006a, S. 174

parable Fehlentwicklungen handelt.[7] Das zeigt sich auch an den Rückfallraten. Diese erscheinen nach Entlassung aus dem (im Durchschnitt nur knapp ein Jahr dauernden) Jugendstrafvollzug zwar zunächst hoch: Rückfallrate 4 Jahre nach Entlassung 75 %, Wiederkehrerrate 45 %.[8] Allerdings ist das im Hinblick auf das niedrige Entlassungsalter von in der Regel weniger als 20 Jahren zunächst kaum anders zu erwarten. Denn die Entlassung fällt damit immer noch in das am höchsten mit Kriminalität belastete Lebensalter.[9] In einer zeitlich längeren Perspektive zeigt sich dann freilich, dass über 70 % derjenigen, die einmal oder auch mehrfach Jugendstrafe in einem deutschen Jugendgefängnis verbüßt haben, im Erwachsenenalter den Weg zu einem Leben ohne nennenswerte strafrechtliche Auffälligkeiten finden.[10] Ob aber dieses einigermaßen positive Ergebnis durch die erzieherischen Bemühungen des Jugendstrafvollzuges bewirkt wurde oder aufgrund völlig anderer Einflüsse eingetreten ist – oder ob gar der Strafvollzug der Integration in die Gesellschaft eher hinderlich war, muss nach den bisher vorliegenden empirischen Befunden offenbleiben.

1. Rechtliche Grundlagen

Das Urteil des Bundesverfassungsgerichts vom 31.05.2006
Nachdem der Jugendstrafvollzug jahrzehntelang ohne eine zureichende gesetzliche Grundlage betrieben worden war, hat das Bundesverfassungsgericht in seinem Grundsatzurteil vom 31. Mai 2006[11] zunächst eine ausreichende gesetzliche Fundierung ver-

---

7 Heinz 2000, S. 9
8 Jehle/Heinz/Sutterer 2003, S. 55
9 Die sog. Age-Crime-Kurve, die zeigt, dass die Kriminalität junger Männer im Lebenslängsschnitt etwa um das 20. Lebensjahr kulminiert, besitzt über Zeiten und Kulturen hinweg universelle Gültigkeit. Vgl. Heinz 2006b, S. 17
10 Dolde/Grübl, S. 316; Stelly/Thomas, S. 39, 242
11 ZJJ 2006, S. 193 = NStZ 2007, S. 41

langt, sodann aber auch wichtige Vorgaben für die inhaltliche Ausgestaltung eines verfassungskonformen Jugendstrafvollzugs gemacht.

Ausgangspunkt ist die Feststellung des Gerichts, dass es für den Jugendstrafvollzug von Verfassungs wegen gesetzlicher Grundlagen bedarf, »die auf die besonderen Anforderungen des Vollzugs von Strafen an Jugendlichen und ihnen gleichstehenden Heranwachsenden zugeschnitten sind«. Wie bereits in zahlreichen früheren Entscheidungen[12] postuliert, muss der Vollzug der Freiheitsstrafe und selbstverständlich auch der Jugendstrafe auf das Ziel ausgerichtet sein, dem Inhaftierten ein künftiges straffreies Leben in Freiheit zu ermöglichen. Damit kommt dem *Resozialisierungsziel* Verfassungsrang zu, was das Gericht sowohl auf die Menschenwürde in Art. 1 Abs. 1 GG wie auch auf den Sozialstaatsgrundsatz stützt. Zusätzlich wird betont, dass »für den Jugendstrafvollzug (...) das Ziel der Befähigung zu einem straffreien Leben in Freiheit besonders hohes Gewicht« hat.

In diesem Zusammenhang weist das Bundesverfassungsgericht[13] auf die besondere Bedeutung des Jugendalters hin, weil Jugendliche in ihrer Persönlichkeit weniger verfestigt sind als Erwachsene und ihre Entwicklungsmöglichkeiten offener sind. Außerdem wirke sich der Freiheitsentzug auf Jugendliche in besonders einschneidender Weise aus. »Indem der Staat in diese Lebensphase durch Entzug der Freiheit eingreift, übernimmt er für die weitere Entwicklung des Betroffenen eine besondere Verantwortung. Dieser gesteigerten Verantwortung kann er nur durch eine Vollzugsgestaltung gerecht werden, die in besonderer Weise auf *Förderung* – vor allem auf soziales Lernen sowie die Ausbildung von Fähigkeiten und Kenntnissen, die einer künftigen beruflichen Integration dienen – gerichtet ist.«[14] Das Gericht macht sich

---

12 BVerfGE 35, 202; 36, 174; 45, 187; 64, 261; 74, 102; 98, 169
13 a.a.O., S. 196
14 Hervorhebung vom Verfasser

damit die in den Erziehungswissenschaften seit Langem herrschende Auffassung zu eigen, dass sich das Jugendalter vom Erwachsenenalter in wesentlichen Hinsichten unterscheidet und daher strafrechtlich und strafvollzugsrechtlich prinzipiell anders als dieses zu behandeln ist. »Aus alledem ergeben sich spezielle Bedürfnisse, besondere Chancen und Gefahren für die weitere Entwicklung und eine besondere Haftempfindlichkeit, vor allem auch eine spezifische Empfindlichkeit für mögliche schädliche Auswirkungen des Strafvollzugs.«

Daraus wird die Konsequenz gezogen, dass Gesetzgebung und Vollzugsbehörden bei der Entwicklung eines wirksamen Erziehungs- und Resozialisierungskonzepts die genannten Besonderheiten des Jugendalters im Unterschied zum Erwachsenenalter zu berücksichtigen haben. »Der Gesetzgeber muss vorhandene Erkenntnisquellen, zu denen auch das in der Vollzugspraxis verfügbare Erfahrungswissen gehört, ausschöpfen[15] und sich am Stand der wissenschaftlichen Erkenntnisse orientieren.«[16] Außerdem gibt das Gericht den Gesetzgebern auf, dass »die gesetzlichen Vorgaben für die Ausgestaltung des Vollzuges (...) auf sorgfältig ermittelten Annahmen und Prognosen über die Wirksamkeit unterschiedlicher Vollzugsgestaltungen und Behandlungsmaßnahmen beruhen« müssen und dass der Gesetzgeber ebenso wie die für den Jugendstrafvollzug zuständigen Behörden verpflichtet ist, aus den mit den bisherigen Vollzugsgestaltungen gemachten Erfahrungen zu lernen.«[17] Anders formuliert: Es müssen sich sowohl die den Jugendstrafvollzug regelnden Gesetze wie auch die Vollzugspraxis auf die Wirksamkeit ihrer allgemeinen Gestaltungsprinzipien und Maßnahmen im Einzelfall dahingehend befragen lassen, ob und inwieweit sie das Vollzugsziel zu erreichen vermögen oder es erreicht haben. Wie jede präventive Maßnahme bedürfen sie der

---

15 vgl. BVerfGE 50, 290 [334]
16 vgl. BVerfGE 98, 169 [201]
17 a.a.O., S. 197

Erfolgskontrolle. Einen *theoriegeleiteten und evidenzbasierten Jugendstrafvollzug* zu entwickeln ist somit die der Gesetzgebung und der Vollzugspraxis gestellte Aufgabe.

Die Jugendstrafvollzugsgesetze der Länder
Inzwischen haben alle Bundesländer die vom Bundesverfassungsgericht geforderten Gesetze zur Regelung des Jugendstrafvollzugs verabschiedet und in Kraft gesetzt.[18] Damit ist nicht nur dem verfassungsrechtlichen Vorbehalt entsprochen, dass in Grundrechte nur auf der Grundlage eines förmlichen Gesetzes eingegriffen werden darf, sondern auch ein begrüßenswerter und längst überfälliger Schritt auf dem Wege zur weiteren Verrechtlichung des Jugendstrafvollzugs getan. Die formellen Anforderungen des Urteils sind damit erfüllt.

Anders sieht es aus im Hinblick auf die inhaltlichen Vorgaben. Zahlreiche Gesetze lassen internationale Vorschriften und Empfehlungen zum Jugendstrafvollzug unbeachtet und setzen sich damit dem Verdacht aus, den vom BVerfG aufgestellten Anforderungen nicht zu genügen. Denn dieses hat der Nichtbeachtung oder Unterschreitung völkerrechtlicher Vorgaben und internationaler Empfehlungen mit Menschenrechtsbezug eine Indizwirkung für eine Grundrechtsverletzung zuerkannt. So garantiert kein Gesetz entsprechend Art. 12 der UN-Kinderrechtskonvention, dass Jugendliche in allen sie berührenden Angelegenheiten gehört werden und nicht nur, wenn eine Maßnahme sie belasten könnte oder bei Angelegenheiten von grundsätzlicher Bedeutung. Vorschriften über Inspektionen durch nationale und internationale Aufsichtsorgane, wie sie in den Nummern 72, 73 und 77 der UN-Regeln zum Schutz von Jugendlichen unter Freiheitsentzug wie auch in Regel 93.7 der European Prison Rules empfohlen werden, gibt es nur in Nordrhein-Westfalen.

---

18 Für eine erste Einschätzung dieser Gesetzgebung vgl. Walter 2008, S. 21–31

Obwohl der Anteil Gefangener mit *Migrationshintergrund* im Jugendstrafvollzug vieler Bundesländer bei oder über 50 % liegt, finden sich kaum irgendwo Regelungen, die sich auf diese besondere Situation beziehen. Erforderlich wären aber Maßnahmen zur Vermeidung von Diskriminierung solcher Gefangener wie z. B. Gelegenheit zum Verkehr mit Gefangenen gleicher Sprache, Zugang zu muttersprachlichen Veröffentlichungen sowie Rundfunk- und Fernsehsendungen, Abbau von Sprachhindernissen, Förderung interkultureller Kompetenzen des Personals usw.

Die vom BVerfG geforderte Orientierung am Stand der wissenschaftlichen Erkenntnisse wird von den Ländern vernachlässigt, die in ihren Jugendstrafvollzugsgesetzen den Vorrang des geschlossenen Vollzugs festschreiben bzw. die Gewährung von Vollzugslockerungen von zusätzlichen, im bisherigen Recht nicht geforderten Voraussetzungen abhängig machen. Denn nach derzeitigem Wissensstand gibt es keine Argumente für den Rückbau von Vollzugslockerungen im Jugendstrafvollzug.[19] Vielmehr weisen zahlreiche Untersuchungen darauf hin, dass Vollzugslockerungen grundsätzlich integrationsfördernd sind, das Anstaltsklima verbessern, rückfallreduzierend, kostensparend und steuerförderlich wirken und nicht mit unvertretbaren Risiken für die Bevölkerung verbunden sind.[20]

Mit Blick auf die pädagogische Konzeption der Gesetze fällt die Bilanz vollends ernüchternd aus. Art. 40 Abs. 3 der UN-Kinderrechtskonvention verpflichtet die Bundesrepublik Deutschland zum Erlass »jugendgemäßer« Gesetze. Dasselbe fordert das BVerfG in seinem Urteil, in dem es auf die speziellen Bedürfnisse, besonderen Chancen und Gefahren für die weitere Entwicklung und eine besondere Haftempfindlichkeit bei jungen Menschen hinweist. Wegen dieser prekären Entwicklungsphase und der anstehenden Entwicklungsaufgaben müssen dem Jugendlichen und

---

19 PSB II, S. 607
20 Stelly & Walter 2008

Heranwachsenden andere Angebote gemacht werden, als sie der Erwachsenenvollzug üblicherweise bereithält, nämlich differenzierte und individualisierte, exakt auf seine spezifische Situation zugeschnittene Lernmöglichkeiten. Entscheidend ist hier, von welchem *Erziehungsverständnis* die Gesetze ausgehen: Ob der Gefangene als Subjekt und Mitwirkender am Erziehungsprozess und an der Gestaltung seiner Haftzeit gesehen wird; ob es um Förderung des Gefangenen in seiner Entwicklung mittels Angeboten geht, die sich an seinen persönlichen Ressourcen orientieren, auf der Basis eines Wahl- und Mitwirkungsrechts – wie es fast jede Pädagogik außerhalb des Vollzuges formulieren würde –, oder ob ein eher »strafrechtlich verstandenes und begriffenes Erziehungssystem« vorherrscht.[21] Wird der Jugendliche als Defizitwesen wahrgenommen, der mit paternalistischem Druck zu seinem Glück gezwungen werden muss, dem Erziehung übergestülpt wird – oder wird unter Gewährung weitgehender Mitwirkungsrechte weniger an den Schwächen und Defiziten als an den Begabungen und Stärken des Jugendlichen angesetzt, um ihm ermutigende Erfolgserlebnisse zu ermöglichen? Ohne dass der jeweils andere Gesichtspunkt immer vollständig vernachlässigt werden muss, wird im einen Falle eher vergangenheitsorientiert vorgegangen und deshalb versucht, die präsumtiven Schwächen und Defizite zu korrigieren, im anderen Falle eher die Bewältigung der Zukunft ins Auge gefasst und daher an den Begabungen und Fähigkeiten des Gefangenen angesetzt.

Wichtigster Prüfstein ist hier die Frage, ob die Gesetze weit reichende *Mitwirkungsrechte* gewähren oder – wie die meisten – im Gegenteil eine *allgemeine Mitwirkungspflicht* des Gefangenen an der Erreichung des Vollzugszieles statuieren. Eine solche ganz allgemein gehaltene Pflicht des Gefangenen, an seiner Resozialisierung mitzuwirken, steht freilich im Widerspruch zum Be-

---

21 in diesem Sinne kritisch bereits Peters 1965, S. 235

stimmtheitsgrundsatz, ist nicht willkürfest und daher wohl verfassungswidrig.[22] Aus pädagogischer Sicht ist sie abzulehnen, weil sie verkennt, dass die – allerdings immer noch weit verbreitete – unilaterale Kommunikation zwischen Beamten, die allein das Sagen, und Jugendlichen, die zu gehorchen haben, also die Pädagogik des erhobenen Zeigefingers, nur sehr geringe Lernchancen eröffnet. Darüber hinaus ist sie bestens dazu geeignet, das Augenmerk von der Verantwortlichkeit des Jugendvollzugs für die ihm zeitweise anvertrauten jungen Menschen abzulenken und zu versuchen, diesen die Verantwortung für etwa gescheiterte Vollzugsverläufe zuzuweisen.[23]

Einige Länder wie Hamburg und Niedersachsen gehen in einer solchen Responsibilisierungsstrategie noch weiter, in dem sie unter dem irreführenden Etikett »Chancenvollzug« »das konkrete Angebot an Maßnahmen zur Erziehung von der Bereitschaft des einzelnen Gefangenen abhängig machen, an der Erfüllung des Erziehungsauftrags mitzuwirken«.[24] Art und Umfang der Erziehung sollen also an dem Maß der Mitwirkungsbereitschaft orientiert werden. Es wird damit neuerdings wieder – diesmal aus Gründen der Effektivität[25] – zwischen den mitarbeitsbereiten und den mangels aktueller Mitarbeitsbereitschaft angeblich resozialisierungsunfähigen bzw. -unwilligen, also »unverbesserlichen« Gefangenen in verfassungswidriger Weise unterschieden.[26]

2. Aufgabe des Jugendstrafvollzugs

Ungeachtet der zum Teil erheblichen Unterschiede in den gesetzlichen Regelungen des Jugendstrafvollzugs durch die Länder besteht Einigkeit sowohl über das Ziel des Jugendstrafvollzugs – ein

---
22 Ostendorf 2007b, S. 67
23 Walter 2004, S. 400
24 Kamp 2007, S. 175
25 Schneider 2004, S. 139
26 Köhne 2003, S. 207; Walter 2005, S. 133

Leben ohne Straftaten in sozialer Verantwortung – als auch über den Weg zur Erreichung dieses Ziels, nämlich durch *Erziehung als Kernaufgabe* des Jugendstrafvollzugs. Aber was ist konkret unter Erziehung im[27] Jugendstrafvollzug zu verstehen?

Erziehungsbegriff

Im Jugendstrafrecht und Jugendstrafvollzugsrecht wird der Begriff der Erziehung zwar ständig gebraucht, ist jedoch nirgends näher definiert und daher für vielerlei Inhalte offen. Schon deshalb ziehe ich den engeren Terminus »*Förderung in der Entwicklung*« vor, wie er sich in § 1 SGB VIII und in dem Grundsatzurteil des Bundesverfassungsgerichts findet. Selbstverständlich sind auch damit erzieherische Maßnahmen gemeint; ihre Reichweite und Zeitdauer wird aber von vornherein als begrenzt gedacht. Die damit gewählte Begrifflichkeit ist konkreter, nüchterner und weniger ideologisch aufgeladen. Sie bietet den Vorteil, dass »trojanische Pferde«[28], »Erziehungslyrik« und überzogene Erwartungen besser außen vor gehalten werden können und die Gefahr verringert wird, dass der Erziehungsgedanke dafür instrumentalisiert wird, die Rechte und Handlungsräume der Jugendlichen weiter einzuschränken.[29]

Außerdem wird damit nicht nur das überaus anspruchsvolle Postulat der »nachholenden Gesamterziehung«, wie es der Bundesgerichtshof mehrfach formuliert hat[30], vermieden, sondern auch der recht kurzen tatsächlichen Verweildauer im Vollzug Rechnung getragen: Obgleich das Mindestmaß der Jugendstrafe immerhin 6 Monate beträgt, werden die allermeisten Jugendlichen und Heranwachsenden doch zu eher kurzen Strafen verurteilt, in Baden-Württemberg im Jahre 2004 im Durchschnitt zu 1 Jahr und

---

27 nicht durch Jugendstrafvollzug; dazu Walter 2001, S. 15
28 Gerken/Schumann 1988
29 Müller-Dietz 1986, S. 339, 341
30 grundlegend BGHSt 11, S. 169

9 Monaten. Und sie werden zu einem vergleichsweise hohen Prozentsatz gem. § 88 JGG vorzeitig zur Bewährung oder gemäß § 35 BtMG in Therapie entlassen.[31] Für die *tatsächliche Verweildauer* bedeutet dies, dass die Gefangenen sich im Durchschnitt ca. *11 Monate* im Jugendstrafvollzug befinden. Allerdings ist die Verteilung schief: Die Hälfte bleibt sogar weniger als 10 Monate. Dass in solch kurzer Zeit in der großen Mehrzahl der Fälle eine »nachholende Gesamterziehung« gar nicht möglich ist, sondern allenfalls eine begrenzte Förderung, liegt auf der Hand.

Nicht nur wegen dieser rechtstatsächlichen Befunde ist zunächst zu fragen, was der Jugendstrafvollzug an Erziehung, an Förderung des Gefangenen in seiner Entwicklung, überhaupt *leisten kann*. Ich beginne mit dem, was er wohl nicht leisten kann:

- Jugendliche und Heranwachsende sind wie alle Menschen keine *»Trivialmaschinen«*, also nicht im mechanischen Sinne steuerbar, wie manche dies vom Jugendstrafvollzug zu erwarten scheinen. Unter Trivialmaschinen versteht man ja Apparate wie etwa Autos, die per Knopfdruck steuerbar sind: Der Input, z. B. der Tritt aufs Gaspedal, führt unmittelbar zu einer Reaktion des Systems, im Beispielfalle zur Beschleunigung. Völlig anders reagieren dagegen nicht triviale Systeme, wie der Mensch eines darstellt. In diesem Falle stößt der Input eben nicht bloß einen Output an, sondern auch eine schwer vorhersagbare Änderung des inneren Zustandes des Systems. So wird man beispielsweise auf die einfache Frage an einen Gefangenen nach seinen Vorstrafen nicht nur, wenn überhaupt, eine mehr oder weniger zutreffende Antwort erhalten, sondern in ihm ggf. auch unangenehme Gefühle wecken, womöglich Widerstand aktivieren.

---

31 Baden-Württemberg 2005: Entlassung zur Bewährung 49,7 %, § 35 BtMG 13,8 % Abschiebung (§ 456 a StPO) 7,7 %, Strafende 28,8 %. In früheren Jahren höhere Werte für Entlassung zur Bewährung (1991 = 79,8 %).

Nicht triviale Systeme entziehen sich daher einer einfachen mechanischen Steuerung, sie sind eigen-sinnig, eigen-willig.
- Auch mehrfach straffällige junge Menschen, wie wir sie überwiegend im Jugendstrafvollzug antreffen, sind nicht einfach »*Defizite der Erziehung*«. Zwar werden sie nicht selten bestimmte Defizite haben, z. B. im Bereich der Wahrnehmung, der Informationsverarbeitung, der schulischen Bildung und des Sozialverhaltens. Schwerpunktmäßig an solchen Defiziten anzusetzen ist aber aus mindestens zwei Gründen problematisch. Zum einen wäre ein solcher Ansatz überhaupt nur sinnvoll, wenn Möglichkeiten zur Beseitigung konkret vorhanden sind. Das ist aber häufig gerade nicht der Fall: Jugendstrafvollzug kann allgemeine Probleme für die Entwicklung Jugendlicher wie Schulmisere, Lehrstellenmangel, Arbeitslosigkeit nicht beeinflussen, Chancenlosigkeit nicht hinwegreden. Pädagogik, wie sie im Jugendstrafvollzug gefordert ist, kann Struktur- und Sozialpolitik nicht ersetzen. Zum anderen aber erscheint ein defizitorientierter Ansatz auch wegen der Gefahr frühzeitiger Etikettierung nicht sinnvoll und sogar gefährlich. In den meisten Fällen wird es vielmehr naheliegen, zu versuchen, an den Kompetenzen, Begabungen und Stärken eines jungen Menschen anzusetzen, die in seinem früheren und jetzigen Leben aufzuspüren wären, ohne seine Schwächen und Defizite deshalb zu übersehen.
- Dem Jugendstrafvollzug nicht möglich und aus verfassungsrechtlicher Sicht auch nicht gestattet wäre es schließlich, eine totale *Persönlichkeitsumwandlung* anzustreben.[32] Vielmehr geht es unter der notwendigen Einschränkung begrenzter Zuständigkeit in jeder Erziehung im demokratischen Rechtsstaat allenfalls um einzelne Maßnahmen und bestimmte, genau definierte Interventionen. Dabei steht im Vordergrund die Förderung

---
32 Ostendorf 2007a §§ 91–92 Rz. 11, Pollähne 2005, S. 79, (FN 32)

des Gefangenen in seiner Entwicklung, wie das § 1 Abs. 1 SGB VIII als Recht aller jungen Menschen statuiert. In zweiter Linie ist das Problem strafbarer Handlungen, der Schädigung anderer oder, ganz abstrakt formuliert, das Zuwiderhandeln gegen die demokratisch legitimierte Rechtsordnung ins Auge zu fassen. Nicht dagegen geht es um die Änderung der Gesamtpersönlichkeit, des gesamten Lebensentwurfes und sämtlicher Einstellungen und Verhaltensweisen des Gefangenen.

Pädagogische Grundannahmen
Nach dieser notwendigen Beschränkung der Erziehung im Jugendstrafvollzug auf eine sowohl zeitlich als auch inhaltlich begrenzte Intervention sollen die wichtigsten meiner pädagogischen Grundannahmen dargelegt werden:

- Ich gehe davon aus, dass nicht nur straffällige Jugendliche, sondern alle Menschen der *Erziehung, Zivilisierung und Kultivierung* bedürfen, dass Zivilisation, humaner Umgang und ein halbwegs gelingendes Miteinander nichts Selbstverständliches sind, sondern ständiger Erarbeitung, Bewusstmachung, Unterstützung und Verteidigung bedürfen. Erziehung oder, bescheidener, Förderung in der Entwicklung ist also notwendig. Hauptsächlich aber kann man, wie immer man es auch versuchen mag, als Vollzugsbeamter, Lehrer, Ausbildungsmeister nicht *nicht erziehen*: Man erzieht immer, selbst wenn man es bewusst nicht wollte.[33] Wenn folglich Erziehung im Jugendstrafvollzug in jedem Falle stattfindet, dann hoffentlich nicht unbewusst, konzeptionslos und unkontrolliert, sondern besser reflektiert, methodisch abgesichert, an überprüfbaren Kriterien orientiert, hauptsächlich aber rechtlich kontrolliert.
- Ganz bewusst spreche ich auch von *erzieherischen Angeboten*.

---
33 näher Walter 2001, S. 18

Auch wenn Jugendgefängnisse nach wie vor totale Institutionen sind[34], gilt für die Erziehung dort, wie in jeder Erziehungseinrichtung, das Sprichwort: »Man kann den Hund nicht zum Jagen tragen.« Zwangsweise Gelerntes, soweit es das überhaupt gibt, hat bestenfalls kurzzeitig Bestand. Im Gedächtnis dominant abgespeichert wird dann nämlich weniger der erwünschte Inhalt als die angewandte Methode: der Zwang. Das bedeutet freilich nicht, dass man es an Motivation und Stimulation fehlen lassen darf. Im Gegenteil: Erziehung ohne Lernanreize im Sinne positiver Sanktionen wird keinen Erfolg haben. Erst recht wird scheitern, wer glaubt, das Erziehungsziel hauptsächlich mit Druck zu erreichen. Die jungen Menschen grundsätzlich eigene Lust zu lernen, das belegt auch die moderne Gehirnforschung, wird durch Vertrauen zur Bezugsperson gestärkt, durch Druck hingegen beeinträchtigt.[35]

- Des Weiteren haben wir es nach meiner Erfahrung im Jugendstrafvollzug mit durchaus »normalen« jungen Männern[36] zu tun, die ganz überwiegend nicht als Menschen mit einer abnormen Persönlichkeitsstruktur angesehen werden können. Daran ändert es auch nichts, wenn bei ihnen häufig eine Reihe von sozialisatorischen Belastungen und Defiziten zu verzeichnen sind, andererseits aber auch zahlreiche entwicklungsfähige Stärken und Begabungen. Auch gehe ich mit *Fend*[37] davon aus, dass Jugend prinzipiell die Möglichkeit hat, sich eigenständig zu entfalten: »Sie kann eine eigene Stimme erwerben und sie kann Eigenintentionalität entwickeln. Dies gilt prinzipiell, faktisch

---

34 Zum Gefängnis als totale Institution vergleiche die neuere Darstellung von Goffmans Theorie bei Pecher, 2004, S. 310.
35 Hüther 2004
36 Über die sehr kleine Zahl inhaftierter jugendlicher und heranwachsender Frauen wäre gesondert zu sprechen; dies soll hier jedoch sowohl wegen der sehr schmalen Datenlage wie auch insbesondere mangelnder persönlicher Erfahrung unterbleiben.
37 Fend 2000, S. 207

dürfen die Abhängigkeiten von biologischen Vorgaben und gesellschaftlichen Einflüssen nicht unterschätzt werden.« Außerdem ist zu berücksichtigen, dass nicht alle jungen Menschen die sich ihnen im Jugendalter stellenden Entwicklungsaufgaben gleich erfolgreich bzw. im gleichen Tempo bewältigen.

- Ich sehe die im Jugendvollzug inhaftierten jungen Menschen als grundsätzlich – natürlich nicht im selben Umfang wie Vollerwachsene – für ihr Verhalten verantwortlich an. Sie haben Fehler und Straftaten begangen, sind aber auch prinzipiell lernfähig und lernwillig. Dabei werden die o. a. kriminologischen Befunde nicht übersehen, dass leichte und mittelschwere Jugendkriminalität bei männlichen Jugendlichen als im statistischen und entwicklungspsychologischen Sinne normal, als ubiquitär und als episodenhaft anzusehen ist.[38] Dieses Wissen kann vor vorschneller Etikettierung oder Diskriminierung schützen, ebenso vor Skepsis und Pessimismus oder gar Aufgabe der straffälligen Jugendlichen als »unverbesserlich«.

Was ist zu lernen?
Wie und womit kann man nach bisherigen wissenschaftlichen Befunden und praktischen Erfahrungen die Jugendlichen und Heranwachsenden in ihrer Entwicklung fördern? Oder anders, wie kann der Jugendliche in der Haft darin unterstützt werden, die ihm altersspezifisch gestellten Entwicklungsaufgaben zu bewältigen? Eine zwar sehr allgemeine, aber treffende Antwort hierauf hat *Kaiser*[39] schon vor Jahren gegeben, als er bemerkte, dass alles, was außerhalb des Jugendstrafvollzuges für die gedeihliche Entwicklung junger Menschen für erforderlich gehalten wird, gerade für Straffällige nicht entbehrlich sein kann – und das ist die Trias schulische Bildung, berufliche Ausbildung und soziales Lernen. Dass dabei die geschehenen strafbaren Handlungen und Schädi-

---
38 näher PSB I 2001, S. 475 ff.
39 Kaiser 1995, S. 16

gungen anderer mit ins Auge zu fassen sind, versteht sich von selbst.

Schulisches Lernen
Im deutschen Jugendstrafvollzug findet sich ein enorm hoher Anteil an *Schulversagern* und Schulflüchtlingen.[40] Schon deshalb besteht bei einer großen Anzahl von Gefangenen erheblicher schulischer Nachholbedarf. Allerdings erscheint Unterricht im herkömmlichen Klassenverband wenig sinnvoll, weil die Jugendlichen in diesem Kontext langjährig gescheitert sind, zum Teil auch die Konkurrenz fürchten. Notwendig sind daher eine *individuelle Förderung* und ein speziell auf den betreffenden Jugendlichen zugeschnittenes Lernprogramm. Dabei ist an den Begabungen und Stärken des Schülers anzusetzen, um ihm (wieder) Freude am Lernen und Fortschritte zu ermöglichen. Auch muss das Lerntempo exakt seinem Leistungsvermögen angepasst sein.

Ziel ist selbstverständlich eine *formelle schulische Qualifikation*, also z. B. der Hauptschulabschluss, notfalls geeignete Schritte in diese Richtung. Zu erreichen ist dieses Ziel durch Ganztagsunterricht einschließlich betreuter Hausaufgaben, gegenseitige Hilfe der Schüler in der Schule, keine Bindung der Lehrkräfte an Lehrpläne.

Als ein an den Begabungen und Stärken des Gefangenen – und nicht an seinen Schwächen und Defiziten – orientierter Ansatz hat sich die Herangehensweise in der sogenannten Lernpädagogischen Abteilung der JVA Adelsheim bewährt, deren Angebot sich insbesondere an Schulflüchtlinge oder auch Analphabeten richtet. Der Lehrer fragt den ihm in der Regel schon von der Zugangskommission als bildungsbedürftig bezeichneten Gefange-

---
40 Ohne dass damit etwas über die Ursachen gesagt sein soll, die zu diesem traurigen Befund geführt haben. Jedenfalls waren von den in im Jahre 2005 in den Jugendstrafvollzug Baden-Württemberg zugegangenen Gefangenen trotz eines Durchschnittsalters von über 19 Jahren 58 % ohne jeden Schulabschluss.

nen, was ihn an der Schule interessieren könnte – und bekommt regelmäßig die Antwort: »Überhaupt nichts!« Er insistiert aber und erfährt schließlich, gegebenenfalls nachdem er den Gefangenen im Haftraum aufgesucht hat, dass sich dieser gerne mit Rittergeschichten aus dem Mittelalter beschäftigt. Er bietet ihm an, mit ihm zunächst nur dieses geschichtliche Thema, allerdings ernsthaft und mit schulischem Unterrichtsmaterial, gründlich zu erarbeiten. Dies geschieht in einer Gruppe mit Gefangenen ganz unterschiedlichen Bildungsstandes, sozusagen unter Bedingungen der historischen »Zwergschule«, wobei sich die Gefangenen allerdings gegenseitig helfen sollen, also einander »vorsagen« dürfen. Über kurz oder lang interessiert sich unser Gefangener auch für ein benachbartes Thema oder für eines, das ein anderer Schüler gerade erarbeitet. Und allmählich gelingt es in den meisten Fällen, ihn für den regulären Schulbetrieb zurückzugewinnen, welcher im Jugendvollzug freilich meistens nach Kriterien der Sonderschule organisiert ist.

Berufliche Ausbildung
Optimal wäre, wenn die Gefangenen, die auf der Grundlage hinreichender Schulbildung für eine berufliche Ausbildung in Betracht kommen, in einem geeigneten Wunschberuf bis zum Ausbildungsabschluss gefördert werden könnten. Dies wird jedoch aus Zeitgründen oft nur dann möglich sein, wenn auf eine bereits außerhalb begonnene Ausbildung aufgebaut werden kann. Auch im anderen Fall darf sich der Jugendstrafvollzug jedoch nicht davon abhalten lassen, wenigstens mit einer Berufsausbildung zu beginnen. Möglicherweise kann der Gefangene in der zur Verfügung stehenden Zeit in einer Vollausbildung wenigstens bis zur Zwischenprüfung gefördert werden. Auch Förderlehrgänge kürzerer Dauer oder aufbaufähige Kurzausbildungen müssen angeboten werden. All dies setzt voraus, dass die Jugendstrafanstalt über ein breit gefächertes Angebot beruflicher Ausbildungen verfügt.

Soziales Lernen

Beim auf soziale Verantwortung zielenden Lernen haben wir in Deutschland noch nicht dieselbe Professionalität erreicht wie beim schulischen und beruflichen Lernen. Einer der Gründe dafür ist sicher darin zu suchen, dass wir uns hier nicht in demselben Umfang professioneller Spezialisten von außerhalb bedienen können, wie das in der Schule und in der Berufsausbildung der Fall ist.

Um soziales Lernen zu stimulieren, sollte der gekonnte, *gewaltfreie Umgang mit Konflikten* und Problemen im Alltag der Jugendstrafanstalt erfahrbar und erlernbar sein.[41] Gerade das ist aber eher selten der Fall, denn das Leben im Strafvollzug ist meist vollständig reglementiert. Übernahme von Verantwortung für sich selbst und andere wird in der totalen Institution des Gefängnisses, bei gleichzeitiger Vollversorgung, von den Gefangenen nicht nur nicht verlangt; sie wird ihnen sogar weitgehend unmöglich gemacht. Wie also soll soziale Verantwortung gelernt werden, wenn sie im Alltag kaum erlebt werden kann? Die Antwort ist theoretisch einfach, in der Praxis jedoch schwierig umzusetzen: Wenn der Vollzug in der Gestaltung des Alltags vom normalen Leben abweicht, so muss eben eine Angleichung des Lebens im Vollzug an die allgemeinen Lebensverhältnisse angestrebt werden. Diese »Angleichungsgrundsatz« genannte Maxime ist in Deutschland ein wichtiger und gesetzlich verankerter vollzuglicher Gestaltungsgrundsatz. Dessen Hauptziele sind die Zurückdrängung tradierter, aber dem Resozialisierungsziel des Strafvollzugs oft widersprechender Besonderheiten des Anstaltslebens und der Import von Normalität in die »totale Institution«. Daneben sollte Angleichung aber auch darin bestehen, dass eine Gerechtigkeitsstruktur in der Anstalt geschaffen wird, die von den Insassen als fair, legitim und gerecht wahrgenommen werden kann.[42]

---

41 Kommission: »Gewaltprävention im Strafvollzug – Nordrhein-Westfalen« 2007: 24
42 Kohlberg/Scharf/Hickey 1978, S. 207

Wenn auch die Gestaltung des Alltags in der Anstalt das Entscheidende und niemals zu vernachlässigende Lernfeld ist, so gibt es darüber hinaus doch eine ganze Anzahl von speziellen Veranstaltungen, die dem sozialen Lernen dienen. Hierher gehört zu allererst das *soziale Training* im engeren Sinne, innerhalb dessen die Gefangenen im Rahmen besonderer Veranstaltungen in den Themenbereichen Geld und Schulden, Rechtsfragen des Alltags, Arbeits- und Berufswelt, Freizeitgestaltung, Suchtabhängigkeit und soziale Beziehungen trainiert werden. Hierzu zählt auch das Konfliktlösetraining (KontrA), in dessen Rahmen die jungen Gefangenen lernen sollen, Konflikte ohne Gewaltanwendung zu lösen.[43]

Soziales Lernen findet natürlich auch statt im Rahmen des *Sports*, der im Jugendstrafvollzug schon aus Altersgründen eine große Rolle spielt, aber auch im Rahmen der zahlreichen anderen Freizeitangebote, seien sie musischer oder kreativer Art. Schließlich gibt es in einigen Jugendstrafanstalten besondere sozialtherapeutische Abteilungen, in denen junge Gewalt- und Sexualstraftäter, bei denen eine entsprechende Indikation vorliegt, in spezifischer und individualisierter Weise von Fachleuten wie Psychotherapeuten in Bezug auf die ihren Straftaten zu Grunde liegende Symptomatik behandelt werden.

Im Zusammenhang des sozialen Lernens hat auch das in der Justizvollzugsanstalt Adelsheim seit Jahren praktizierte *Just-Community-Projekt* Beachtung gefunden.[44] In einem Haus des intern gelockerten Vollzuges der Justizvollzugsanstalt Adelsheim mit 15 Haftplätzen haben sich mit Zustimmung der Anstaltsleitung die Gefangenen gemeinsam mit den Bediensteten des Hauses nach wochenlangen Vorarbeiten selbst eine Satzung gegeben, die jedem Insassen und jedem Mitarbeiter dieselben Rechte (eine Stimme pro Kopf) gewährt. Alle wichtigen Angelegenheiten des Hauses werden im Rahmen der wöchentlichen Vollversammlung gemein-

---

43 Näher Kneifel 2002, S. 249
44 Näheres hierzu Walter/Waschek 2002, S. 191 ff., und Sutter/Baader/Weyers 1998

schaftlich und demokratisch entschieden. Im Ergebnis ist in dem seit mehr als 15 Jahren laufenden Projekt zu beobachten gewesen, dass das Gewähren von Mitbestimmungsrechten eine überraschende Eigendynamik entfaltet hat, dass traditionell eingespielte Rollenverhältnisse aufgebrochen wurden und insbesondere, dass sich in einem Prä-post-Vergleich bei den beteiligten Gefangenen ein deutlicher Anstieg der moralischen Urteilsfähigkeit gezeigt hat.

Folgerungen für den Lernort Jugendstrafanstalt
Wie kann trotz Freiheitsentzug im Rahmen einer Jugendstrafanstalt am besten für eine Zukunft ohne Straftaten gelernt werden? Welche Voraussetzungen muss der Lernort Jugendstrafanstalt strukturell und organisatorisch aufweisen, um die *bestmögliche Förderung* der Jugendlichen in ihrer Entwicklung[45] zu erreichen? Wichtig scheint mir viererlei zu sein:

- Möglichst konkrete, für den betreffenden Gefangenen »maßgeschneiderte« schulische, berufliche und soziale Fördermaßnahmen durchführen.
- Alle Lernangebote auf ihre rückfallvermindernde Wirkung empirisch überprüfen.
- Bei der Gestaltung des Vollzuges bedenken, dass nicht nur die konkrete Ausgestaltung der Vollzugszeit im Einzelfall, sondern auch die Organisation und Strukturierung der Anstalt im Allgemeinen Auswirkungen auf die spätere Legalbewährung haben dürften.
- Eine frühzeitig einsetzende Entlassungsvorbereitung und eine bis weit in die Zeit nach der Entlassung reichende Nachbetreuung sind unverzichtbar.

---

45 dazu ausführlich Walter 2006

Lernen setzt Aktivität, diese setzt Freiräume voraus. Wenn junge Menschen im Strafvollzug etwas dazulernen sollen, ist Voraussetzung dafür die Aktivierung ihrer Kräfte durch eine anregende Lernumwelt. Wer Jugendliche und Heranwachsende erziehen will, muss *differenzieren*; anders kann man den Gefangenen in ihrem je unterschiedlichen Entwicklungsstand nicht gerecht werden.[46] Das bedeutet, dass für jeden Inhaftierten ein »maßgeschneidertes« Angebot entwickelt werden muss und nicht, wie bisher häufig im Strafvollzug, ein Einheitsrezept aufgedrängt werden darf.

Daher gilt: Die förderlichen Lernangebote der Anstalt sind nicht auf einzelne Veranstaltungen beschränkt, sondern durchziehen das gesamte Anstaltsleben. Die Anstalt achtet darauf, dass der Alltag der Gefangenen zwar Pausen und Freizeit, aber keine unstrukturierten Leerläufe enthält. Dies ist schon deshalb erforderlich, weil angesichts der meist kurzen Verweildauer die vorhandene Zeit genutzt werden und der Eindruck verlorener Lebenszeit vermieden werden muss. Der Spruch »Die Hälfte deines Lebens wartest du im Knast vergebens« muss endlich der Vergangenheit angehören. Auch haben erfahrungsgemäß viele straffällig gewordene junge Menschen Schwierigkeiten im Umgang mit offenen, unklaren und unstrukturierten Situationen. Unter den Bedingungen größerer und geschlossener Einrichtungen begünstigt dies die Ausbildung von Subkulturen.

Für die *Organisation und Struktur* der Anstalt ist zu fordern, dass Schule, Unterricht und berufliche Bildung oberste Priorität genießen: Der gesamte Anstaltsalltag muss auf die Ermöglichung von Lernen ausgerichtet sein. Deshalb braucht jede Jugendstrafanstalt eine selbständige Schule bzw. Schulabteilung, eine ausreichende Zahl ausgebildeter, motivierter und engagierter Lehrer, einen Schulleiter, Schulräume und die dazugehörige sachliche

---

46 Differenzierung hat freilich einen gewaltigen Bedarf an Empirie, die erst einmal beschafft werden muss (Hassemer 2004, S. 351)

Ausstattung. Die Schule ist die zentrale Lernwerkstatt einer Jugendstrafanstalt.

Da Ziel des Jugendstrafvollzugs ist, den Gefangenen nach Entlassung verbesserte Teilhabechancen in der Gesellschaft zu ermöglichen, sollte die *Berufsausbildung* auf höchstem Qualitätsstandard durchgeführt werden. Das bedeutet, dass die Lehrwerkstätten modern ausgestattet und die Lehrmeister bestens ausgebildet sein müssen. So gewährleistet beispielsweise die Ausbildung der Gefangenen an modernen, computergesteuerten Maschinen, dass sie am Arbeitsmarkt eine gute Chance haben, den Mangel in ihrer Biographie auszugleichen, nämlich im Gefängnis gesessen zu haben. Im Alltag der Ausbildungsbetriebe ist auf Normalität größter Wert zu legen. Basteln oder Beschäftigungstherapie genügt nicht, vielmehr muss professionelles Arbeiten gelehrt werden. Keinesfalls dürfen deshalb in den Lehrwerkstätten nur Übungsstücke produziert werden, die danach weggeworfen werden. Von den Gefangenen ist ein voller Arbeitstag zu fordern. Sie müssen in der Lage sein, Fremdaufträge abzuwickeln und mit Kunden von außerhalb umzugehen.

Gelingt es außerdem, die schulische und berufliche Ausbildung des Jugendstrafvollzugs auch für *externe Auszubildende* zu öffnen, wie das in der JVA Adelsheim zum Teil der Fall ist, so wird dadurch ein Stück Normalität in die Kunstwelt des Strafvollzugs importiert, was sich sowohl auf das Klima in den Ausbildungseinrichtungen wie auch auf die Lernmotivation der Jugendlichen positiv auswirken wird.

Was die Integrationsaussichten und die Verhinderung eines Rückfalls anbelangt, sind die sorgfältige *Vorbereitung der Entlassung* und die *Nachbetreuung* in den ersten Monaten nach der Haft von besonderer Bedeutung. Es geht darum, was im Vollzug an schulischer, beruflicher und sozialer Bildung erreicht wurde, nun in die Freiheit zu übertragen und dort umzusetzen. Dieser schwierige Prozess des Transfers, der Nutzbarmachung und Wiedereingliederung bedarf der Begleitung und Unterstützung. Leider lehrt die Erfahrung, dass häufig sofort nach Entlassung aus dem Jugendstrafvollzug, der ja in mancher Hinsicht auch Schonraum war, viele der bisher Halt gebenden Stützen wegbrechen. Deshalb kommt es darauf an, dass der Gefangene nicht einfach nur an andere Institutionen abgegeben, sondern von diesen im wörtlichen wie im übertragenen Sinne des Wortes in der Vollzugsanstalt abgeholt oder – noch besser – zu ihnen gebracht wird.[47] Das setzt gemeinsame Vorbereitung der Entlassung mit dem Gefangenen selbst, mit der Familie, der Bewährungshilfe und dem Jugendamt, dem zukünftigen Arbeitgeber und allen anderen Beteiligten voraus. Hoffnungsvoll erscheint ein auf den einzelnen Gefangenen und seine konkrete Situation bezogenes Entlassungsmanagement (Case-Management), das bereits im Vollzug beginnt und erst einige Monate nach Entlassung endet. Personell sollte es repräsentiert sein durch einen speziell für diesen Gefangenen zuständigen *Entlassungsmanager*, der sich um den gesamten sozialen Empfangsraum kümmert und insbesondere um Unterkunft und Arbeit besorgt ist. Das in der JVA Adelsheim seit 2006 laufende Modellprojekt »Integration junger Strafgefangener in Arbeits- und Berufswelt (ISAB)« stellt hier einen viel versprechenden Anfang dar, ist es in diesem von der EU geförderten Projekt doch gelungen, bereits über 200 Projektteilnehmer unmittelbar nach der Haft in eine Arbeitsstelle, eine Berufsausbildung, eine berufsvorbereitende Maßnahme oder auf einen Schulplatz zu vermitteln.[48]

Ergebnisse der Rückfallforschung beachten

Wenn es zutrifft, dass wir alle in einem gewissen Umfang Produkt der Erfahrungen sind, die wir in jungen Jahren in der Welt gemacht haben, dann kann es für die Entwicklung der Gefangenen

---
47 vgl. Kerner 2003, S. 28
48 näher Walter, & Fladausch-Rödel 2008

im Jugendstrafvollzug nicht gleichgültig sein, welche Erfahrungen sie dort machen. Bei nahezu allen Forschungen über den Rückfall nach Jugendstrafvollzug wird aber genau dies nicht genügend berücksichtigt. Registriert und gemessen wird nämlich meistens nur, wie sich jemand *nach* dem Jugendstrafvollzug im Hinblick auf seine Legalbewährung verhält. Was *während* des Jugendstrafvollzugs gewesen ist, wie lange Zeit er dort verbracht hat, in was für einer Anstalt das gewesen ist, was mit ihm dort geschehen ist, welche Beziehungen er währenddessen eingegangen ist, welche Erfolge oder Misserfolge er gehabt hat, ob beispielsweise eine schulische oder berufliche Qualifizierung möglich war – all dieses bleibt bei den meisten Rückfalluntersuchungen außer Betracht. Gefragt wird allein, ob in einem bestimmten Zeitraum nach Entlassung aus dem Strafvollzug erneut strafbares Verhalten aufgetreten ist oder nicht. In vielen Rückfallstudien wird somit nur gemessen, ob die Inhaftierung *als solche* – unabhängig von ihrem Grund, ihrer Dauer, hauptsächlich aber unabhängig von ihrem Inhalt – einen rückfallverhindernden Effekt gehabt hat oder nicht.[49] Und oft wird dabei außerdem unterstellt, dass alles, was nach dem Strafvollzug sich an Kriminalität ereignet, in ursächlichem Zusammenhang mit diesem steht: Post hoc, ergo propter hoc! Selten wird differenziert zwischen Gefangenen, die bestimmte vollzugliche Maßnahmen durchlaufen haben, beispielsweise eine Berufsausbildung, und anderen, bei denen dies nicht der Fall war. Erst recht nicht wird unterschieden zwischen den doch an sehr unterschiedlichen Zielen orientierten, mit differenten Methoden arbeitenden und schließlich auch recht unterschiedlich ausgestatteten Anstalten. Das ist eine völlig unbefriedigende Methode, weil sie kaum Rückschlüsse auf die kausale Wirkung oder Nichtwirkung der während des Vollzuges getroffenen Maßnahmen erlaubt. Oder was würden wir davon halten, wenn man z. B. in der medizini-

---

49 hierzu z.B. Kerner 1996, S. 93 ff.

schen Behandlungsforschung einfach nur aus der Tatsache, dass Leute in irgendeinem Krankenhaus gewesen sind, Rückfallquoten ableitet, ohne zu fragen, weshalb und wie lange Zeit der Patient in welchem Krankenhaus gewesen ist, und hauptsächlich, mit welchen medizinischen Maßnahmen er dort behandelt worden ist?

Schon aus diesen methodischen Gründen, aber natürlich auch als Praktiker des Jugendstrafvollzugs interessiert mich die naheliegende Frage, ob *unterschiedliche Vollzugsgestaltung* im Ganzen oder auch unterschiedliche vollzugliche Maßnahmen im Einzelnen sich auf die Rückfallraten auswirken können. Es empfiehlt sich deshalb ein Blick in eine der wenigen Rückfallstudien, die nach der Gestaltung des Jugendstrafvollzugs im Einzelfall differenzieren. Ich wähle hierzu eine jetzt schon etwas ältere Studie von Dolde und Grübl[50], die sich auf drei baden-württembergische Jugendstrafanstalten bezieht, darunter auch die von mir geleitete JVA Adelsheim. Diese Forscher hatten 4–5 Jahre nach Entlassung eine Wiederkehrquote von 56 % für einen gesamten Entlassenenjahrgang ermittelt. Das sagt zunächst nicht viel aus, weder für die betroffenen Anstalten noch für die dort durchgeführten Programme. Aufschlussreich sind aber die unterschiedlichen Rückfallraten, die sich ergeben, wenn die Autoren diese für einzelne Vollzugsgestaltungen oder Vollzugsmaßnahmen errechnen.

Tabelle 1:

Allgemeine Rückfallquote (Wiederkehrquote) nach 4–5 Jahren	56 %
Berufsausbildung im Jugendstrafvollzug mit Abschluss:	21 %
Untergebracht überwiegend im gelockerten Vollzug:	37 %
Nach Entlassung in Arbeit:	46 %

50 Dolde/Grübl 1996

Schulabschluss im Jugendstrafvollzug:	51 %
Berufsausbildung im Jugendstrafvollzug ohne Abschluss:	51 %
Urlaub oder Ausgang erhalten:	52 %
Entlassung zur Bewährung:	53 %
Entlassung zum Strafende:	62 %
Überwiegend im geschlossenen Vollzug untergebracht:	63 %
Weder an Schule noch an Berufsausbildung teilgenommen:	64 %
Arbeitslos nach Entlassung:	64 %

Diese Daten sprechen dafür, dass die Gestaltung des Jugendstrafvollzugs im Einzelfall Einfluss auf die Wiederkehrerquote haben kann. Besonders beeindruckend ist, dass diese bei denjenigen, die im Vollzug einen Beruf bis zum Abschluss erlernt hatten, mit 21 % außergewöhnlich niedrig ist, aber auch, dass diejenigen, die überwiegend im gelockerten Vollzug untergebracht waren, mit 37 % überdurchschnittlich gut abschnitten. Wenn es gelang, den Jugendlichen unmittelbar in Arbeit zu entlassen, oder wenn ein Schulabschluss erreicht wurde, lag die Wiederkehrerquote immer noch deutlich unter dem Durchschnitt. Beim Schulabschluss ist übrigens zu beachten, dass es sich dabei in der Regel um Hauptschul- oder Realschulabschlüsse handelt, welche im Gegensatz zum Abschluss einer Berufsausbildung nicht unmittelbar zu erweiterten gesellschaftlichen Teilhabemöglichkeiten führen, sondern nur die Voraussetzung für den Beginn einer weiteren Berufsausbildung darstellen. Daher ein nur moderater Einfluss auf die Rückfallwahrscheinlichkeit.

In ihrem zweiten Abschnitt mit überdurchschnittlich häufigem Rückfall zeigt die Tabelle, dass diejenigen, die nicht vorzeitig zur

Bewährung, sondern zum Strafende entlassen wurden, die überwiegend im geschlossenen Vollzug untergebracht oder weder an Schule noch an Berufsausbildung teilgenommen hatten, deutlich ungünstiger als der Durchschnitt abschneiden. Der hohe Prozentabstand zwischen denjenigen, bei denen es gelang, sie in Arbeit zu entlassen (46 %) und denjenigen, bei denen dies nicht gelungen ist (64 %), weist auf die Bedeutung dieses Faktors hin.

Selbstverständlich darf man nicht davon ausgehen, dass die aufgelisteten Maßnahmen eine unmittelbar auf die Legalbewährung durchschlagende Wirkung haben. Es handelt sich lediglich um statistisch bedeutsame Korrelationen. Auch ist einzuräumen, dass die den unterschiedlichen Vollzugsgestaltungen korrespondierenden Rückfallquoten in gewissem Umfang auch vorselektive Faktoren widerspiegeln, beispielsweise in dem Sinne, dass im gelockerten Vollzug eben eher die günstig prognostizierten Gefangenen untergebracht werden oder dass eine anspruchsvolle Berufsausbildung mit Abschluss eher die Intelligenteren und Durchhaltefähigeren schaffen. In ihrem gesamten Ausmaß können die gefundenen unterschiedlichen Rückfallraten damit jedoch sicher nicht erklärt werden. Das zeigt sich z. B. an dem hohen Prozentsatz derjenigen, die nach Entlassung in die Arbeitslosigkeit wieder rückfällig werden. Denn ob es gelingt, einen Gefangenen in Arbeit oder Ausbildung zu vermitteln, ist schwerlich das Ergebnis vollzuglicher Selektion, sondern vom Arbeitsmarkt und vom Entlassungsmanagement abhängig. Es spricht also vieles dafür, nicht zuletzt auch meine langjährige persönliche Erfahrung, dass unterschiedliche Vollzugsgestaltung zu unterschiedlich hohen Rückfallquoten beitragen kann.

Aus kriminalpolitischer Sicht empfiehlt es sich deshalb, diejenigen Vollzugsmaßnahmen zu forcieren, die mit einer verringerten Rückfallquote verbunden sind – und umgekehrt diejenigen nach Möglichkeit zu vermeiden, die offenbar mit einer erhöhten Rückfallquote korrelieren. Es sollten zukünftig Vollzugsgestaltungen noch weiter ausgebaut werden, die Erfolg im Sinne einer Verminderung des Rückfalls versprechen. Nach der Forschungslage sind das insbesondere gut strukturierte und gezielte, verhaltens-, wissens- und trainingsorientierte Programme, nicht dagegen wenig strukturierte Gesprächsgruppen. Auf Abschreckung zielende Programme erwiesen sich sogar als kontraproduktiv.[51]

3. Zusammenfassung

Ultima Ratio

Dies alles sollte allerdings nicht dahingehend missverstanden werden, als ob das Jugendgefängnis generell in eine günstige Sozialisationseinrichtung transformiert werden könnte: Es ist und bleibt als Ultima Ratio des Jugendstrafrechts immer diejenige Sozialisationsinstanz, die wegen der zahlreichen mit dem Freiheitsentzug verbundenen Einschränkungen die bei Weitem ungünstigsten Voraussetzungen aufweist. Nur darf uns das, solange es keine bessere Alternative gibt, nicht davon abhalten, den Jugendstrafvollzug so weit zu verbessern wie irgend möglich – und insbesondere den unbestreitbar zahlreichen negativen Auswirkungen der Haft entgegenzuwirken.

Erfolgversprechende Ansätze

- Bauliche und organisatorische *Differenzierung* des Jugendstrafvollzugs, damit jeder Jugendstrafgefangene entsprechend seinen Bedürfnissen *individuell* gefördert werden kann.
- Gliederung des Vollzugs in möglichst kleine *Wohn- und Behandlungsgruppen*, um resozialisierungsfeindliche subkulturelle Effekte, die in großen, geschlossenen Einrichtungen endemisch sind, so weit wie möglich zu vermeiden.

---

51 vgl. hierzu insbesondere die Ergebnisse des sog. Sherman-Reports, einer für den US-amerikanischen Kongress erarbeiteten Meta-Analyse von Evaluationsstudien über Programme zur Rückfallvermeidung

- Frühzeitige Unterbringung aller Gefangenen, bei denen dies vertretbar ist, in *gelockerten Bereichen* oder im *offenen Vollzug*.
- Frühzeitige Gewährung von *Vollzugslockerungen* wie Ausgang und Urlaub bei denjenigen, bei denen Missbrauch nicht zu befürchten ist.
- Hinarbeiten auf eine *Vervollkommnung der Schulbildung* (Hauptschulabschluss, Realschulabschluss), und zwar in Form von ganztägigen (bezahlten) Intensivkursen.
- Möglichst viele Gefangene in *Berufsausbildung* bringen, wobei Ziel der Berufsabschluss ist oder, bei kürzeren Strafen, eine Zwischenprüfung, zumindest aber ein schriftliches Zertifikat.
- Betonung des *sozialen Lernens* im Alltag, insbesondere in den Unterkunftshäusern. Hierzu gehören alle Formen des sozialen Trainings, aber auch Sport- und Freizeitveranstaltungen. Hauptsächlich aber erfordert dies den Rückbau der vollzuglichen Totalversorgung und *Stärkung der Eigenverantwortung* durch Dereglementierung und Übertragung von Verantwortung auf die jungen Gefangenen.
- *Konflikttraining*, das nicht auf Druck, sondern auf Zug, also nicht auf Peergroup-Pressure, sondern auf Peergroup-Learning setzt.
- Um die Integrationschancen der zahlreichen Gefangenen mit Migrationshintergrund im Jugendstrafvollzug, insbesondere auch der jungen russlanddeutschen Aussiedler, zu verbessern, muss die *interkulturelle Kommunikation* gelernt und verstärkt werden. Dazu braucht es in allen Diensten Mitarbeiter, die in beiden Kulturen, beispielsweise der russischen und der deutschen, zu Hause sind (»Brückenbeamte«), Mitarbeiter also, im Idealfall selbst Migranten, die Verständnis für eine differente kulturelle Sozialisation aufbringen, die das in das Personal weitertragen können und die nicht zuletzt selber ein Beispiel für gelungene Integration darstellen.
- Falls nicht aus Rechtsgründen eine vorzeitige *Entlassung zur*

Bewährung (z. B. bei Ausländern infolge zu erwartender Abschiebung) ausgeschlossen ist, sollte eine Entlassung zum Strafende möglichst vermieden werden. Dadurch wird auch gewährleistet, dass der Entlassene einen Bewährungshelfer zur Seite hat und unter der Aufsicht des Jugendrichters steht. Dies erscheint im Hinblick auf das altersbedingt hohe Rückfallrisiko wichtig.
- Ein entscheidender Punkt ist die *konkrete Entlassungsvorbereitung*. Hierfür sollte für jeden Gefangenen ein persönlicher Entlassungsmanager bestellt werden, der insbesondere um Unterkunft und Arbeit besorgt ist und auch in den ersten Monaten nach Entlassung weiterhin unterstützend tätig wird.

Nina Oelkers, Hans-Uwe Otto, Mark Schrödter, Holger Ziegler

»Unerziehbarkeit« – Zur Aktualität einer Aussonderungskategorie

Ungleichheit, Abweichung und Verantwortung

In der Bundesrepublik leben etwa 2,5 Millionen Kinder und Jugendliche unter 18 Jahren in Armut. Mehr als 30 Prozent der Jugendlichen in Deutschland rechnen nicht damit, künftig eine anspruchsvolle Arbeitsstelle zu finden. Die Lebenserwartungen von Kindern aus Arbeiter- und Akademikerfamilien sind von Beginn an deutlich unterschiedlich hoch, die soziale Selektivität und Ungleichheit des Bildungssystems sind im internationalen Vergleich besonders gravierend. Die Reihung solcher Tatsachen ließe sich endlos weiterführen. Empirisch gibt es kaum einen Zweifel daran, dass das Bild, das in Deutschland von Kindheit und Jugend zu zeichnen ist, all jene Merkmale aufweist, die für Klassengesellschaften typisch sind.

Betrachtet man die Dynamiken, die hinter den für den weiteren Lebenslauf der Betroffenen besonders wesentlichen Ungleichheiten im Bildungssystem stehen, lassen sich zwei Haupteffekte unterscheiden. Einfluss hat zum einen die Weitergabe des »kulturellen Kapitals«[1] in den Familien. Die damit verbundenen Ungleichheitseffekte werden angesichts einer wachsenden Bildungshomogamie im Heiratsverhalten[2] künftig wohl eher zu- als abnehmen: Die sozialen Klassen bleiben zunehmend unter sich. Mindestens ebenso entscheidend sind jedoch sog. »sekundäre Ungleichheitseffekte«, die auf differenzierende Strukturen und Institutionen des Bil-

---

1 vgl. Bourdieu 1983
2 vgl. Blossfeld/Timm 2003

dungssystems selbst zurückzuführen sind.³ Diese Effekte lassen sich als ein Ergebnis institutioneller Diskriminierung beschreiben[4], die sich nicht nur in Schulen findet, sondern auch in anderen öffentlichen Institutionen wie der Polizei, der Justiz oder eben der Sozialen Arbeit. Solche institutionalisierten Prozesse der sozialen Stratifizierungen und Diskriminierung müssen nicht unbedingt beabsichtigt sein. Zu Blütezeiten des Sozialstaates und entsprechenden sozialen Politiken des Ausgleichs erfolgten sie eher subtil, verschämt und versteckt. Dies hat sich offensichtlich gewandelt. Es haben sich eine öffentliche Debatte und Politik durchgesetzt, die soziale Ungleichheit nicht nur hinnehmen, sondern diese auch offensiv rechtfertigen und die davon negativ Betroffenen bewusst herabsetzen.[5] Empiriefreie Diffamierung gilt als neuer Realismus und die Überführung solcher »Einsichten« in reaktionäre Programmatiken als »überfällige Reform«.

Aber was hat dies alles mit dem Umgang mit abweichenden, delinquenten Jugendlichen zu tun? Sehr viel! Und zwar nicht obwohl, sondern gerade weil man weiß, dass der oft behauptete unmittelbare Zusammenhang von Klassenlage und Delinquenzbelastung keinesfalls belegbar, sondern vor allem als ein zentraler Mythos der Kriminalpolitik zu betrachten ist.[6] Kein Mythos ist aber, dass untere Statusgruppen insgesamt einer intensiveren Kontrolle und Strafverfolgung ausgesetzt sind. Gerade auch im Umgang mit delinquenten Jugendlichen findet sich ein außerordentlich hohes Ausmaß an Ungleichheit. Dies zeigt sich am deutlichsten in den Jugendknästen: Jüngeren Studien zufolge haben die Insassen im Jugendstrafvollzug zu über neun Zehnteln höchstens einen Hauptschulabschluss, etwa zwei Drittel haben die Hauptschule nicht abgeschlossen, nur etwa jeder Tausendste besucht ein Gym-

---

3 vgl. Müller-Benedict 2007
4 vgl. Gomolla/Radtke 2002, Weinbach 2006
5 vgl. Kessl/Reutlinger/Ziegler 2007
6 vgl. Albrecht/Howe1992; Tittle/Villemez/Smith 1978

nasium.[7, 8] Diese Form sozialer Selektivität spitzt sich zu vor dem Hintergrund einer veränderten gesellschaftlichen »Hintergrundgrammatik« im Umgang mit Armut, Abweichung und Delinquenz, die Michael Lindenberg[9] als Verschiebung von einer »Grammatik der Sorge« zu einer »Grammatik der Härte« bezeichnet. Ein wichtiges Moment dieser neuen Grammatik stellt die Betonung von (Eigen-)Verantwortung dar, die sich in kriminalpolitischen nicht weniger als in sozialpolitischen Kontexten findet. Sowohl Deviante wie EmpfängerInnen sozialer Hilfen werden dabei, wie Klaus Günther[10] nachzeichnet, »mit einem Personenkonzept konfrontiert, das individuelle Verantwortung akzentuiert und alle weiteren Bedingungen und Umstände ausklammert« und von den Betroffenen als bloße Aufbürdung von Verantwortung und Moment der Disziplinierung verstanden wird.

Appelle an bzw. Zuschreibungen von Verantwortung legitimieren sozialpolitisch die Beschränkung von Unterstützungsleistungen und kriminalpolitisch eine verstärkte Repressivität. Wird Kriminalität als ein persönlicher Mangel an Eigenverantwortung verstanden und damit als moralisches Defizit individualisiert, kann ein Abweichler mit weniger Verständnis rechnen, als wenn Kriminalität als Ergebnis individuell nicht zu verantwortender, armseliger (innerer und äußerer) Bedingungen verstanden wird.[11] Es ist eine Tatsache, dass das Ausmaß an Wohlfahrtsstaatlichkeit weniger mit Kriminalitätsraten, sondern eher mit der Strafbereitschaft einer Gesellschaft zusammenhängt. Zeitgleich ist mit der Rethematisierung von sozialer Ungleichheit als Problem einer ver-

---

7 The Rich Get Richer and the Poor Get Prison, überschrieb Jeffrey Reiman Ende der 1970er seine Studie über den Zusammenhang von Ungleichheit und Strafjustiz, um mit jeder aktualisierten Auflage – mittlerweile der 8. – festzustellen, dass sich der »Unterschichtsbias« nicht abgeschwächt, sondern verstärkt hat (vgl. Reiman 2006).
8 vgl. Geißler 2002, Enzmann/Greve 2001
9 Lindenberg 2000
10 Günther 2002, S. 135
11 vgl. Groenemeyer 2003

»Unerziehbarkeit« 187

antwortungslosen »Underclass« und dem generellen Rückbau von Maßnahmen sozialen Ausgleichs und »wohlfahrtsstaatlicher Konfliktglättung« offensichtlich »auch im Bereich der sozialen Kontrolle nicht mehr erforderlich, ›latente‹ Wirkungen einer angeblich ›sanften‹ Kontrolle zu entdecken, weil ganz unverblümt Töne angeschlagen werden, die anzeigen, dass die Macht es nicht mehr nötig hat, sich in wohlfahrtsstaatliche Kleider zu hüllen«.[12]

Wie die Kulturtheoretikerin Mary Douglas[13] nachzeichnet, tendieren Gesellschaften, die Risiken und Verluste kollektiv absichern, generell dazu, auch bei der Kriminalität weniger stark Schuld und individuelle Verantwortung zu betonen. Zu diesen Gesellschaften gehören auch ausgebaute Wohlfahrtsstaaten, in denen die Sicherung gegen allgemeine Lebensrisiken der kollektiven Verantwortung zugeschrieben wird. Die kulturtheoretische Erklärung von Douglas kann dazu beitragen, den Zusammenhang von Antisozialstaatlichkeit und individualisierenden Erklärungen von Devianz und Kriminalität zu verstehen. So hat etwa der italienische Kriminologe Dario Melossi[14] rekonstruiert, wie sich entlang solcher Muster das »Bild des Kriminellen« verändert. In Zeiten, in denen die Ausschlussbereitschaft einer Gesellschaft hoch sei, so Melossis These, fände sich stets die Tendenz, die Gesellschaft als zu Schützendes zu betonen und Täter vor allem als »moralisch verwerfliche Individuen« zu thematisieren, die es zu bändigen gelte. Dies sei der Hintergrund für die Thematisierung des Täters als »ein Monstrum, als Wesen, dessen Merkmale sich inhärent von unseren unterscheiden«.[15] Die Gründe der Immoralität und Andersartigkeit seien dabei vor allem in der Person des Täters selbst und nicht in »gesellschaftlichen Verhältnissen« zu finden. Wenn zur Erklärung von Abweichung dennoch auf »gesellschaft-

---

12 Ludwig-Mayerhofer 2000, S 13
13 Douglas 1992
14 Melossi 2000
15 Melossi 2000, S. 311

liche Verhältnisse« rekurriert werde, dann würden darunter nicht Phänomene wie soziale Deprivation, Ungleichheit und Ungerechtigkeit verstanden, sondern Instanzen wie Autorität, Moral und Familie, die aber selbst wiederum als Produkt mangelnder Moralität, Boshaftigkeit oder charakterlicher Schwäche der Individuen konzipiert würden. Abweichung werde dabei von Fragen der Einbettung in komplexe gesellschaftliche Verhältnisse enthoben und zu einer schlichten Frage moralischer Erziehung.

Diese Tendenz lässt sich auch in der gegenwärtigen Debatte über Soziale Arbeit mit devianten Jugendlichen nachzeichnen. Dass sie bei den üblichen Protagonisten einer reaktionären Pädagogik zu finden ist, überrascht nicht. Bemerkenswert ist vielmehr, dass diese Sichtweise zunehmend zu einem sozialpädagogischen Common Sense zu werden scheint, der sich auch in solchen jugend- und professionspolitisch bedeutsamen Schriften findet, die vom Verdacht des Konservatismus weit entfernt sind, wie beispielsweise in der 14. Shell-Jugendstudie und im 11. Kinder- und Jugendbericht. So skizzieren die Autorinnen und Autoren der Shell-Studie eine als »robuste Materialisten« bezeichnete Gruppe von Jugendlichen, in der sich »viele potenzielle Verlierer [...] der gesellschaftlichen Entwicklung«[16] befänden. Der Hinweis darauf, dass diese Gruppe einer verstärkten sozialpolitischen und -pädagogischen Aufmerksamkeit bedürfe, ist nahezu selbstverständlich. Bemerkenswert ist jedoch die vorgeschlagene Art der Aufmerksamkeit, die dieser Gruppe zukommen soll: Es gehe nämlich »zuallererst um eine strenge Setzung von Grenzen, weil diese [...] Gruppe keine andere Sprache versteht oder verstehen will. Erst wenn aggressive oder radikale Jugendliche wieder das Regelwerk der Gesellschaft akzeptieren, können ›weichere‹ Maßnahmen der Förderung und Integration einsetzen«.[17] »Delinquenz von Kindern und Jugendlichen«,

---

16 Deutsche Shell 2002, S. 21
17 Deutsche Shell 2002, S. 21

so lässt sich im 11. Kinder- und Jugendbericht[18] lesen, sei ein vornehmlich »pädagogisches Problem, das nicht damit gelöst wird, indem man die Täterin bzw. den Täter zum Opfer der Verhältnisse macht. Erinnert werden muss daran, dass Delinquenz von Kindern und Jugendlichen pädagogische Antworten provoziert, die eher etwas mit Erziehung, sozialer Kontrolle, Intervention bzw. Eingriff, Grenzsetzung und Normverdeutlichung zu tun haben.«

Auch wenn sich die Soziale Arbeit gegenüber anderen (repressiveren) Formen der Kontrolle dadurch auszeichnet, dass sie der Tendenz nach die Mittel von Überzeugung, Aufklärung, Erziehung und Bildung bevorzugt, bleibt sie historisch und gegenwärtig ein Mittel zur Regulation problematisierter Lebensäußerungen. Sie zielt ihrer Funktion nach auf die Hervorbringung einer »vernünftigen« und normkonformen Lebensführung und normalisierter »stabiler Identitäten« ihrer Adressatinnen und Adressaten. Doch was passiert mit jenen Jugendlichen, die »der Gemeinschaft« (genauer den hegemonialen Kräften dieser Gemeinschaft) als nicht tragbar erscheinen und sich zugleich als nicht fähig oder willig zeigen, ihre Lebensführung zu verändern?

Die Idee der »Unerziehbarkeit«

Die Idee der »Unerziehbarkeit« bestimmter Teile der nachwachsenden Generation durchzieht die jüngere Geschichte der Pädagogik. »Unerziehbarkeit« transportiert die Annahme, dem Verhalten bestimmter Jugendlicher sei mit gängigen (sozial-)pädagogischen Maßnahmen nicht (mehr) beizukommen. Nicht nur die Annahme selbst, sondern auch die Vorschläge, welche institutionellen Konsequenzen daraus zu ziehen seien, zeigen eine verblüffende Strukturanalogie über die letzten anderthalb Jahrhunderte hinweg: Es gelte, »unerziehbare Jugendliche« an geson-

---

18 11. Kinder- und Jugendbericht 2002, S. 239

derten Orten unterzubringen. Was sich historisch unterschiedlich gestaltet, ist die Weise, wie mit diesen Jugendlichen verfahren werden soll: Es ist disponibel, ob sie einer »Zwangserziehung« unterworfen, als »abnorme Personen« psychiatrisch behandelt, inhaftiert oder in bootcampähnlichen Einrichtungen diszipliniert werden.

Aktuell wird die Debatte um die Unerziehbarkeit bestimmter Jugendlicher insbesondere durch Stellungnahmen zur »Jugendkriminalität« und »Jugendgewalt« belebt, die unter anderem im Kontext des hessischen Landtagswahlkampfs verbreitet wurden. Als spezifisch adressierte Gruppe sind dabei insbesondere männliche Jugendliche mit Migrationserfahrungen in den Fokus der Diskussion gekommen. Die dabei nicht nur unterschwelligen rassistischen Konnotationen sind jedoch weder auf den Wahlkampf noch auf Hessen beschränkt. So bringt etwa der Berliner Oberstaatsanwalt Roman Reusch die Kategorie des »Intensivtäters« unmittelbar mit der Kategorie des »Orientalen« in Verbindung, für die »das Bestehen eines gänzlich gesetzlosen Lebenskonzeptes zur weitverbreiteten Normalität« gehöre.[19] Die »Tätergruppe junger Männer orientalischen Ursprungs«, so die offen rassistische Variante des Unerziehbarkeitsarguments, bringe »die Anwender des JGG vor das Dilemma, dass dessen abgestuftes Sanktionenkonzept bei dieser Zielgruppe schlicht nicht wirkt; will man bei ihnen erzieherische Wirkungen erzielen, muss man sie hierfür erst durch Vollzug mehrmonatiger Haft bereit machen«[20]. Zwar wurden sowohl Reusch als auch Roland Koch in verschiedener Weise für ihre Positionen abgestraft, aber die Unerziehbarkeitsdebatte ist damit keinesfalls vom Tisch.

Historisch bemerkenswert ist dabei, dass die Kategorie der Unerziehbarkeit von Beginn an nicht nur gegen eine pädagogische und wohlfahrtsorientierte Logik ins Feld geführt, sondern durch-

---

19 Reusch 2007, S. 10
20 Reusch 2007, S. 11

aus von Protagonisten der Sozialarbeit selbst vorangetrieben wurde. Verdeutlichen lässt sich das an der Figur des evangelischen Pastors Wilhelm Backhausen, der als Reformer gilt und reformpädagogische Elemente in die diakonische Arbeit implementiert habe.[21] Doch der Mitbegründer des Allgemeinen Fürsorgetages (AFET) war – wie viele andere einflussreiche Fürsorgepolitiker am Beginn des 20. Jahrhunderts – ein expliziter Vertreter der Unerziehbarkeitsdiagnose. Aufgrund der »mannigfaltigen Schwachsinnszustände«, der »Unbeeinflussbarkeit des Gefühllebens«, des »chronischen Widerstrebens« und des »Überwiegens niederer und unsozialer Triebe«, so argumentiert Backhausen, sei die Erziehbarkeit der älteren Zöglinge nicht mehr gegeben.[22] Mehr als die Hälfte der Fürsorgezöglinge sei geistig abnorm und daher nunmehr gesondert psychiatrisch zu behandeln, aber nicht mehr zu erziehen. Dieser Einschätzung folgend, fordert der Allgemeine Fürsorgetag 1912 in einer Resolution: »Für die defekten oder abnormen Fürsorgezöglinge sind alsbald gesonderte Anstalten, Zwischenanstalten zu gründen [...], um eine dauernde psychiatrische Beobachtung und Behandlung zu gewährleisten.«[23] Wie Oberwittler in seiner Studie deutlich macht, war die Unerziehbarkeitsdiagnose nicht immer zwangsläufig mit vollständiger pädagogischer Resignation oder gar eugenischen Forderungen verbunden. Im Falle von Backhausen und dem Fürsorgetag war sie eher ein Vehikel, um einen »Erziehungsoptimismus« in einen »Behandlungsoptimismus« zu überführen[24]. Nichtsdestoweniger scheint klar zu sein, dass sozial-erzieherische Institutionen mit dieser Kategorie »Grenzen ziehen [... an denen] die Institutionen des Ausschlusses mit ihren Kategorien relevant [werden]. Von der Sonderschule über das Behindertenheim bis zur Psychiatrie und dem Gefängnis

---

21 vgl. Mehl 1996
22 vgl. Oberwittler 2000, S. 231 ff.
23 Oberwittler 2000, S. 236
24 Oberwittler 2000, S. 237

reicht die Bandbreite von Institutionen, die sich für die Nicht-Behandelbaren, die Nicht-Erziehbaren, die Uneinsichtigen und Unkooperativen als zuständig deklarieren und damit deren Ausschließung legitimieren«[25].

Zwischen Besserung und Aussonderung: Die strafende Erziehung

Obwohl »Unerziehbarkeit« stets eine Kategorie der Grenzziehung ist, hat sie mit Blick auf die primär in einer Semantik der »Schwäche und Sorge« adressierten Klienten der Sozialen Arbeit andere Implikationen als für jene Jugendlichen, die durch die »Institution ›Verbrechen und Strafe‹«[26] adressiert werden. Zwar ist die Soziale Arbeit im Feld der Kriminalitätskontrolle durchaus aktiv, in ihrem Engagement ist sie jedoch schon alleine organisatorisch nicht unabhängig von den Logiken der Strafjustiz. Auch die Erklärungen und Deutungen, auf die sich die Soziale Arbeit dabei bezieht, finden ihren Ursprung typischerweise außerhalb der erziehungswissenschaftlichen Disziplin. Eine wesentliche Impulsgeberin ist die Kriminologie, die sich typischerweise weniger als eigenständige Reflexionswissenschaft, sondern – von Beginn an und bis heute – als »Schwesterwissenschaft« des Strafrechts[27] sowie als »empirisch-pragmatische Wissenschaft mit dem Ziel der Verbrechenskontrolle«[28] versteht. Im Sinne einer solchen kriminalpolitischen Ratgeber- und Handlungswissenschaft war die Kriminologie von Beginn an bestrebt, »konkrete Maßnahmen [… auszuarbeiten], wie man konkrete Kriminalitätsformen […] vermeidet und kontrolliert«[29] und die Soziale Arbeit hat sich in der Regel nur allzu bereit darauf eingelassen, sich als ausführende Instanz dieser Maßnahmen anzu-

---

25 Stehr 2006, S. 133
26 Cremer-Schäfer/Steinert 1998
27 vgl. Schwind 2005
28 Schneider 2007, S. 164
29 Schneider 2007, S. 165

bieten.[30] Es ist daher nicht verwunderlich, wenn die pädagogische Figur der »Unerziehbaren« in kriminologischen Typisierungen ihre vermeintlich empirisch-wissenschaftliche Korrespondenz findet. Diese Korrespondenz wird dadurch verstärkt, dass sich die empirisch-pragmatische Wissenschaft der Kriminologie eher dem Verbrecher als dem Verbrechen als ihrem primären Forschungsgegenstand zuwendet. Diesen Verbrecher hält sie nur keinesfalls für einen »normalen Bürger«, der sich – aus welchen Gründen auch immer – in bestimmten Situationen nicht an die Gesetze hält. Stattdessen lautet die Idee, dass der Verbrecher anders sei. Die klassische, strafrechtliche Leitfrage an den Abweichler »Was hast du getan?« wird aus der kriminologischen Perspektive durch neue Leitfragen abgelöst: »Wer bist du?«, »Wie bist du?«, »Warum bist du?«. Der Verbrechermensch, »l'uomo delinquente«, lautet der Titel von Cesare Lombrosos anthropologisch begründetem Meisterwerk aus dem Jahr 1876. Als empirische Wissenschaft vom Verbrechen ist die Kriminologie der ersten drei Viertel des 20. Jahrhundert im Wesentlichen ein »lombrosianisches Projekt«. Hierin findet sich eine Wahlverwandtschaft mit der sozialpädagogischen Perspektive auf »abweichende Jugendliche«. Denn auch die Prämisse, dass Delinquenz als ein (sozial)erzieherisches Problem zu adressieren sei, speist sich traditionell aus der Vorstellung, dass 1. das individuelle Verhalten der Kriminellen durch »innere« (biologische[31] und psychologische) und/oder »äußere« (soziale) Faktoren determiniert sei, die weitgehend außerhalb der Kontrolle der betroffenen Akteure lägen, und dass hieraus 2. eine Andersartigkeit folge, die »den Kriminellen« gegenüber »dem Konformen« identifizierbar macht. Die ab dem späten 19. Jahrhundert zunehmend entwickelten straf-

---

30 vgl. Heinz/Hügel 1987
31 Die Soziale Arbeit geht typischerweise von per se zumindest hypothetisch veränderbaren sozialen und psychologischen Faktoren aus. Dass sie sich jedoch durchaus auch auf der Basis biologischer bzw. rassistischer Kriterien begründen kann, haben insbesondere Manfred Kappeler (2000) sowie Hans-Uwe Otto und Heinz Sünker (1989) nachgezeichnet.

justiziellen, psychopathologischen wie devianzpädagogischen Programme machen erst vor dem Hintergrund dieser Annahmen Sinn: Es geht darum, Möglichkeiten zu finden, den abnormen Kriminellen wieder normal zu machen.

Paradigmatisch für die Ausrichtung der frühen kriminalwissenschaftlichen Forschungen in Deutschland sind die Schriften von Franz von Liszt, der mit seinem »Marburger Programm« als Taufpate der Jugendgerichtsbewegung gilt.[32] Von Liszt ist mit seiner Hinwendung zu den Lebensumständen der Täter der wohl einflussreichste Verfechter einer sozialpolitischen Ausrichtung und einer Erziehungs- und Besserungsorientierung des Strafrechts und -vollzugs zu Beginn des 20. Jahrhunderts. Die Form und das Ausmaß der Strafe bzw. der Maßnahmen sollten sich weniger an der Tat, sondern an der prognostizierten Besserungsaussicht ausrichten. Diese Forderung bleibt nicht nur Programm. Verstärkt ab dem Ende des 19. Jahrhunderts findet sich eine Neuausrichtung der Strafe und mit dieser der Einzug der (Sozial-)Pädagogik in die Logiken des Strafens. Von Beginn an konnte die Soziale Arbeit in diesem Zusammenhang vor allem als Instanz betrachtet werden, die für eine wohlfahrtsorientierte und auf Inklusion gerichtete Form der Kriminalpolitik steht. David Garland[33] beschreibt diese Ausrichtung als ein konstitutives Element des für das 20. Jahrhundert kennzeichnenden »Straf-Wohlfahrtskomplexes«, in dem sich Strafe und Erziehung bzw. Behandlung zunehmend vermischen. Das Gefängnis sollte nicht nur und nicht in erster Linie Ort der Bestrafung, sondern vor allem auch ein Ort der Besserung und des sozialen Trainings sein: Es fungiert als eine Art punitiver Pol eines institutionalisierten und ausdifferenzierten Kontinuums normierender Maßnahmen zur Normalisierung von Delinquenz und anderer problematisierter Lebensführungen. Im Prinzip zielt diese Form der Strafe nicht anders als andere wohlfahrtsorientierte

---

32 Goerdeler 2004
33 Garland 2001

Maßnahmen darauf, vorübergehend ausgeschlossene Subjekte »früher oder später in die Gesamtheit der sozialen Beziehungen, in die ›Gesamtgesellschaft‹ wiedereinzugliedern«[34]. Ob dieser Straf-Wohlfahrtskomplex jedoch per se eine Reduzierung repressiver Vorgehensweisen beinhaltet, ist zweifelhaft. Wie Dietrich Oberwittler materialreich zusammenfasst, *lebten unter einer »dünnen Schicht von Erziehungs-Rhetorik [...] die traditionellen Ziele Strafe und Abschreckung in den Konzepten, vor allem aber in der Praxis der Jugendkriminalpolitik weiter fort«*[35]. In der Tat finden sich seit dem Beginn des Straf-Wohlfahrtskomplexes »fließende Übergänge von der Behandlung, Erziehung und Hilfe zur Sanktionierung und zur sozialen Ausschließung«[36]. KritikerInnen des Erziehungskonzepts konstatieren diesbezüglich einen fatalen Geburtsfehler im Jugendstrafrecht, der nicht zuletzt aus den Prinzipien der Kinder- und Jugendhilfe selbst erwachse: »Zwar erhalten die ›Willigen‹ und ›Fähigen‹ pädagogische Zuwendung; denklogisch und praktisch erzeugte dieser Ansatz jedoch folgerichtig die Gruppen der ›Unfähigen‹, denen kein Pardon gegeben werden soll. Dieser Mechanismus wirkt bis heute fort, nur dass jede Zeit ihre speziellen Begriffe schafft: es folgten die ›nicht Therapiefähigen‹, die ›nicht Diversionsfähigen‹ [...] schließlich die ›nicht Vereinbarungsfähigen‹. [...] Wenn im Nationalsozialismus Schutzlager eingerichtet wurden, wenn die Politik der Aussonderung [...] einen besonderen Umgang annahm, dann war dies lediglich eine Fortsetzung bereits existierender Denk- und Handlungslogik. Das Erziehungskonzept von Fürsorge- und Jugendstrafrecht beinhaltet den Willen zur Hilfe und zur Aussonderung [...]«[37]. Diese Ambivalenzen lassen sich durch die gesamte Geschichte der »strafenden Wohlfahrt« hindurch verfolgen.

---

34 de Marinis 2000, S. 59
35 Oberwittler 2000, S. 331
36 Stehr 2006, S. 133
37 Plewig 1994, S. 114

Die Begründung einer Kriminalpolitik als Zweig der Sozialpolitik und die Forderung nach einer edukativen Ausrichtung des (Jugend-)Strafrechts findet bereits bei von Liszt ihre Basis in einer möglichst systematisch und wissenschaftlich begründet zu treffenden Unterscheidung von »besserungsfähigen« Tätern einerseits und »unverbesserlichen« Hangtätern anderseits. Die meisten Verbrecher seien besserungsfähig. Ihr abweichendes Verhalten sei durch (wissenschaftlich fundierte) Psycho- und Sozialtechniken veränderbar. Es gelte sie daher zu erziehen und zu resozialisieren. Demgegenüber ist es rational, die moralisch ungebundenen, tendenziell gefährlichen Hangtäter und Gewohnheitsverbrecher unschädlich machen. Dem Treiben der Hangtäter und Gewohnheitsverbrecher sei durch rigoroses Strafen zu begegnen. Den Vollzug einer »Sicherheitshaft für Gewohnheitsverbrecher« stellt sich von Liszt so vor: »Arbeitshaus mit militärischer Strenge ohne Federlesen und so billig wie möglich, wenn auch die Kerle zugrunde gehen. Prügelstrafe unerlässlich [...] Der Gewohnheitsverbrecher [...] muss unschädlich gemacht werden, und zwar auf seine Kosten und nicht auf die unseren. Ihm Nahrung, Luft, Bewegung usw. nach rationellen Grundsätzen zuzumessen, ist Missbrauch der Steuerzahler.«[38] Wie der Historiker Immanuel Baumann[39] rekonstruiert, ist die deutsche Kriminalwissenschaft bis 1945 davon beseelt, trennscharfe empirische Kriterien ausfindig zu machen, um »Besserungsfähige« von »unverbesserlichen Hang-/Gewohnheitsverbrechern« zu unterscheiden und den korrespondierenden Behandlungen zuzuführen.[40] Dabei avanciert »Minderwertigkeit« schon vor dem Dritten Reich zu einem »Schlüsselbegriff in der Deutung abweichenden Verhaltens«[41]. Für die Begründung von »Präventionsbemühungen« ist es dabei durchaus relevant, ob die

---

38 zit. nach Peukert 1986, S. 76
39 Baumann 2006
40 vgl. auch Becker 2002
41 Baumann 2006, S. 42

Ursachen dieser Minderwertigkeit in Anlage- oder Umweltbedingungen liegen. Diese Deutungen erlauben Forderungen, die von der Eugenik bis zur sozialen und ökonomischen Gesellschaftsreform reichen. Für die Bestimmung der Besserungsfähigkeit bzw. Unverbesserbarkeit selbst ist es indes weniger entscheidend, ob die Ursache für die Verbrechermerkmale einer endogenen moralischen Degenerierung[42] geschuldet sind oder ob Verbrecher aufgrund klassenspezifischer Verwahrlosung moralisch verderben und »sozial unbrauchbar« werden:[43] Wichtig ist es, die unverbesserlichen Verbrechermenschen ausfindig – und unschädlich – zu machen.

Folgt man Baumann, findet sich auch in der Nachkriegszeit zunächst kein entscheidender Bruch in der Thematisierung von Abweichung. Das »Psychopathenproblem« bleibt ein wesentlicher Gegenstand kriminalwissenschaftlicher Untersuchungen. Die Persönlichkeitsforschung dominiert einen kriminologischen Diskurs, der, ganz im Zeichen einer Anlage-Umwelt-Debatte stehend, nach wie vor damit beschäftigt ist, den besserungsfähigen vom nicht besserungsfähigen »defective delinquent« zu differenzieren[44], der sozusagen die Nachfolge des anthropologischen Typus des (geborenen) Verbrechers antritt. Exemplarisch für diese Ausrichtung steht Erwin Freys[45] einflussreiche Studie zum »frühkriminellen Rückfallverbrecher«. Frey entwickelt vermeintlich empirisch begründete Prognosetafeln, um die spätere »Entwicklung zum Gewohnheitsverbrecher« bereits frühzeitig bei Kindern und Jugendlichen festzustellen. Die höchste Risikokategorie – von Frey explizit auch als Typus des unverbesserlichen Gewohnheitsverbrechers bezeichnet – erfüllen die frühkriminellen Rückfallverbre-

---

42 vgl. Kraepelin 1907
43 vgl. Aschaffenburg 1903
44 vgl. Rafter 1997
45 Frey 1951

cher, denen ein Persönlichkeitstypus mit einer unverbesserlichen, anlagemäßigen Disposition zur Kriminalität korrespondiere.

Sozialwissenschaftliche Erklärungen im Straf-Wohlfahrtskomplex

Ansätze dieser Art bleiben in der deutschsprachigen Debatte noch lange Zeit populär. Auch in Blütezeiten eines wohlfahrtsstaatlich geprägten Umgangs mit Devianz finden sich analoge Erklärungsmuster: »Zwei Drittel der kriminellen Rückfallverbrecher«, heißt es etwa 1978 in Fritz Holzingers Lehrbuch »Sonderpädagogik«, »fallen bereits vor dem 10. Lebensjahr durch starke Triebhaftigkeit, übersteigertes Geltungsstreben, Eigensinn, Trotz, Verlogenheit, Reaktionslosigkeit auf Strafen und Arbeitsunlust auf.«[46] Ähnliche Aspekte werden auch in einer aufwendigen Studie zum »Täter in seinen sozialen Bezügen« betont, in der es Hans Göppinger und seinen Mitarbeitern[47] darum geht, verschiedenste Merkmalkombinationen von Anlage- und Umweltbedingungen mit Devianzwahrscheinlichkeiten in Verbindung zu bringen und praktisch bearbeitbare »kriminorelevante und kriminoresistente Konstellationen«[48] zu identifizieren. Obgleich diese Studie hohe Beachtung in der »anwendungsorientierten Kriminologie« findet, wirkt sie mit ihrer forensisch-psychiatrischen Ausrichtung im Diskurs der frühen 1980er Jahren fast wie ein Relikt. In der englischsprachigen Welt hatte sich die Hauptrichtung der Kriminologie bereits ab Beginn der zweiten Hälfte des 20. Jahrhunderts von solchen Ansätzen abgewandt.[49] Spätestens zum Ende des zweiten Drittels des 20. Jahrhunderts dominieren auch in Deutschland soziologische

---

46 Holzinger 1978, S. 335
47 Göppinger 1983
48 Göppinger 1985, S. 25
49 Begründet liegt dies u.a. darin, dass solche Ansätze, die unterschiedlichste Faktoren zusammenbündeln, im günstigsten Falle Beschreibungen über unterschiedlichste statistische Zusammenhänge liefern konnten, aber wenig zum Erklären

und sozialpsychologische Ansätze faktisch die gesamte kriminologische Debatte. Der Straf-Wohlfahrtskomplex zur Blütezeit des Wohlfahrtsstaates war ganz auf Resozialisierung und Rehabilitation gerichtet und nahm dabei eine »milieutheoretische« Fundierung in der Form an, die sich auf die Lebensbedingungen der Täter richtet, die in Kategorien wohlfahrtsstaatlich bearbeitbarer sozialer Verhältnisse beschrieben werden. Die Interventionslogiken Sozialer Arbeit werden insbesondere durch die Annahme legitimiert, dass diese Milieus den soziokulturellen Hintergrund bilden würden, vor dem Kinder und Jugendliche normabweichende Deutungs- und Verhaltensmuster erlernen. Aus sozial ungleichen gesellschaftlichen Verhältnissen erwachse ein »anomischer Druck«, der für Devianz verantwortlich sei. Kriminalität, Abweichung und andere Formen von »sozialen Problemen« werden als Anachronismen der Wohlfahrtsmoderne verstanden, die durch rationale Planung auf Basis sozialwissenschaftlicher Einsichten und vor allem mittels einer Politik des sozialen Ausgleichs aus der Welt zu schaffen wären.

Diese Deutungen korrespondierten mit einem generellen »sozialdemokratischen Denken« das, wie Helge Peters[50] nachzeichnet, auf zwei axiomatischen Prämissen beruht: 1. Das Elend – inklusive des Elends der Lebensverhältnisse, die den Hintergrund für Kriminalität darstellen würden – sei »eine Ungerechtigkeit, die sich aus sozialer Ungleichheit ergibt. 2. Die Bosheit ist nicht der Natur des Menschen zuzuschreiben. Sie ist dem Menschen anerzogen worden, kann also auch wieder verlernt werden.« Strafe ist auf der Basis dieser Prämissen denkbar schlecht zu begründen. Stattdessen ließen sich aus den vorherrschenden Anomie-, Subkultur- sowie sozialpsychologisch gewendeten Lerntheorien praktische Handlungsappelle formulieren, die insbesondere einer Pro-

---

oder Verstehen der diesen Zusammenhängen zugrunde liegenden Dynamiken und Mechanismen beizutragen hatten (vgl. Laub/Sampson 1991).
50 Peters 2007, S. 46

fessionalisierung der sozialpädagogischen Praxis im Umgang mit Abweichung dienlich waren[51, 52], zumal sie mit den »Bedingtheits- und Verstehensattitüden« korrespondierten, die sich vor allem im Verlauf der 1970er Jahre »in Berufen, die für die Bearbeitung sozialer Probleme zuständig sind« verbreiteten.[53] Als zielführend erscheinen nun professionell durchgeführte soziale Maßnahmen, deren Sorge vor allem dem Wohlergehen bzw. einer Orientierung an den Bedürfnislagen der jungen Menschen und weniger deren Sanktion zu gelten habe.[54] Die Entscheidung darüber, worin das Wohlergehen und die Bedürfnisse der schwierigen Jugendlichen bestehen würden und wie damit umzugehen sei, sollte am besten dem Wissen und Können sozial- und humanwissenschaftlich geschulter Professioneller vorbehalten bleiben. Der Umgang mit Devianz wird zu einer weitgehend entpolitisierten, differenzierten und rationalisierten Angelegenheit der »richtigen« Technik und des überlegenen Expertenwissens verschiedener, vor allem psychosozialer Disziplinen. Der Straf-Wohlfahrtskomplex zur Blütezeit des Sozialstaats zielt keineswegs nur auf die unmittelbare Reduzierung der verbrecherischen Handlungen, sondern wesentlich umfassender auf eine Normalisierung »andersartiger« Akteure mittels eines ganzen Bündels von Maßnahmen der Einübung, (Um-)Erziehung, Therapie, aber auch des Zwangs, die auf Motivationen,

---

51 Auch die eigentlich insgesamt interventionskritische Etikettierungstheorie ließ sich professionstauglich wenden und stellte eine Grundlage dar, um die problemverschärfende, stigmatisierende Rolle strafrechtlicher Reaktionen und den despektierlichen Defizit-Blick der klassischen Psychiatrie zu kritisieren (vgl. Baumann 2006).
52 vgl. Peters 2007
53 Peters 2008, S. 174
54 In Teilen einer kritischen Sozialen Arbeit fand in diesem Kontext eine gewisse Solidarisierung mit ihren Adressaten statt. Diese findet ihren sichtbarsten Ausdruck und (kurzen) Höhepunkt in der »Heimkampagne« der APO und in Form einer massiven Kritik an den autoritären Unterdrückungen und Demütigungen in Heimen und Jugendstrafanstalten, welche eine Entwicklung hin zu alternativen und vor allem ambulanten Maßnahmen jenseits »totaler Institutionen« vorantrieb.

Orientierungen und Selbstverständnisse ihrer Adressaten gerichtet sind. Unabhängig davon, ob es darum geht, Delinquente zu resozialisieren, Verrückte und Drogenabhängige zu heilen oder Fremde zu assimilieren, stets richtet sich das »verstehende« und milieutheoretisch fundierte Programm nicht (nur) auf die Unterdrückung und Korrektur bestimmter Verhaltensweisen, sondern vor allem auf die Hervorbringung einer korrigierten Individualität und Identität, die an gesellschaftliche Normalitätsideale angepasst und zur Selbstadjustierung an diese Normalität fähig sein sollte. Diese Vorgehensweise ist durch eine Art genereller Integrationsbereitschaft bei gleichzeitiger Intoleranz gegenüber »Andersartigkeit« gekennzeichnet.[55] Auch ein spezifischer Fokus auf Rückfall- und Karrieretäter war nicht erforderlich: Die Intensität und Dauer der Maßnahmen nahmen zwar – nach dem Prinzip des Strengerwerdens – zu, die Art, Ausrichtung und Integrationsorientierung der Maßnahmen blieben jedoch dieselbe.[56] Zwar ist die Blütezeit des sozialstaatlichen Umgangs mit devianten Jugendlichen durch »Begriffe der Integrationswilligkeit und -fähigkeit« geprägt, doch auch diese wurden begleitet »von ausgrenzenden und stigmatisierenden Etiketten für solche, die weder das eine noch das andere waren«[57]. Dabei wurden seitens der Sozialen Arbeit strafrechtliche Kriterien und Etiketten in der Regel durchaus bereitwillig, zumindest aber pragmatisch übernommen und auch freiheitsentziehende Sanktionsformen nicht selten befürwortet.[58] Ein explizit sozi-

---

55 Young 1998
56 Empirisch spricht für diese Position einiges. Kriminelle Karrieren und deren biographische Abbrüche sind prognostisch schlicht nicht vorhersehbar. Was jedoch sicher gilt, ist, dass bestimmte Sanktionen offensichtlich »einen bedeutsamen Beitrag für die Entstehung und Stabilisierung der Verläufe leisten. Insoweit muss es bei der Feststellung bleiben, dass ›vernünftige, vorsichtige, zurückhaltende Sanktionen‹ sich in der Bilanz gerade bei Karrieretätern noch am ehesten auswirken werden (indem nämlich Entstehungs- und Stabilisierungsprozesse nicht zusätzlich gefördert werden)« (Albrecht 2002).
57 Kunstreich 1998, S. 399
58 vgl. Drewniak 1996

alpädagogisch fundiertes Erziehungsverständnis hatte sich im Straf-Wohlfahrtskomplex de facto nicht gefunden.[59] Allerdings wurde die Kategorie der Erziehungsunfähigkeit weitgehend zurückgedrängt. Es finden sich eher Grenzlinien zu »Diversionsunfähigen« oder anderen Jugendlichen, die sich gegenüber ambulanten Maßnahmen als »resistent« erwiesen. Doch auch für diejenigen, die harte Maßnahmen der Jugendstrafe zu spüren bekamen, ging es um Maßnahmen, die »aus erzieherischen Gründen erforderlich« und zum »Wohl des Jugendlichen« geboten seien. Die verfehlte bzw. unterbliebene Sozialisation sollten nachgeholt werden. Dass dies empirisch typischerweise selten zutraf und sich auch darüber hinaus eine ganze Reihe (sozialpädagogisch wie bürgerrechtlich) fundierter Einwände gegen die Strafe im Gewand erzieherischer und therapeutischen Maßnahmen findet, ist unstreitig.[60] Im Nachhinein betrachtet lässt sich jedoch auch davon sprechen, dass die sozialstaatliche Phase des Umgangs mit »kriminellen Jugendlichen« die wohl am wenigsten ausschließende war. Ein Bezug auf Schuld, Verantwortung oder moralische Haltlosigkeit war für diese Variante des Straf-Wohlfahrtsprogramms schlicht unbrauchbar.

Der Niedergang des Wohlfahrtsideals in »High-Crime Societies«

Die Debatten um geschlossene Heime für Strafunmündige, »Warnschussarrest«, Erziehungscamps und andere Maßnahmen, die sich rigide Disziplin, »harte Konfrontation« und quasimilitärischen Drill zum Vorbild nehmen, sind nur ein Hinweis darauf, dass die vermeintlich »weiche« Integrationsperspektive, die eher auf »Verstehen« und »Bedingungsveränderung« als auf Schuld und Unterwerfung setzt, an Überzeugungskraft verloren hat. Mit »neu-

---

59 vgl. Scherr 2007
60 vgl. Müller/Otto 1986a

en« empirischen Einsichten hat dies nur wenig zu tun. Dass von Sanktionsverschärfungen eher keine Reduzierung von Jugendkriminalität zu erwarten ist, gilt empirisch als unbestritten, und dass von Vorschlägen wie Warnarrest und Boot Camps bzw. Erziehungslagern keine devianzreduzierenden Wirkungen zu erwarten sind, ist ebenfalls gewiss[61]. Worin besteht also deren Attraktivität und warum haben die Strategien der »Behandlung, Resozialisierung und Rehabilitation über die Steuerung individueller Motivationen, Orientierungen und letztlich auch der Chancen und Ressourcen«, die im wohlfahrtsstaatlichen Modell »zum Ideal der Politik sozialer Probleme«[62] geworden waren, an Einfluss verloren?

Ein wichtiger Aspekt dieses Bedeutungsverlusts hat mit dem Umstand zu tun, dass moderne Gesellschaften, wie David Garland[63] es nennt, »High-Crime Societies« sind. Dies steht deshalb in einem gewissen Widerspruch zur straf-wohlfahrtsstaatlichen Logik im Umgang mit Kriminalität, weil diese zu einem gewissen Grad davon lebte, dass Devianz und Delinquenz als zu normalisierende Ausnahmen betrachtet wurden. Diese Annahme ist angesichts der empirischen Erkenntnisse über die massenhafte Verbreitung von Normbrüchen kaum noch aufrechtzuerhalten. Auch die Vorstellung einer Andersartigkeit der Kriminellen, die durch innere und äußere Ursachen determiniert ist, verliert angesichts der Episodenhaftigkeit selbst schwerer Normbrüche an Plausibilität. Schließlich war das Straf-Wohlfahrtsprojekt von der modernistischen Idee inspiriert, durch gesellschaftliche Reformen und Maßnahmen der Erziehung und Besserung sei Kriminalität prinzipiell »aus der Welt zu schaffen«. An diesem Anspruch konnte das Wohl-

---

61 Dem sogenannten Sherman-Report (der weltweit bedeutendsten Wirkungsanalyse) zufolge gehören solche Programme zu den unwirksamsten Maßnahmen überhaupt. In Bezug auf die Verhinderung von Kriminalität richten sie insgesamt mehr Schaden an, als sie nützen.
62 Groenemeyer 2003, S. 28
63 Garland 2001

fahrtsprojekt nur scheitern. Zwar sind die offiziellen Kriminalitätsraten seit den 1990er Jahren in der Bundesrepublik und der Mehrheit der westeuropäischen Gesellschaften eher stabil bis rückläufig, nichtsdestoweniger ist kaum zu bestreiten, dass die offiziell (polizeilich und justiziell) registrierte Kriminalität in den 1990er und 2000er Jahren um ein Vielfaches höher ist als beispielsweise in den 1950er Jahren. Auch selbst berichtete Daten zur Delinquenz (Dunkelfeldbefragungen, Opferstudien etc.) weisen in dieselbe Richtung.[64]

Wichtiger noch als der tatsächlich oder vermeintlich »objektive« Anstieg oder Rückgang von Kriminalität ist für Garlands Kontext einer »High-Crime Society« jedoch das Ausmaß, in dem sie als ein alltägliches Risiko wahrgenommen wird. Dieses Ausmaß hat sich dramatisch verändert: Selbst die Polizeilichen Kriminalstatistiken vermerken, dass die Sensibilität gegenüber Devianz und Kriminalität offensichtlich zunimmt. Als Potenzialität findet sich Verbrechen buchstäblich überall und sei es auch nur auf Basis medialer Kommunikation. Unsicherheits- und Bedrohungsgefühle stellen einen kulturell und sozial ebenso verfestigten Bestandteil von Gegenwartsgesellschaften dar wie die habitualisierte Notwendigkeit, Vorkehrungen dagegen zu treffen: Der institutionenübergreifend und privat-öffentlich arrangierte kriminalpräventive Rat ist selbst in mittleren und kleinen Städten ein Bestandteil der institutionellen Landschaft.

Neben dieser zumindest mittelbar erfahrenen Allgegenwart von Kriminalität ist es Garland zufolge für »High-Crime Societies« kennzeichnend, dass der Staat offensichtlich nicht in der Lage ist, Probleme der Kriminalität tatsächlich zu beherrschen. Vor diesem Hintergrund entwickle sich eine neue, von wohlfahrtsstaatlichen Logiken unterscheidbare Kultur der Kontrolle, die in eine schizoide Kriminalpolitik münde, in der sich zwei widersprüchliche

---

64 vgl. Estrada 1999

Hauptstränge fänden. Zum einen fände sich eine Politik des pragmatischen Risiko- und Schadensmanagements, das die Normalität von Abweichung als Tatsache akzeptiere, zum anderen eine Reaktionsweise, die diese Tatsache verleugne und expressiv auf eine Darstellung souveräner staatlicher Macht ziele.

Pragmatisches Devianzmanagement

Die pragmatische Variante der Politik von »High-Crime Societies« verweist auf ein »kühles« kalkulierendes Management von Kriminalitäts- und Ordnungsproblemen, die zu einem alltäglichen Bestandteil insbesondere des urbanen Lebens geworden seien. Kriminalität wird als ein mit gewisser Wahrscheinlichkeit auftretendes und insofern normales Ereignis verstanden, das typischerweise von normalen Akteuren begangen werde. Eine rationale Kontrolle zeichne sich daher nicht durch den umständlichen und wenig Erfolg versprechenden Versuch aus, Kriminalität mittels Besserung von Tätern zu bekämpfen, sondern durch eine geschickte schadensminimierende Steuerung und Kanalisierung riskanter Ereignisse sowie mittels einer Reduzierung von Tatgelegenheiten. Situationsorientierte Maßnahmen der Kriminalprävention wie etwa Videoüberwachungen, bauliche Veränderungen und technische Installationen, Zugangskontrollen, die Aufklärungen potenzieller Opfer (wie diese sich wirksam selbst schützen können) und andere Maßnahmen, die Straftaten schwierig oder unattraktiv machen sollen, sind kennzeichnend für diesen pragmatischen Umgang. Allerdings gehört zu diesen risikomanageriellen Strategien auch die Tendenz, besonders risikoreiche Täter ausfindig und unschädlich zu machen.

Nachdem die psychopathologisch begründeten »Mehrfaktorenansätze« in der zweiten Hälfte des 20. Jahrhunderts an Bedeutung verloren haben, finden sie sich nun in einer veränderten Form ebenso wieder wie die »klassischen« Kriterien der Psychopathenforschung (z. B. die Rede von einem »parasitären Lebensstil«, von »Promiskuität« oder die Figur des »trickreich-sprachgewandten Blenders mit oberflächlichem Charme«). Im Umgang mit Devianz – aber zunehmend auch in anderen Feldern der Kinder- und Jugendhilfe – findet sich eine deutlich erhöhte Nachfrage nach standardisierten und versicherungsmathematisch berechneten Vorhersagetechniken und Prognosekriterienkatalogen. Die Art und Intensität der Maßnahmen richten sich nach dem statistischen Risikopotenzial der Gruppen. Hans-Jörg Albrecht[65] konstatiert in diesem Zusammenhang eine »zunehmende Bedeutung des Risikos in der Ausbildung und Umsetzung strafrechtlicher Sozialkontrolle [...] die primär an Sicherheit und Gesellschaftsschutz interessiert ist«. Dabei fände sich eine diskursive Rückkehr zu »den konventionellen Konzepten des Hangtäters und des Gewohnheitsverbrechers und damit den klassischen sichernden Maßnahmen der Sicherungsverwahrung«. Auch mit Blick auf Kinder und Jugendliche findet sich eine Wiederentdeckung der Gefährlichkeit, die sich insbesondere auf die ebenfalls wiederentdeckten »Mehrfach-« und »Intensivtäter« richtet. Die Kategorien von Sicherheit und Risiko finden sich nicht nur bei der Identifikation der Adressatinnen und Adressaten strafrechtlicher Reaktionen wieder, sondern auch mit Blick auf den Strafvollzug wird die Kategorie der Sicherheit zu einem Ziel deklariert, »dem im Zweifel sogar Vorrang einzuräumen ist«[66]. Dies schlägt sich bis in die Maßnahmen durch. So gewinnen insbesondere kognitiv-behavioristische Programme an Gewicht, die sich unmittelbar auf die die Straftatbegehung begünstigenden Faktoren richten und im Wesentlichen »Rückfallverhütungstrainings« darstellen. Diese Trainings sind zwar »Behandlungen«, mit einer wohlfahrtorientierten Bearbeitung der inneren und äußeren Bedingungen der adressierten Jugendlichen haben sie aber wenig zu tun. In der Sprache der Behavioristen formuliert, haben sich

---

65 Albrecht 2007, S. 83
66 Dünkel/Geng 2003, S. 146

solche Trainings »die Verhaltenskontrolle, nicht aber die Heilung der abnormen Persönlichkeit des Täters zum Ziel gesetzt«[67]. Sie können selbst als Ausdruck einer Kriminalpolitik betrachtet werden, die sich von einem strafmodernistischen Resozialisierungsideal ab- »und den Sicherheitsinteressen der Gesellschaft zu[wendet]«[68].

Punitivität

Neben dem Risikomanagement, dem es der Logik nach weder um die Bestrafung oder Verurteilung noch um die Besserung der Täter, sondern vor allem um die pragmatische Reduzierung von Schädigungswahrscheinlichkeiten geht, findet sich eine zweite Form des Umgangs mit Delinquenz in »High-Crime Societies«. Diese hat mit dem Risikomanagement nur die Tatsache gemeinsam, dass sie nicht wohlfahrtsstaatlich ausgerichtet ist. Es geht um restriktive, strafende Maßnahmen, die Kriminalität dramatisieren und dazu neigen, bestimmte Typen von Kriminellen in einer überwunden geglaubten Weise zu *dämonisieren*. Diese Politikform schlägt sich darin nieder, dass das Strafrecht seit Beginn der 1990er Jahre – bei sinkender Kriminalität – in mehr als 40 Straftatbeständen teils deutlich verschärft worden ist. Im gleichen Zeitraum haben Gerichte »zunehmend Freiheitsentzug angeordnet und zugleich die Dauer der Strafen beträchtlich erhöht. Trotz der günstigen Kriminalitätsentwicklung hat daher die Zahl der Strafgefangenen seit 1992 um mehr als 40 Prozent zugenommen«[69] und auch die Strafhärte hat – im Jugend- wie im allgemeinen Strafrecht – im Verlauf der 1990er Jahre deutlich zugenommen.

Bis zu einem gewissen Grad ist punitive Kriminalpolitik in einem engeren Sinne populistisch. Sie lässt sich vergleichsweise

---

67 Schneider 2001, S. 379
68 Schneider 2001, S. 379
69 Pfeiffer 2004

wenig von dem statistischen Kriminalitätsverlauf als solchem irritieren, sondern nimmt eine andere Grundorientierung an, die »heute stärker als früher auf Unsicherheitsgefühle [... reagiere] und zum Instrument der Herstellung von Sicherheitsgefühlen« werde.[70] Dabei kann eine punitive Ausrichtung darauf bauen, dass sich für Verschärfungen des Strafrechts leicht Zustimmung erlangen lässt. Dies ist eine Perspektive, die gerade auch junge Menschen selbst teilen. Folgt man den Daten des DJI Jugendsurveys von 2003, so schätzen z. B. die 16- bis 29-Jährigen die Wichtigkeit der politischen Aufgabe, Gewalt und Kriminalität zu bekämpfen, deutlich höher ein als die Wichtigkeit der Aufgabe, sozial Benachteiligte zu unterstützen. Zugleich wird eine punitive Orientierung in der Kriminalpolitik dadurch gestützt, dass die Zustimmung für einen wohlfahrtsstaatlichen Umgang mit Tätern geschwunden ist. Die »Befürwortung der Resozialisierung von Rechtsbrechern«, so zeichnet Helmut Kury[71] auf Basis einer Bochumer Studie von Hans-Dieter Schwinn und anderen nach, sei deutlich gesunken, »und zwar von 70,2 % im Jahr 1976 auf nur noch 42,2 % 1999«. Im selben Zeitraum stieg die Unterstützungsrate von Maßnahmen der Sühne und Vergeltung von 16,3 % auf 34,5 %.

Ein wichtiger Hintergrund dieser Entwicklung dürfte in einer »Rückkehr der Gefühle« in die Kriminalpolitik liegen, in deren Kontext sich das Interesse und die Empathie weg von den Tätern und hin zu den Opfern verschoben hat.[72] Auch in der Sozialen Arbeit findet sich diese Tendenz. Während die »Hilfebedürftigkeit des Straftäters per se« grundsätzlich zunehmend in Frage gestellt wird[73], gibt es einen kaum bestreitbaren Boom von Maßnahmen, die mit dem Prinzip des Verstehens ihrer jugendlichen Adressaten

---

70 Albrecht 2004, S. 496
71 Kury 2007
72 vgl. Karstedt 2007
73 vgl. Kipp 1997

brechen und sich stattdessen als (»knallharten«) Opferschutz verstehen, die mittels Konfrontation, »Beschämung« sowie einer Einmassierung der Opferperspektive Jugendliche zur persönlichen Verantwortungsübernahme für die Tat zu bewegen trachten.[74]

Auch wenn nicht unerhebliche Teile der Sozialen Arbeit diesen Wandel demnach aktiv mittragen[75], stellt die Re-Moralisierung des öffentlichen wie institutionalisierten Kriminalitätsdiskurses einen wichtigen Bestandteil des Bedeutungsverlusts der wohlfahrtsstaatlichen Behandlung dar. Vor dem Hintergrund des strafwohlfahrtsstaatlichen Erziehungsideals wurden nicht nur die Bedürfnisse und Problemlagen der Täter tendenziell stärker betont als deren Verantwortung und Schuld, sondern auch der Umgang mit Devianz wurde als eine rationale und mithin tendenziell entpolitisierte wie ent-moralisierte Frage einer sozialpsychologisch geschulten Expertise betrachtet. Diese Form eines sozial-technologischen Versuchs der Normalisierung von Delinquenten verliert offensichtlich an politischem, institutionellem und professionellem Rückhalt.

Dabei ist die punitive Neuausrichtung der Kriminalpolitik jedoch nicht nur als die Ersetzung einer Strategie durch eine andere zu verstehen. Es geht weniger darum, dass sich die Mittel verändert haben, sondern die Ziele. Die punitive, expressive Form der Kriminalpolitik zielt eher auf einen symbolischen als auf einen materialen Nutzen. Der Hinweis, dass härtere Strafe nicht zu weniger Kriminalität führen würde, ist alleine deshalb wenig relevant, weil es gar nicht in erster Linie um eine solche Senkung geht.[76] Stattdessen, so die These von Jonathan

---

74 vgl. Weidner/Kilb 2004
75 vgl. Lutz/Ziegler 2005
76 Ein Gründervater der Soziologie, Emile Durkheim, vertrat die Auffassung, dass Strafen ein Mittel sei, sozialen Zusammenhalt aufrechtzuerhalten. Dabei gehe es jedoch um die »mechanische Solidarität« traditionaler Gesellschaften und nicht um die »organische Solidarität«, die in modernen arbeitsteiligen Gesellschaften notwendig und herzustellen sei. Durkheim ging davon aus, dass das Strafrecht in

Simon[77], können Kriminalität und Punitivität vor allem als Mittel des Regierens betrachtet werden, eines tendenziell undemokratischen »governing through crime«. In harten und expressiven Strafen, Einschränkungen der Privatsphäre und frühestem Intervenieren zeige sich vor allem der Versuch des Staates, verloren gegangene Macht und nationalstaatliche Souveränität symbolisch zu demonstrieren, im Kontext gesellschaftlicher Prekarität Sicherheit und Mythen eines wohlgeordneten Lebens symbolisch wieder aufleben zu lassen und das Vertrauen in die Handlungsfähigkeit der Politik wiederherzustellen.

Einige Beobachter sehen in der Sozialen Arbeit einen potenziellen Gegenpol zu dieser Entwicklung. Dieser Schluss liegt nicht nur deshalb nahe, weil sich in der Sozialen Arbeit in der Tat Protest gegen antiwohlfahrtsstaatliche, ausgrenzende und punitive Politiken findet[78], sondern schon alleine deshalb, weil die vom expandierenden öffentlichen Sozialsektor profitierenden professionellen Mittelschichten, wesentliche Träger und Profiteure eines professionsadäquaten Wohlfahrts- und Resozialisierungsgedankens waren. Nach wie vor lässt sich daher davon ausgehen, dass »eine punitive, an Risikopopulationen orientierte Politik sozialer Probleme in etablierten Wohlfahrtsstaaten mit einem ausgedehnten Netzwerk von Professions- und Interessenverbänden weniger verbreitet ist«[79]. Nichtsdestoweniger ist kaum zu bestreiten, dass die Professionellen im sozialen Sektor in den letzten Jahrzehnten an Einfluss und teilweise auch an Prestige und Glaubwürdigkeit verloren haben.

---

modernen Gesellschaften zurückgedrängt werde. Ironischerweise gehe diese notwendige Zurückdrängung nicht mit einem Bedeutungsverlust, sondern einem Bedeutungsgewinn des modernen Staates einher. Aus dieser Warte lassen sich harte Strafen vor allem als Zeichen staatlicher Schwäche verstehen, aber auch als Reaktion auf den Verlust der Überzeugungskraft des sozialen Staates, der versprach, in der Lage zu sein, gesellschaftliche Solidarität herzustellen.

77 Simon 2007
78 vgl. z.B. die »Bielefelder Erklärung«: Pädagogik der Aufklärung statt Disziplinierung der Unterprivilegierten, vom Januar 2008
79 Groenemeyer 2003, S. 40

»Unerziehbarkeit«

Noch schwerer wiegt jedoch, dass sich auch in Teilen der Sozialen Arbeit die Haltungen verändert haben. Deviante Jugendliche, so fassen etwa Achim Trube und Norbert Wohlfahrt[80] einen sich abzeichnenden, neuen Konsens in der Sozialen Arbeit zusammen, »sollen nicht länger zwischen den helfenden Institutionen in ›Nischen der Verantwortungslosigkeit‹ verschwinden. Wiederholungstäter sollen nicht länger in ›Maßnahme-Karrieren‹ orientierungslos zwischen einzelnen Projekten hin- und hergeschickt werden. Sozialarbeiterische Betreuer benötigen Sanktionsmöglichkeiten [..., um jenen], die über pädagogische Angebote nur lachen, wirksam entgegentreten zu können usw.« Dass diese Diagnose durchaus stimmig ist, lässt sich exemplarisch anhand einer im DVJJ-Journal[81] veröffentlichten Stellungnahme des »Bundesverbands privater Träger der freien Kinder-, Jugend- und Sozialhilfe e.V.« *gegen* einen »Strafersatzcharakter« von Jugendhilfemaßnahmen skizzieren: »Die Zeiten träumerischer, völlig zwangfreier und einer nur auf Selbstbestimmung setzenden Pädagogik«, so ist dort zu lesen, »waren lange in Mode, sind aber vorbei: Charisma, Glaubwürdigkeit und Persönlichkeit von Erziehern/innen und Pädagogen/innen muss wieder ein deutlich größeres Augenmerk im Rahmen von Aus- und Fortbildung wie auch bei der Auswahl von Mitarbeitern/innen in der Jugendhilfe geschenkt werden, da gelingende Erziehung eben mehr als nur technische Fertigkeit und Fähigkeiten voraussetzt. Praktiker in der Jugendhilfe benötigen die Sicherheit und Souveränität, dass sie das Recht und die Pflicht haben, deutlich und energisch bei Normverstößen von Kindern und Jugendlichen zu reagieren und zu intervenieren.«

Man mag von dieser Stellungnahme halten, was man möchte, die Verteidigung des Wohlfahrtsideals im Straf-Wohlfahrtskomplex durch Professions- und Interessenverbände steht hier offensichtlich auf wackeligen Beinen.

---
80 Trube/Wohlfahrt 2000, S. 11
81 DVJJ-Journal 2002

Heraus aus dem Souterrain der Justiz: Verantwortung, Handlungsbefähigung und soziale Gerechtigkeit

Möglicherweise gibt es, außer der Tatsache, dass die schizoide Kriminalpolitik in »High-Crime Societies« noch viel weniger wünschenswert sein kann, aus einer aufgeklärten sozialpädagogischen Perspektive an einer wohlfahrtsorientierten Straflogik gar nicht viel zu verteidigen. Denn de facto blieb die Soziale Arbeit in dieser Denk- und Handlungslogik in einer defensiven Position im »Souterrain der Justiz«[82]. Es macht wenig Sinn, im Nachhinein die häufig nur bescheidene Geltungskraft und Eigenständigkeit ihrer Deutungsmuster gegenüber der (straf)justiziellen Entscheidungslogik zu glorifizieren.[83] Denn auch in der Hochphase des Wohlfahrtsstaats ist die Sozialarbeit kritisiert worden für »ihre Praxisunterworfenheit unter die Bedingungen und die Funktionslogik des Strafrechts und der Justiz, von der sie sich sowohl die Themen, die ›gängigen Theorien‹ wie die Art ihrer eigenen sozialpädagogischen Praxis weitgehend vorgeben lässt«[84].

Nicht selten ist diese Konstellation mit Verweis auf eine theoretische und empirische Schwäche einer mit vermeintlich normativem Überschuss ausgezeichneten Sozialen Arbeit erklärt worden. Nichtsdestoweniger vertreten wir die Auffassung, dass die Unterworfenheit der Sozialen Arbeit unter die Logiken der Justiz und ihre (Ko-)Produktion von Ausschließung auf Basis verschiedener Spielarten ihrer eigenen Kategorie der »Unerziehbarkeit«, nicht zuletzt aus einer schwachen Begründung ihrer eigenen normativen Dimensionen resultiert. Eine wirkungsvolle Positionierung Sozialer Arbeit im Diskurs über delinquente Jugendliche, so unsere These, sollte daher in eine gleichermaßen gesellschaftstheoretisch fundierte wie normativ anspruchsvolle Analyse eingebunden

---

82 vgl. Müller/Otto 1986b
83 vgl. Janssen/Peters 1997, S. 7
84 Janssen/Peters 1997, S. 7

sein, die sich insbesondere auf Fragen sozialer Gerechtigkeit bezieht. Die Notwendigkeit auch normativ gehaltvoll fundierter Analysen ergibt sich auch aus der Tatsache, dass Soziale Arbeit eine Praxis ist, die ohne eine Formulierung von Zielen kaum zu denken ist und die augenscheinlich nicht ohne wertende Begriffe auskommen kann.[85]

»Unerziehbarkeit« ist ein solcher normativer Begriff. Verfechter von Begriffen wie »Unerziehbarkeit«, »Therapieunfähigkeit«, »Unverbesserlichkeit«, »Diversionsunfähigkeit«, »Vereinbarungsunfähigkeit« etc. bleiben – dies sollte die Analyse deutlich gemacht haben – den Nachweis schuldig, dass eine Sozialpädagogik ohne diese Begriffe nicht auskommen könne. Sie müssten aufzeigen, dass eine Sozialpädagogik, die auf solche Begriffe verzichtet, drängende Probleme der Erziehungswirklichkeit ausblende und – dies ist wohl das Entscheidende – damit den Kindern und Jugendlichen nicht gerecht werden könne. Dieser Nachweis ist aber bislang noch nicht erbracht worden. Vielmehr scheinen diese Begriffe weniger dazu zu dienen, soziale Sachverhalte möglichst präzise zu *beschreiben* als diese moralisch zu *bewerten*.

Die Art und Weise, wie Delinquenz thematisiert und wie mit den Delinquenten umgegangen wird, ist dabei in einem engen Zusammenhang zu den moralischen Grundkategorien der Verantwortung (*responsibility*) und Verantwortlichkeit (*accountability*)[86] zu sehen. Während mit dem Begriff der Verantwortung eine Handlung einer Person moralisch zugerechnet wird – was sich auch als die notwendige Kehrseite von Handlungsautonomie ver-

---

85 So werden Personen beispielsweise erst als »Deviante« von der Sozialen Arbeit thematisiert, und die Gesellschaft gerät vor allem in Bezug auf Phänomene sozialer Ungleichheit oder im Hinblick auf soziale Probleme in den Blick. Darüber hinaus ist Soziale Arbeit mit der Frage konfrontiert, ob – und gegebenenfalls: wie – bestimmte pädagogische Eingriffe bzw. die Humandienstleistungspraktiken des »people processing« und »people changing« (vgl. Hasenfeld/English 1974) zu legitimieren sind (vgl. Brumlik 1992, S. 204 ff.).
86 vgl. Günther 2006, Roemer 1998

stehen lässt[87] –, verweist der Begriff der Verantwortlichkeit darauf, in welchem Maße eine Person für die verantwortete Handlung zur Rechenschaft gezogen – z. B. bestraft – werden soll.[88]

Die Kategorien der Verantwortung und der Verantwortlichkeit sind nicht nur mit Blick auf die Deutung von Kriminalität relevant. In nahezu allen sozialpolitischen Bereichen finden sich Prozesse der »Responsibilisierung«. Dabei geht es um die Einforderung einer gemeinwohlkompatiblen (Selbst-)Optimierung der eigenen Lebensführung, die Bürger in einer *verantwortlichen* und vor allem rechenschaftspflichtigen – d. h. auch risikominimierenden und kostenreduzierenden – Weise gestalten sollen. Die Fähigkeit der Subjekte zur verantwortlichen, (ethisch) rationalen Lebensführung wird dabei vorausgesetzt.[89] Der Erfolg oder Misserfolg dieser Lebensführung erscheint dann als ein *den Individuen selbst zurechenbarer* Ausdruck von (mangelnder) Selbstbeherrschung und »Autonomiefähigkeit«.

Vor diesem Hintergrund lassen sich nun auch wesentliche Aspekte der aktuellen Rede von »Unerziehbarkeit« interpretieren. Unerziehbarkeit ist die degradierende Zuschreibung eines notorischen Scheiterns, eine selbstverantwortliche Lebensführung erfolgreich zu praktizieren. Ein wesentlicher Aspekt der gegenwärtigen Unerziehbarkeitsdiagnose besteht in einer Neuvermessung des Anwendungsbereichs von »Verantwortung« und »Verantwortlichkeit«. Kinder und Jugendliche werden nun verstärkt für Lebens-

---

87 vgl. Baumann 2000
88 Mithilfe dieser Unterscheidung ist es möglich, gewisse moralische Standards hinsichtlich der moralischen Verantwortung der Person aufrechtzuerhalten, sie zugleich aber nicht über Gebühr für sämtliche Handlungen verantwortlich zu machen, also zur Rechenschaft zu ziehen. In welcher Hinsicht und in welchem Maße Personen für ihre Handlungen zur Rechenschaft zu ziehen sind, ist durch die jeweils gültigen gesellschaftlichen Normen bestimmt, die ihrerseits Gegenstand sozio-politischer Auseinandersetzungen sind. So können wir beispielsweise einem Jugendlichen Verantwortung (responsibility) zuschreiben für Schulabsentismus, ohne ihn dafür zur Rechenschaft (accountable) zu ziehen, indem wir ihm besondere Fördermaßnahmen vorenthalten (vgl. Roemer 1998, S. 18).
89 vgl. Kessl/Otto 2002

weisen zur Rechenschaft gezogen, ohne die sozialen Bedingungen zu problematisieren, unter denen sie aufgewachsen sind und persönliche Fähigkeiten ausbilden konnten und vor allem auch die Ressourcen zur Verfügung gestellt bekommen haben, die es ihnen ermöglicht hätten, alternative Handlungs- und Daseinsmöglichkeiten auszubilden. »Jemanden bei seiner Verantwortung für etwas zu behaften, ohne ihn an entsprechenden Befähigungsprozessen teilhaben zu lassen«, so argumentiert etwa Wolfgang Maaser[90], erzeuge eine »eigentümliche Verantwortungsaktivierung, eine Mischung aus Ermächtigung und Disziplinierung, in der Selbstbestimmung als Grundlage von Verantwortungsübernahme ad absurdum geführt wird«. Die Bereitstellung und Sicherung von Ressourcen und Befähigungen sind daher eine notwendige Voraussetzung für eine verantwortliche bzw. autonome Lebensführung, an die man *dann* – und nur dann – auch Maßstäbe von *Verantwortlichkeit* und Legal- bzw. Lebensbewährung überhaupt anlegen kann. Vor diesem Hintergrund erscheint die voraussetzungslose Einforderung von Verantwortlichkeit als bloßer Zynismus. Demgegenüber muss die Aufgabe in der *Bereitstellung von Verwirklichungschancen und Handlungsbefähigung* bestehen, die die praktischen Möglichkeiten und realen Autonomiespielräume von Personen bedingen, um in ihrer Lebensführung Optionen wahrnehmen oder ausschlagen und in wirkliche Entscheidungssituationen eintreten zu können.

Im Anschluss an die US-amerikanische Philosophin Martha Nussbaum lässt sich argumentieren, dass grundlegende menschliche Fähigkeiten keine angeborenen Eigenschaften sind, sondern mittels *Fürsorge, Bereitstellung von Ressourcen und Erziehung* entwickelt werden müssen. Nussbaum zufolge gehört es daher zu den ureigensten Aufgaben eines Staates, die Bedingungen für diese Entwicklungsprozesse sozial gerecht einzurichten.[91] Auf der

---
90 Maaser 2006, S. 79
91 vgl. Nussbaum 1990

Grundlage einer solchen normativ gehaltvollen Theorie, wie sie etwa Nussbaum entwickelt, sind pädagogische Akteure aufgefordert, den verschiedenen aussondernden Spielarten der »Unerziehbarkeitsdiagnose« mit einem *gerechtigkeitstheoretisch* begründeten Erziehbarkeitspostulat und einer »Erziehbarkeitspädagogik« zu begegnen, die die Bereitstellung von Grundbefähigungen und Grundsicherung als Voraussetzung für eine verantwortliche Lebensführung offensiv einfordert. Sofern die Sozialpädagogik dieser Maßgabe gerecht wird und Verwirklichungschancen und Handlungsbefähigung als ihre praxisleitenden normativen Grundbegriffe begreift, ist auch gerne eine Reise nach Sibirien drin.

Die Autorinnen und Autoren

Prof. Dr. Karin Amos ist Professorin für Erziehungswissenschaft an der Universität Tübingen. Aktuelle Arbeitsschwerpunkte sind: Die Auswirkung von Globalisierung und Internationalisierung auf die Gestaltung nationaler Bildungssysteme, Erziehung und soziale Exklusion. Publikationen im Kontext des Beitrags: Null-Toleranz an öffentlichen Schulen in den USA – amerikanisches Syndrom oder Symptom für eine Neubestimmung gesellschaftlicher Erziehungsverhältnisse?; Saubere Schule. Vom Ausschluss und Ausbrechen Jugendlicher.

Dirk Baier (Jg. 1976) Diplom-Soziologe, Studium der Soziologie, Psychologie und Politikwissenschaften in Chemnitz; wissenschaftlicher Mitarbeiter am Kriminologischen Forschungsinstitut Niedersachsen. Forschungsschwerpunkte: Jugendforschung, abweichendes Verhalten, Fremdenfeindlichkeit.

Prof. Dr. Micha Brumlik (Jg. 1947) lehrt seit dem Jahr 2000 Allgemeine Erziehungswissenschaft mit dem Schwerpunkt »Theorien der Bildung und Erziehung« an der Johann-Wolfgang-Goethe-Universität Frankfurt am Main, wo er in den Jahren 2000 bis 2005 zugleich Direktor des »Fritz Bauer Instituts, Studien- und Dokumentationszentrum zur Geschichte des Holocaust und seiner Wirkung« war. Neben vielen Aufsätzen zu Fragen der moralischen Sozialisation und pädagogischen Ethik, Zeitungs- und Zeitschriftenartikeln erschienen von ihm neben vielen anderen Büchern »Sigmund Freud. Der Denker des 20. Jahrhunderts« (2006) und der von ihm herausgegebene Band »Vom Missbrauch der Disziplin. Antworten der Wissenschaft auf Bernhard Bueb« (2007).

Prof. Dr. Hajo Funke (Jg. 1944), Lehr- und Forschungsaufenthalte ua. UC Berkeley/California 1989-1992; Center for European

Studies/Harvard University 1987 und Bucerius Institut/Universität Haifa 2006. Seit 1993 Lehrstuhl für Politik und Kultur am Otto Suhr Institut der Freien Universität Berlin. Wichtige Veröffentlichungen: Die andere Erinnerung. Frankfurt a.M. 1989; Paranoia und Politik, Berlin 2002; Gott Macht Amerika. Berlin 2005; Das Otto-Suhr-Institut und die Schatten der Geschichte. Eine andere Erinnerung. Berlin 2008.

Prof. Dr. Joachim Kersten (Jg. 1948), Sozialwissenschaftler und Lehrgebietsleiter an der deutschen Hochschule der Polizei in Münster. Zehn Jahre Lehrertätigkeit im Ausland: Melbourne, Tokio (als Asahi Fellow), Maastricht, Chicago. Forscht über Jugendgewalt und die Rolle von Maskulinität sowie über Polizeiarbeit in demokratischen Gesellschaften. Wichtige Publikationen: Gut und (Ge)Schlecht (1997), Der Kick und die Ehre (1999 mit H.V. Findeisen). Häufiger Gast in den Fernsehinterviews von Alexander Kluge und bei Christoph Süß.

Dr. Claus Koch (Jg. 1950), Diplom-Psychologe, Verlagsleiter beim Beltz Verlag, stellvertretendes Vorstandsmitglied der Köhler Stiftung im Stifterverband für die deutschen Wirtschaft. Veröffentlichungen zur Psychoanalyse und Psychosomatik und zu den Themen Kindheit und Gesellschaft, zuletzt »Erziehung im Nationalsozialismus, 1968 und der erneute Ruf nach Disziplin und Unterordnung« in Brumlik (Hrsg.): »Vom Missbrauch der Disziplin«, 2007).

Dr. Nina Oelkers (Jg. 1969) studierte Diplom-Sozialpädagogik an der Universität Lüneburg mit dem Schwerpunkt »Devianzpädagogik«. Von 2005 bis 2007 war sie Post-Doc-Stipendiatin im DFG-Graduiertenkolleg »Jugendhilfe im Wandel« an der Universität Bielefeld und lehrt seit 2007 als wissenschaftliche Mitarbeiterin

Erziehungswissenschaft im Schwerpunkt Sozialpädagogik an der Westfälischen Wilhelms-Universität Münster.

Prof. Dr. Hans-Uwe Otto, Senior Research Professor an der Fakultät für Erziehungswissenschaft der Universität Bielefeld, Sprecher der NRW-Forscherschule »Education and Capabilities« der Universität Bielefeld und der technischen Universität Dortmund, Adjunct Professor an der School of Social Policy and Practice der University of Pennsylvania, Philadelphia, USA.

Prof. Dr. Christian Pfeiffer (Jg. 1944), seit 1988 alleiniger Direktor des Kriminologischen Forschungsinstituts Niedersachsen e.V., parallel dazu seit 1987 Universitätsprofessur für Kriminologie, Jugendstrafrecht und Strafvollzug am Fachbereich Rechtwissenschaften der Universität Hannover. Von 1986 bis 1997 1. Vorsitzender der Deutschen Vereinigung für Jugendgerichte und Jugendgerichtshilfen e.V. Von Dezember 2000 bis März 2003 Niedersächsischer Justizminister, seit März 2003 Vorstand/Direktor des kriminologischen Forschungsinstituts Niedersachsen e.V. Aktuelle Texte von Christian Pfeiffer finden sich unter www.kfn.de »Aktuelles«.

Dr. Mark Schrödter (Jg. 1972) studierte Social Anthropology an der University of London und Erziehungswissenschaft an der Universität Bielefeld. Er ist Geschäftsführer des Bielefeld Center for Education and Capability Research. Einer seiner Arbeitsschwerpunkte ist u. a.: Soziale Arbeit und Migration.

Dr. Joachim Walter (Jg. 1944) nach Tätigkeiten als Rechtsanwalt, Staatsanwalt und als stellvertretender Anstaltsleiter in verschiedenen Justizvollzugsanstalten des Landes Baden-Württemberg, ab 1979 Leiter der Anstalt für junge Gefangene in Pforzheim, seit 1989 Leiter der Jugendstrafanstalt in Adelsheim. Mitherausgeber der Zeitschrift »Neue Kriminalpolitik«. Zahlreiche wissenschaftliche Veröffentlichungen zum Jugendstrafrecht und Jugendstrafvollzug.

Dr. Holger Ziegler (Jg. 1974) studierte Erziehungswissenschaft, Soziologie und Kinder- und Jugendpsychiatrie an der Universität Heidelberg, promovierte als Stipendiat im DFG-Graduiertenkolleg »Jugendhilfe im Wandel der Erziehungswissenschaft« an der Universität Bielefeld und lehrt als Juniorprofessor seit 2006 Erziehungswissenschaft im Schwerpunkt Sozialpädagogik an der Westfälischen Wilhelms-Universität Münster.

Bibliographie

Hajo Funke: Vom Landesvater zum Polarisierer

Forschungsgruppe Wahlen e.V. (2008). *Wahl in Hessen. Eine Analyse der Landtagswahl vom 27.1.2008. Berichte der Forschungsgruppe Wahlen e.V.* Mannheim, Nummer 130.
Neu, V. (2008). Landtagswahlen in Hessen und Niedersachsen am 27.1.2008. In: *Konrad-Adenauer-Stiftung* (Hrsg.). Berlin.

Joachim Kersten: Der Code der Straße

Anderson, E. (1994). The Code of the Streets. In: *The Atlantic Monthly 273 (Nr. 5)*, S. 81–94.
Baier, D., Pfeiffer, C. (2007). *Gewalttätigkeit bei deutschen und nichtdeutschen Jugendlichen – Befunde der Schülerbefragung 2005 und Folgerungen für die Prävention.* Kriminologisches Forschungsinstitut Niedersachsen e. V. Hannover.
Behrendes, U. (2007). *These zur Jugendkriminalität.* Vortrag Deutsche Hochschule der Polizei. Münster.
Bernard, T. J. (1990). Angry Aggression among the »Truly Disadvantaged«. *Criminology 28* (1), S. 73–96.
Eisner, M., Ribeaud, D., Bittel, S. (2006). *Prävention von Jugendgewalt – Wege zu einer evidenzbasierten Präventionspolitik.* Eidgenössische Ausländerkommission (Hrsg.). Bern-Wabern.
Pinker, S. (1999). *How the Mind works.* Penguin: London.
Ribeaud, D., Eisner, M. (2007). *Zentrale Ergebnisse der Studie »Entwicklung von Gewalterfahrungen Jugendlicher im Kanton Zürich« – Hintergrundinformationen.* Universität Zürich Pädagogisches Institut Zürich.
Skogan, W. (2006). *Police and Community in Chicago – A Tale of Three Cities.* Oxford University Press: New York.
Steffen, W. (2007). *Jugendkriminalität und ihre Verhinderung: Zwischen Wahrnehmung und empirischen Befunden.* Gutachten zum 12. Deutschen Präventionstag. Wiesbaden.
»Gewalttätige Jugendliche und widersprüchliche Studien.« *NZZ, 6. Februar 2008.*
Wilson, J. Q., Kelling, G. (1982). Broken Windows – The Police and Neighborhood Safety. In: *The Atlantic Monthly (März)*, S. 29–83.

Dirk Baier, Christian Pfeiffer: Türkische Kinder und Jugendliche

Albrecht, A., Trappmann, M., and Wolf, C. (2002). Statusmaße light: Statusskalen bei unzureichenden Berufsangaben. *Kölner Zeitschrift für Soziologie und Sozialpsychologie, 54,* 343–361.

Anderson, C. A., Gentile, D. A., Buckley, K. E. (2007). *Violent video game effects on children and adolescents.* New York: Oxford University Press.

Babka von Gostomski, C. (2003). Gewalt als Reaktion auf Anerkennungsdefizite? Eine Analyse bei männlichen deutschen, türkischen und Aussiedler-Jugendlichen mit dem IKG-Jugendpanel 2001. *Kölner Zeitschrift für Soziologie und Sozialpsychologie, 55,* S. 253–277.

Baier, D. (2005). Abweichendes Verhalten im Jugendalter. Ein empirischer Vergleich verschiedener Erklärungsansätze. *Zeitschrift für Soziologie der Erziehung und Sozialisation, 25,* S. 381–398.

Baier, D. (2008). *Entwicklung der Jugenddelinquenz und ausgewählter Bedingungsfaktoren seit 1998 in den Städten Hannover, München, Stuttgart und Schwäbisch Gmünd.* KFN-Forschungsberichte Nr. 104.

Baier, D., Pfeiffer, C. (2007). *Gewalttätigkeit bei deutschen und nichtdeutschen Jugendlichen – Befunde der Schülerbefragung 2005 und Folgerungen für die Prävention.* Kriminologisches Forschungsinstitut Niedersachsen: KFN-Forschungsberichte Nr. 100.

Baier, D., Pfeiffer, C. (2007a). Hauptschulen und Gewalt. *Aus Politik und Zeitgeschichte, 28,* 17–26.

Baier, D., Wetzels, P. (2006). Freizeitverhalten, Cliquenzugehörigkeit und Gewaltkriminalität: Ergebnisse und Folgerungen aus Schülerbefragungen. In: Dessecker, A. (Hrsg.), *Jugendarbeitslosigkeit und Kriminalität.* Wiesbaden: Krimz. S. 69–98.

Baumert, J., Schümer, G. (2001). Familiäre Lebensverhältnisse, Bildungsbeteiligung und Kompetenzerwerb. In: Baumert, J., Klieme, E., Neubrand, M., Prenzel, M., Schiefele, U., Schneider, W., Stanat, P., Tillmann, K.-J., Weiß, M. (Hrsg*.), PISA 2000. Basiskompetenzen von Schülerinnen und Schülern im internationalen Vergleich.* Opladen: Leske + Budrich, S. 323–407.

Crown, D., Marlowe, D. (1960). A New Scale of Social Desirability Independent of Psychopathology. *Journal of Consulting Psychology, 24,* S. 349–354.

Diefenbach, H. (2007). *Kinder und Jugendliche aus Migrantenfamilien im deutschen Bildungssystem. Erklärungen und empirische Befunde.* Wiesbaden: VS Verlag.

Eisner, M., Ribeaud, D. (2007). Conducting a Criminological Survey in a Culturally Diverse Context: Lessons from the Zurich Project on the

Social Development of Children. *European Journal of Criminology, 4,* 271–298.
Eisner, M., Ribeaud, D. (2008). *Entwicklung von Gewalterfahrungen Jugendlicher im Kanton Zürich. Schlussbericht zuhanden der Bildungsdirektion des Kantons Zürich.* Manuskript im Erscheinen.
Enzmann, D., Brettfeld, K., Wetzels, P. (2004). Männlichkeitsnormen und die Kultur der Ehre. In: Oberwittler, D., Karstedt, S. (Hrsg.), *Soziologie der Kriminalität.* Wiesbaden: VS Verlag für Sozialwissenschaften, S. 240–263.
Funk, J. B., Baldacci, H. B., Pasold, T., Baumgardner, J. (2004). Violence exposure in real-life, video games, television, movies, and the internet: Is there desensibilization? *Journal of Adolescence, 27,* 23–40.
Gottfredson, M. R., Hirschi, T. (1990). *A General Theory of Crime.* Stanford: University Press.
Grasmick, H. G., Tittle, C. R., Bursik, J. R., Arneklev, B. (1993). Testing the Core Empirical Implications of Gottfredson and Hirschi's General Theory of Crime. *Journal of Research in Crime and Delinquency, 30,* S. 5–29.
Haug, S. (2003). Interethnische Freundschaftsbeziehungen und soziale Integration. Unterschiede in der Ausstattung mit sozialem Kapital bei jungen Deutschen und Immigranten. *Kölner Zeitschrift für Soziologie und Sozialpsychologie, 55,* S. 716–736.
Haug, S., Baraulina, T., Babka von Gostomski, C. (2008). *Kriminalität von Aussiedlern. Eine Bestandsaufnahme.* Working Paper 12 der Forschungsgruppe des Bundesamtes für Migration und Flüchtlinge.
Köllisch, T., Oberwittler, D. (2004). Wie ehrlich berichten männliche Jugendliche über ihr delinquentes Verhalten? Ergebnisse einer externen Validierung. *Kölner Zeitschrift für Soziologie und Sozialpsychologie, 56,* 708–735.
Kunczik, M., Zipfel, A. (2004). *Medien und Gewalt. Befunde der Forschung seit 1998.* Bundesministerium für Familie, Senioren, Frauen und Jugend.
Lansford, J. E., Miller-Johnson, S., Berlin, L. J., Dodge, K. A., Bates, J. E., Pettit, G. S. (2007). Early Physical Abuse and Later Violent Delinquency: A Prospective Longitudinal Study. *Child Maltreatment, 12,* 233–245.
Mansel, J. (2003). Konfliktregulierung bei Straftaten – Variation des Anzeigeverhaltens nach der Ethnie des Täters. In: Groenemeyer, A., Mansel, J. (Hrsg.), *Die Ethnisierung von Alltagskonflikten.* Opladen: Leske + Budrich, S. 261–283.
Merton, R. K. (1995[1957]). *Soziologische Theorie und soziale Struktur.* Berlin: de Gruyter.

Mößle, T., Kleimann, M., Rehbein, F. (2007). *Bildschirmmedien im Alltag von Kindern und Jugendlichen.* Baden-Baden: Nomos.
Naplava, T. (2002). *Delinquenz bei einheimischen und immigrierten Jugendlichen im Vergleich. Sekundäranalyse von Schülerbefragungen der Jahre 1995–2000.* Arbeitspapiere aus dem Projekt »Soziale Probleme und Jugenddelinquenz im sozialökonomischen Kontext« des Max-Planck-Instituts für ausländisches und internationales Strafrecht Freiburg i. Br. Nr. 5. http://www.iuscrim.mpg.de/forsch/onlinepub/workingpaper5.pdf.
Oberwittler, D. (2003). Geschlecht, Ethnizität und sozialräumliche Benachteiligung. Überraschende Interaktionen bei sozialen Bedingungsfaktoren von Gewalt und schwerer Eigentumsdelinquenz von Jugendlichen. In: Lamnek, S., Boatca, M. (Hrsg.), *Geschlecht – Gewalt – Gesellschaft Band 4.* Opladen: Leske + Budrich, S. 269–295.
Pfeiffer, C., Baier, D. (2008). *Jugendgewalt als Wahlkampfthema. Eine kriminologische Analyse zum hessischen Landtagswahlkampf des Jahres 2008.* Manuskript im Druck.
Pfeiffer, C., Kleimann, M., Petersen, S., Schott, T. (2005). *Migration und Kriminalität. Ein Gutachten für den Zuwanderungsrat der Bundesregierung.* Baden-Baden: Nomos.
Pfeiffer, C., Mößle, T., Kleimann, M., Rehbein, F. (2008). *Die PISA-Verlierer – Opfer ihres Medienkonsums. Eine Analyse auf der Basis verschiedener empirischer Untersuchungen.* KFN: http://www.kfn.de/versions/kfn/assets/pisaverlierer.pdf.
Rabold, S., Baier, D. (2008). *Ethnische Unterschiede im Gewaltverhalten von Jugendlichen – Die Struktur von Freundschaftsnetzwerken als Erklärungsfaktor.* http://www.migremus.uni-bremen.de/downloads/abstracts/rabold%20baier_1.pdf.
Rabold, S., Baier, D., Pfeiffer, C. (2008). *Delinquentes Verhalten von Jugendlichen in Hannover. Ergebnisse einer Befragung von Schülerinnen und Schülern der 7. und 9. Jahrgangsstufe im Jahr 2006.* KFN: Forschungsberichte Nr. 105.
Reineke, J. (2005). *Strukturgleichungsmodelle in den Sozialwissenschaften.* München: Oldenbourg Verlag.
Smith, C., Thornberry, T. P. (1995). The Relationship between Childhood Maltreatment and Adolescent Involvement in Delinquency. *Criminology, 33,* 451–481.
Wilmers, N., Enzmann, D., Schaefer, D., Herbers, K., Greve, W., Wetzels, P. (2002). *Jugendliche in Deutschland zur Jahrtausendwende: Gefährlich oder gefährdet?* Baden-Baden: Nomos.

Claus Koch: Kinder aus dem Niemandsland

Bauer, J. (2005). »*Warum ich fühle, was du fühlst. Intuitive Kommunikation und das Geheimnis der Spiegelneurone*«. Hamburg: Hoffmann und Campe.
Bowlby, J. (1950). *Maternal Care and Mental Health*. Northvale, NJ., London: Jason Aronson.
Bueb, B. (2007). *Vom Lob der Disziplin*, München: List.
Brumlik, M. (Hrsg.) (2007). *Vom Missbrauch der Disziplin*. Weinheim: Beltz.
Chamberlain, S. (2003). *Adolf Hitler, die deutsche Mutter und ihr erstes Kind. Über zwei NS-Erziehungsbücher*. Gießen: Psychosozial Verlag.
DeGrandpre, R. (2002). *Die Ritalin Gesellschaft. ADS: Eine Generation wird krankgeschrieben*. Weinheim und Basel: Beltz Verlag.
Dörner, M. (2000). *Die frühe Kindheit. Entwicklungspsychologie der ersten Lebensjahre*. Frankfurt am Main: Fischer.
Dörner, M. (1994). *Der kompetente Säugling*. Frankfurt am Main: Fischer.
Dornes, M. (2008). *Die Seele des Kindes. Entstehung und Entwicklung*. Frankfurt am Main: Fischer TB, 2. Aufl.
Greenspan, S. I., Shanker, S. G. (2007). *Der erste Gedanke. Frühkindliche Kommunikation und die Evolution menschlichen Denkens*. Weinheim und Basel: Beltz.
Gruen, A. (2005). *Der Verlust des Mitgefühls. Über die Politik der Gleichgültigkeit*. München: dtv.
Hüther, G., Krens, I. (2008). *Das Geheimnis der ersten neun Monate. Unsere frühesten Prägungen*. Weinheim und Basel: Beltz.
Koch, C. (2007). Erziehung im Nationalsozialismus, 1968 und der erneute Ruf nach Disziplin und Ordnung. In: Brumlik, M. (Hrsg.), *Vom Missbrauch der Disziplin*. Weinheim: Beltz
Lacan, J. (1996). *Die vier Grundbegriffe der Psychoanalyse, Das Seminar Buch XI*, Weinheim und Basel: Beltz.
Lacan, J. (1991). Das Spiegelstadium als Bildner der Ichfunktion, wie sie uns in der psychoanalytischen Erfahrung erscheint. In: Lacan, J., *Schriften 1*. Weinheim: Quadriga Verlag.
Moll, G., Dawirs, R., Niescken, S. (2007). *Hallo, hier spricht mein Gehirn. Eine Entdeckungsreise von der Zeugung bis zum Schulanfang*. Weinheim und Basel: Beltz.
Spitz, R. (1985). *Hospitalismus I & II*. In: Bittner, G., Harms, R., *Erziehung in der frühen Kindheit*, München: Piper.
Spitz, R. (1967/1992). *Vom Säugling zum Kleinkind*. Stuttgart: Klett-Cotta.

Stern, D. N. (2007). *Die Lebenserfahrung des Säuglings*. Stuttgart: Klett-Cotta.

Stern, D. N. (2007). *Tagebuch eines Säuglings*. München: Piper.

Winnicott, D. W. (1971/1979). *Vom Spiel zur Kreativität*. Stuttgart: Klett Cotta.

S. Karin Amos: Der Umgang mit »defekten Seelen«

Albrecht, H.-J. (2003). *Ist das deutsche Jugendstrafrecht noch zeitgemäß? – Bedarf es und wenn ja welcher Veränderungen?* Gutachten für den 64. deutschen Juristentag, Ms. 117 Seiten.

Amos, S. K. (2007). Die Politik der schulischen Exklusion. Neudefinitionen von Zugehörigkeit und Mitgliedschaf, in: Saubere Schulen: Vom Ausbrechen und Ausschließen Jugendlicher. *Jahrbuch für Rechts- und Kriminalsoziologie 05*. Baden-Baden: Nomos, S. 21–42.

Amos, S. K. (2006). Null-Toleranz an öffentlichen Schulen in den USA – amerikanisches Syndrom oder Symptom für eine Neubestimmung gesellschaftlicher Erziehungsverhältnisse? In: *Zeitschrift für Pädagogik, 52 (5)*, S. 717–731.

Bröckling, U. (2007). *Das unternehmerische Selbst. Soziologie einer Subjektivierungsform*. Frankfurt am Main: Suhrkamp.

Deichsel, W. (2004). Was Jugendrichter*innen* beim Richten ausrichten und anrichten! »Schädliche Neigungen«, schädigende Neigungen und »schändliche Neigungen« bei der Verhängung von Jugendstrafe zwischen Sozialstaat und Sicherheitsstaat. In: Liedke, U., Robert, G. (Hrsg.), *Umbrüche gesellschaftlicher und pädagogischer Konzepte im Umgang mit abweichendem Verhalten*. Aachen: Shaker Verlag, S. 109–127.

Foucault, M. (2003). *Die Anormalen*. Vorlesungen am Collège de France (1974–1975). Frankfurt am Main: Suhrkamp.

Foucault, M. (2005). *Die Heterotopien. Der utopische Körper*. Frankfurt am Main: Suhrkamp.

Hacking, I. (2000). *Leute (zurecht) machen: ein Essay*. Frankfurt am Main: Dielmann.

Luhmann, N. (2005). Erziehender Unterricht als Interaktionssystem. In: Luhmann, N., *Schriften zur Pädagogik*, hrsg. von Lenzen, D. Frankfurt am Main: Suhrkamp, S. 11–21.

Rhue, M. (Strasser, T.) (2007). *Boot Camp*. Ravensburger Buchverlag.

Sack, F. (2004). Kritische Kriminologie und Soziale Arbeit. In: Liedke, U., Robert, G. (Hrsg.), *Umbrüche gesellschaftlicher und pädagogischer*

Konzepte im Umgang mit abweichendem Verhalten. Aachen: Shaker Verlag, S. 17–50.
Wacquant, L. (2000). *Elend hinter Gittern.* Konstanz: Universitätsverlag.
Wacquant, L. (2006). *Das Janusgesicht des Ghettos. Essays.* Basel: Bauwelt Fundamente.
http://www.bildungsserver.de
http://www.teen-bootcamp.com
http://www.TeenBootCamps.org
http://www.turningwinds.com

Joachim Walter: Zwischen Erziehung und Strafe

Bundesministerium des Innern / Bundesministerium der Justiz (2001). *Erster Periodischer Sicherheitsbericht (PSB I),* Berlin.
Bundesministerium des Innern / Bundesministerium der Justiz (2006). *2. periodischer Sicherheitsbericht (PSB II),* Berlin.
Dörner, K., Ploog, U. (1986). *Irren ist menschlich.* Wunstorf/Hannover.
Dolde, G., Grübl, G. (1996). Jugendstrafvollzug in Baden-Württemberg. Untersuchungen zur Biographie, zum Vollzugsverlauf und zur Rückfälligkeit von ehemaligen Jugendstrafgefangenen, S. 221. In: Kerner, H.-J., Dolde, G., Mey, H.-G. (Hrsg.), *Jugendstrafvollzug und Bewährung. Analysen zum Vollzugsverlauf und zur Rückfallentwicklung.* Bonn 1996, S. 221.
Fend, H. (2000). *Entwicklungspsychologie des Jugendalters.* Wiesbaden.
Gerken, J., Schumann, K. F. (1988). *Ein trojanisches Pferd im Rechtsstaat. Der Erziehungsgedanke in der Jugendgerichtspraxis.* Pfaffenweiler.
Hassemer, W. (2004). Jugend im Strafrecht. Eröffnungsvortrag zum 26. Deutschen Jugendgerichttag. *ZJJ 2004,* S. 344.
Heinz, W. (2000). *Jugendkriminalität.* Internetveröffentlichung unter http:\\www.uni-konstanz.de/rtf/kik/he213-18.htm.
Heinz, W. (2004). Rückfall als kriminologischer Forschungsgegenstand – Rückfallstatistik als kriminologisches Erkenntnismittel. In: Heinz, W., Jehle, J. M. (Hrsg.), *Rückfallforschung. Schriftenreihe der Kriminologischen Zentralstelle e. V. Band 45;* Wiesbaden, Seite 12–52.
Heinz, W. (2006a). Rückfallverhütung mit strafrechtlichen Mitteln. Diversion – eine wirksame Alternative zu »klassischen« Sanktionen? *Soziale Probleme, 17. Jahrgang,* S. 174–192.
Heinz, W. (2006b). *Kriminelle Jugendliche – gefährlich oder gefährdet?* Konstanz.

Hofer, H. von (2004). Die schwedische Kohortenstatistik – Ein kurzer Überblick. In: Heinz, W., Jehle, J.-M. (Hrsg.), *Rückfallforschung. Schriftenreihe der Kriminologische Zentralstelle e.V., Kriminologie und Praxis Bnd. 45*, S. 311–317.

Hüther, G. (2004). Die Bedeutung sozialer Erfahrung für die Strukturierung des menschlichen Gehirns. Welche sozialen Bedingungen brauchen Schüler und Lehrer? *Zeitschrift für Pädagogik, Heft 4*, S. 487–495.

Jehle, J.-M., Heinz, W., Sutterer, P. (2003). *Legalbewährung nach strafrechtlichen Sanktionen. Eine kommentierte Rückfallstatistik*. Herausgegeben vom Bundesministerium der Justiz, Berlin.

Kaiser, G. (1995). Ist der Erziehungsgedanke im Jugendstrafrecht wirklich veraltet? In: Busch, M., Müller-Dietz, H., Wetzstein, H. (Hrsg.), *Zwischen Erziehung und Strafe. Zur Praxis der Jugendstrafrechtspflege und ihrer wissenschaftlichen Begründung. Festschrift für Karl Härringer zum 80. Geburtstag*. Pfaffenweiler, S. 9.

Kamp, H. J. (2007). Der Entwurf eines Hamburgischen Strafvollzugsgesetzes. *Forum Strafvollzug 4/2007*, S. 174–176.

Kerner, H.-J. (1993). Jugendkriminalität zwischen Massenerscheinung und krimineller Karriere – Eine Problemskizze an Hand neuerer statistischer Ergebnisse. In: Nickolai, W., Reindl, R. (Hrsg.), *Sozialarbeit und Kriminalpolitik*. Freiburg, S. 28–62.

Kerner, H.-J. (1996). Erfolgsbeurteilung nach Strafvollzug. Ein Teil des umfassenderen Problems vergleichender kriminologischer Sanktionsforschung. In: Kerner, H.-J., Dolde, G., Mey, H.-G. (Hrsg.), *Jugendstrafvollzug und Bewährung. Analysen zum Vollzugsverlauf und zur Rückfallentwicklung*. Bonn, S. 3.

Kerner, H.-J. (2003). Der Übergang vom Strafvollzug in die Gesellschaft: Ein klassisches Strukturproblem für die Reintegration von Strafgefangenen. In: Bremer Institut für Kriminalpolitik (Hrsg.), *Quo Vadis III*, 1. Auflage Bremen, S. 27.

Kneifel, S. (2002). Grundlagen und Überlegungen zur Konstruktion des Konfliktlösetrainings in der JVA Adelsheim: »KontrA«. In: Bereswill, M., Höynck, T. (Hrsg.), *Jugendstrafvollzug in Deutschland. Grundlagen, Konzepte, Handlungsfelder. Beiträge aus Forschung und Praxis*, Mönchengladbach, S. 249.

Köhne, M. (2003). Resozialisierungsunfähige Strafgefangene. *Zeitschrift für Rechtspolitik*, S. 207.

Kohlberg, L., Scharf, P., Hickey, J. (1978). Gerechtigkeitsstruktur im Gefängnis. Eine Theorie und eine Intervention. In: Portele, G. (Hrsg.), *Sozialisation und Moral: Neuere Ansätze zur moralischen Entwicklung und Erziehung*. Weinheim, Basel.

Kommission: »Gewaltprävention im Strafvollzug – Nordrhein-Westfalen«, sog. »*Werthebach-Kommission*«, *(2007): erster Teilbericht*, Bonn.
Müller-Dietz, H. (1986). *10 Jahre Strafvollzugsgesetz*. BewHi, S. 331.
Ostendorf, H. (2007a). *Jugendgerichtsgesetz*. Kommentar. 7. Aufl. Baden-Baden.
Ostendorf, H. (2007b). Gekürzter Auszug aus der Stellungnahme zum Gesetzesentwurf der Landesregierung »Gesetz über den Vollzug der Jugendstrafe in Schleswig-Holstein – Jugendstrafvollzugsgesetz – (JStVollzG)«, *Neue Kriminalpolitik 2/2007*, S. 67.
Pecher, W. (2004). Totale Institution. In: Pecher, W. (Hrsg.), *Psychologie in Schlüsselbegriffen*. Stuttgart, S. 310.
Peters, K. (1969). Die Grundlagen der Behandlung junger Rechtsbrecher (1965). In: Simonsohn, B. (Hrsg.), *Jugendkriminalität, Strafjustiz und Sozialpädagogik*. Frankfurt a.M., S. 224.
Pollähne, H. (2005). Anmerkung zum Beschluss des OLG Hamm vom 01.07.2004, 1 VAs 17/04, *ZJJ 2005*, S. 77.
Prim, R. (1993). Der Erziehungsgedanke im Jugendkriminalrecht und die Bedingungen pädagogischen Handelns mit delinquenten Jugendlichen. *DVJJ-Journal 1993*, S. 263.
Schneider, H. (2004). Repressive Kriminalpolitik im Gewande der »neuen Verwaltungssteuerung. Über unbedachte und kontraproduktive Folgen verkürzten Effektivitätsdenkens im Strafvollzug. *ZfStrVo*, S. 139.
Sherman, L. W. et al. (Ed.). *Preventing Crime: What Works, What Doesn't, What's Promising*. http:\\www.cjcentral.com/sherman/sherman.htm.
Stelly, W., Thomas, J. (2001). *Einmal Verbrecher – immer Verbrecher?* 1. Aufl. Wiesbaden.
Stelly, W., Walter, J. (2008). Vollzugslockerungen im Jugendstrafvollzug – am Beispiel der JVA Adelsheim. *MschrKrim 3/2008*.
Sutter, H.-J., Baader, M., Weyers, S. (1998). Die »Demokratische Gemeinschaft« als Ort sozialen und moralischen Lernens. Der Modellversuch in der Justizvollzugsanstalt Adelsheim – eine Zwischenbilanz. *Neue Praxis*, S. 383 ff.
Walter, J. (1993). Jugendstrafvollzug auf dem Weg zu einer pädagogischen Institution? In: Elbing, Gehl, Nickolai, W., Reindl, R. (Hrsg.), *Jugendstrafvollzug zwischen Erziehung und Strafe*. Saarbrücken-Scheidt, S. 104.
Walter, J. (2001). Erziehung durch Jugendstrafe – Erziehung im Jugendvollzug. In: Bremer Institut für Kriminalpolitik (Hrsg.), *Alternativsymposium zum Strafvollzug anlässlich des Erscheinens der 4. Auflage des Alternativkommentars zum Strafvollzugsgesetz (AK-StVollzG) (Materialien zur Kriminalpolitik Band 9)* Bremen; S. 15–27.

Walter, J. (2003). Erwartungen der Praxis an ein künftiges Jugendvollzugsgesetz. *ZJJ 4/2003*, S. 397–403.
Walter, J. (2004a). Der neue Entwurf eines Gesetzes zur Regelung des Jugendstrafvollzuges aus praktischer Sicht. *Zentralblatt für Jugendrecht 2004*, S. 397–405.
Walter, J. (2004b). Zur Situation des Jugendvollzuges. In: Pollähne, H., Bammann, K., Feest, J. (Hrsg.), *Wege aus der Gesetzlosigkeit. Rechtslage und Regelungsbedürftigkeit des Jugendstrafvollzugs. Schriftenreihe der deutschen Vereinigung für Jugendgerichte und Jugendgerichtshilfen e.V.* Forum Verlag Godesberg, Mönchengladbach; S. 3–16.
Walter, J. (2005). »Apokryphe« Disziplinarmaßnahmen im Strafvollzug. *Neue Kriminalpolitik 4/2005*: 130–134.
Walter, J. (2006). Bedingungen bestmöglicher Förderung im Jugendstrafvollzug. Ein Diskussionsbeitrag in der Folge des Urteils des Bundesverfassungsgerichts vom 31.5.2006.
Teil 1: ZJJ 2006, S. 236–244; *Teil 2: ZJJ 2006*, S. 249–257.
Walter, J. (2008). Notizen aus der Provinz. Eine erste Bilanz der Gesetzgebung der Länder zum Jugendstrafvollzug. *KrimJ 1/2008*, S. 21–31.
Walter, J., Grübl, G. (1999). Junge Aussiedler im Jugendstrafvollzug, In: Bade K. J., Oltmer J. (Hrsg.), *Aussiedler: Deutsche Einwanderer aus Osteuropa*. Osnabrück, S. 153.
Walter, J., Fladausch-Rödel, A.-I. (2008, im Druck). *Das Modellprojekt ISAB in der JVA Adelsheim.*
Walter, J., Waschek, U. (2002). Die Peergroup in ihr Recht setzen. Das Just Community Projekt in der Justizvollzugsanstalt Adelsheim. In: Bereswill, M., Höynck, T. (Hrsg.), *Jugendstrafvollzug in Deutschland. Grundlagen, Konzepte, Handlungsfelder. Beiträge aus Forschung und Praxis*. Mönchengladbach, S. 191.

Nina Oelkers, Hans-Uwe Otto, Mark Schrödter, Holger Ziegler: „Unerziehbarkeit"

11. Kinder- und Jugendbericht (2002). Bericht über die Lebenssituation junger Menschen und die Leistungen der Kinder- und Jugendhilfe in Deutschland. *Bundestagsdrucksache v14/8181.*
Albrecht, H. J. (2002). Verhandlungen des 64. Deutschen Juristentages Berlin 2002. *Band I: Gutachten: Ist das deutsche Jugendstrafrecht noch zeitgemäß?* München.

Albrecht, H.-J. (2004). Öffentliche Meinung, Kriminalpolitik und Kriminaljustiz. In: Walter, M. et al. (Hrsg.), *Alltagsvorstellungen von Kriminalität. Individuelle und gesellschaftliche Bedeutung von Kriminalitätsbildern für die Lebensgestaltung.* Münster.

Albrecht, H.-J. (2007). Kriminologische Forschung am Max-Planck-Institut für ausländisches und internationales Strafrecht Freiburg. In: Höfer, S., Spiess, G. (Hrsg.), *Neuere Kriminologische Forschung im Südwesten.* Freiburg i. Br.

Albrecht. G., Howe, C.-W. (1992). Soziale Schicht und Delinquenz. Verwischte Spuren oder falsche Fährte. In: *Kölner Zeitschrift für Soziologie und Sozialpsychologie, 44,* S. 697–730.

Aschaffenburg, G. (1903). *Das Verbrechen und seine Bekämpfung.* Heidelberg.

Baumann, P. (2000). *Die Autonomie der Person.* Paderborn.

Baumann, I. (2006): *Dem Verbrechen auf der Spur. Eine Geschichte der Kriminologie und Kriminalpolitik in Deutschland 1880 bis 1980.* Göttingen.

Becker, P. (2002). *Verderbnis und Entartung. Eine Geschichte der Kriminologie des 19. Jahrhunderts als Diskurs und Praxis.* Göttingen.

Blossfeld, H.-P., Timm, T. (Hrsg.) (2003). *Who Marries Whom? Educational Systems as Marriage Markets in Modern Societies.* Dordrecht/ Boston/ London.

Bourdieu, P. (1983). Ökonomisches Kapital, kulturelles Kapital, soziales Kapital. In: Kreckel, R. (Hrsg.), *Soziale Ungleichheiten.* Göttingen.

Brumlik, M. (1992). *Advokatorische Ethik.* Bielefeld.

Cremer-Schäfer, H., Steinert, H. (1998). *Straflust und Repression. Zur Kritik der populistischen Kriminologie.* Münster.

De Marinis, P. (2000). *Überwachen und Ausschließen. Machtinterventionen in urbanen Räumen der Kontrollgesellschaft.* Pfaffenweiler.

Deutsche Shell (Hrsg.) (2002). *Jugend 2002. Zwischen pragmatischem Idealismus und robustem Materialismus.* Frankfurt a.M.

Douglas, M. (1992). *Risk and Blame: Essays in Cultural Theory.* London.

Drewniak, R. (1996). *Ambulante sozialpädagogische Maßnahmen für junge Straffällige. Eine kritische Bestandsaufnahme in Niedersachsen.* Baden-Baden.

Dünkel, F., Geng, B. (2003). Fakten zur Überbelegung im Strafvollzug und Wege zur Reduzierung von Gefangenenraten. In: *Neue Kriminalpolitik 15, 4,* S. 146–149.

Enzmann, D., Greve, W. (2001). Strafhaft für Jugendliche: Soziale und individuelle Bedingungen von Delinquenz und Sanktionierung. In: Beres-

will, M., Greve, W. (Hrsg.), *Forschungsthema Strafvollzug*. Baden-Baden.
Estrada, F. (1999). Juvenile Crime Trends in Post-War Europe. In: *European Journal on Criminal Policy and Research, 7, 1*, S. 23–42.
Fegert, J. (2007). *Neue Fragen der Forensik*. Vortrag auf dem dgkjp Kongress 2007, 14.–17. März 2007 in Aachen.
Frey, E. (1951). *Der frühkriminelle Rückfallverbrecher*. Basel.
Garland, D. (2001). *The Culture of Control*. Oxford.
Geißler, R. (2002). *Die Sozialstruktur Deutschlands*. Wiesbaden.
Goerdeler, J. (2004). Die Deutsche Vereinigung für Jugendgerichte und Jugendgerichtshilfen e.V.: Fortschrittliche Jugendkriminalpolitik seit 86 Jahren. In: *Bewährungshilfe, 51, 1*, S. 3–10.
Gomolla, M., Radtke, F.-O. (2002). *Institutionelle Diskriminierung. Die Herstellung ethnischer Differenz in der Schule*. Opladen.
Göppinger, H. (1983). *Der Täter in seinen sozialen Bezügen*. Berlin.
Göppinger, H. (1985). *Angewandte Kriminologie*. Berlin.
Groenemeyer, A. (2003). *Soziale Probleme und politische Diskurse. Konstruktionen von Kriminalpolitik in sozialen Kontexten*. Bielefeld.
Günther, K. (2002). Zwischen Ermächtigung und Disziplinierung. Verantwortung im gegenwärtigen Kapitalismus. In: Honneth, A. (Hrsg.), *Befreiung aus der Mündigkeit*. Frankfurt.M./New York.
Günther, K. (2006). Aufgaben- und Zurechnungsverantwortung. In: Heidbrink, L., Hirsch, A. (Hrsg.), *Verantwortung in der Zivilgesellschaft*. Frankfurt/New York.
Hasenfeld, Y., English, R. (1974). Human Service Organizations: A Conceptual Overview. In: Hasenfeld, Y., English, R. (Hrsg.), *Human Service Organizations*. Ann Arbor.
Heinz, W., Hügel, Ch. (1987). *Erzieherische Maßnahmen im deutschen Jugendstrafrecht*. Bonn.
Holzinger, F. (1978). *Sonderpädagogik*. Wien.
Janssen, H., Peters, F. (1997). Kriminologie für Soziale Arbeit. In: Janssen, H., Peters, F. (Hrsg.), *Kriminologie für Soziale Arbeit*. Münster.
Kappeler, M. (2000). *Der schreckliche Traum vom vollkommenen Menschen. Rassenhygiene und Eugenik in der Sozialen Arbeit*. Marburg.
Karstedt, S. (2007). Die Vernunft der Gefühle: Emotion, Kriminalität und Strafrecht. In: Hess, H., Ostermeier, L., Paul, B. (Hrsg), *Kontrollkulturen. Texte zur Kriminalpolitik im Anschluss an David Garland*. Weinheim.
Kessl, F., Otto, H.-U. Aktivierende Soziale Arbeit. Anmerkungen zu neosozialen Programmierungen Sozialer Arbeit. In: *neue praxis, 32, 5*, S. 444–456.

Kessl, F., Reutlinger, Ch., Ziegler, H. (Hrsg.) (2007). *Erziehung zur Armut? Soziale Arbeit und die »neue Unterschicht«.* Wiesbaden.
Kipp, A. (1997). Wer braucht eigentlich Hilfe? Paradigmenwechsel in der Straffälligenhilfe. In: *Sozialmagazin 22*, S. 46–51.
Kraepelin, E. (1907). Das Verbrechen als soziale Krankheit. In: *Monatsschrift für Kriminalpsychologie und Strafrechtsreform. 3*, S. 257–279.
Kunstreich, T. (1998). *Grundkurs Soziale Arbeit. Sieben Blicke auf Geschichte und Gegenwart Sozialer Arbeit.* Bielefeld.
Kury, H. (2007). Mehr Sicherheit durch mehr Strafe? In: *Aus Politik und Zeitgeschichte 40/41*, S. 30–37.
Laub, J., Sampson, R. (1991). The Sutherland-Glueck Debate: On the Sociology of Criminological Knowledge. In: *American Journal of Sociology, 96*, 1402–1440.
Lindenberg, M. (2000). *Von der Sorge zur Härte. Kritische Beiträge zur Ökonomisierung Sozialer Arbeit.* Bielefeld.
Ludwig-Mayerhofer, W. (2000). Einleitung – Soziale Ungleichheit, Kriminalität, Kriminalisierung heute. In: Ludwig-Mayerhofer, W. (Hrsg.), *Soziale Ungleichheit, Kriminalität und Kriminalisierung.* Opladen.
Lutz, T., Ziegler, H. (2005). Soziale Arbeit im Post-Wohlfahrtsstaat – Bewahrer oder Totengräber des Rehabilitationsideals? In: *Widersprüche, 97*, S. 123–134.
Maaser, W. (2006). Vom Wohlfahrtsstaat zur Wohlfahrtsgesellschaft. In: Heidbrink, L., Hirsch, A. (Hrsg.), *Verantwortung in der Zivilgesellschaft.* Frankfurt/New York.
Mehl, C. (1996). Innere Mission und Nationalsozialismus am Beispiel des Stephansstiftes Hannover. In: Grosse, H., Otte, H., Perels, J. (Hrsg), *Bewahren ohne Bekennen? Die hannoversche Landeskirche im Nationalsozialismus.* Hannover.
Melossi, D. (2000). Changing Representations of the Criminal. In: Garland, D., Sparks, R. (Hrsg.), *Criminology and Social Theory.* Oxford.
Müller, S., Otto, H.-U. (1986). *Damit Erziehung nicht zur Strafe wird. Sozialarbeit als Konfliktschlichtung.* Bielefeld.
Müller, S., Otto, H.-U. (1986b). Sozialarbeit im Souterrain der Justiz. Plädoyer zur Aufkündigung einer verhängnisvollen Allianz. In: Müller, S., Otto, H.-U. (Hrsg.), *Damit Erziehung nicht zur Strafe wird. Sozialarbeit als Konfliktschlichtung.* Bielefeld.
Müller-Benedict, V. (2007). Wodurch kann die soziale Ungleichheit des Schulerfolgs am stärksten verringert werden? In: *Kölner Zeitschrift für Soziologie und Sozialpsychologie 59*, S. 615–639.
Nussbaum, M. (1990). Der aristotelische Sozialdemokratismus. In: Nussbaum, M. (Hrsg.) (1999), *Gerechtigkeit oder das gute Leben.* Frankfurt.

Oberwittler, D. (2000). *Von der Strafe zur Erziehung? Jugendkriminalpolitik in England und Deutschland 1850–1920.* Frankfurt a.M.

Peters, H. (2007). Schlechte Aussichten. Über goldene und triste Zeiten der Kriminalsoziologie. In: Liebl, K. (Hrsg.), *Kriminologie im 21. Jahrhundert.* Wiesbaden.

Peters, H. (2008). Geliebt und nicht gewollt, bemängelt und nicht zu verwirklichen. Zur Professionalisierung der Sozialarbeit. In: Bielefelder Arbeitsgruppe 8 (Hrsg), *Soziale Arbeit in Gesellschaft.* Wiesbaden.

Peukert, D. (1986). *Grenzen der Sozialdisziplinierung: Aufstieg und Krise der deutschen Jugendfürsorge von 1878–1932.* Köln.

Pfeiffer, Ch. (2004). Dämonisierung des Bösen. In: *Frankfurter Allgemeine Zeitung,* 5.3.2004.

Plewig, H.-J. (1994). Devianzpädagogik. In: Stimmer, F., van den Boogaart, H., Rosenhagen, G. (Hrsg.), *Lexikon der Sozialpädagogik und der Sozialarbeit.* München/Wien.

Rafter, N. H.(1997). *Creating Born Criminals.* Urbana/Chicago

Reiman, J. (2006). *The Rich Get Richer and the Poor Get Prison. Ideology, Class, and Criminal Justice.* 8th Ed. New York

Reusch, R. (2007). *Migration und Kriminalität.* Vortrag vor der Hanns-Seidel-Stiftung. www.hss.de/downloads/071207_VortragReusch.pdf

Roemer, J. (1998). *Equality of opportunity.* Cambridge

Scherr, A. (2007). Jugendhilfe, die bessere Form des Strafvollzugs? In: Nickolai, W./Wichmann, C. (Hrsg.), *Jugendhilfe und Justiz.* Freiburg

Schneider, H.-J. (2001). *Kriminologie für das 21. Jahrhundert.* Münster

Schneider, H.-J. (2007). Die deutschsprachige Kriminologie der Gegenwart. Kritische Analyse anhand deutschsprachiger kriminologischer Lehrbücher. In: Liebl, K. (Hrsg.), *Kriminologie im 21. Jahrhundert.* Wiesbaden

Schwind, H.-D. (2005). *Kriminologie.* 15. Aufl. Heidelberg.

Simon, J. (2007). *Governing Through Crime: How the War on Crime Transformed American Democracy and Created a Culture of Fear.* New York/Oxford

Stehr, J. (2006). Normalität und Abweichung. In: Scherr, A. (Hrsg.), *Soziologische Basics. Eine Einführung. für Pädagogen und Pädagoginnen.* Wiesbaden

Otto, H.-U., Sünker, H. (Hrsg.) (1989). *Soziale Arbeit und Faschismus.* Frankfurt a.M.

Tittle, C., Villemez, W., Smith, D. (1978). The Myth of Social Class and Criminality: An Empirical Assesment of the Empirical Evidence. In: *American Sociological Review 43,* S. 643–656.

Trube, A., Wohlfahrt, N. (2000). »Der aktivierende Sozialstaat« – Sozialpolitik zwischen Individualisierung und einer neuen politischen Ökono-

mie der inneren Sicherheit. In: *Internetpublikation: www.basisgruen. de/fachbereiche/fiwiso/soziales/00-10-trube-sozialstaat.pdf.*
Weidner, J., Kilb, R. (2004). *Konfrontative Pädagogik. Konfliktbearbeitung in Sozialer Arbeit. und Erziehung.* Wiesbaden.
Weinbach, H. (2006). *Social Justice statt Kultur der Kälte. Alternativen zur Diskriminierungspolitik in der Bundesrepublik Deutschland.* Berlin.
Young, J. (1998). From Inclusive to Exclusive Society: Nightmares in the European Dream. In: Ruggiero, V., South, N., Taylor, I. (Hrsg.), *The New European Criminology: Crime and Social Order in Europe.* London.

Das Anti-Bueb-Buch: Die Antwort auf den Bestseller

Micha Brumlik (Hrsg.)

Vom Missbrauch der Disziplin

Antworten der Wissenschaft auf Bernhard Bueb

BELTZ

Der ehemalige Direktor des Internats Schloss Salem, Bernhard Bueb, hat mit seiner Streitschrift »Lob der Disziplin« für Aufregung gesorgt. Jetzt antworten renommierte Autoren aus Wissenschaft und Publizistik auf Buebs umstrittene Thesen.

Vorbehaltlose Unterordnung fordert der Pädagoge Bueb, physisch erfahrbare Grenzen und kurzen Prozess. Die meisten von Buebs Thesen sind unbewiesen, viele unhaltbar. Deshalb dieses Buch.

Aus dem Inhalt:
Warum ist Bernhard Buebs »Lob der Disziplin« gefährlich? • Welches Gesellschafts- und Geschichtsbild steckt hinter dieser Veröffentlichung? • Ungezogen und unerzogen – stimmt das Bild, das Bueb von den Kindern und Jugendlichen zeichnet? • Wie vertragen sich Lernen und Disziplin? • Was unterscheidet Kasernenhofpädagogik von »guter Autorität«?

Mit Beiträgen von Hans Thiersch, Wolfgang Bergmann, Micha Brumlik, Sabine Andresen, Claus Koch, S. Karin Amos, Manfred Spitzer, Frank-Olaf Radtke

Micha Brumlik
Vom Missbrauch der Disziplin
Antworten der Wissenschaft auf Bernhard Bueb
Broschur, 246 Seiten
ISBN 978-3-407-85765-1

»Ein Plädoyer gegen die Gehorsamkeitspädagogik«

Gehirn und Geist

Bei aller Notwendigkeit von Disziplin und Gehorsam: Wo Angst ist, können weder Klugheit noch Kreativität entstehen.

Wolfgang Bergmann plädiert für eine Disziplin des Mitgefühls, die auf die Liebe baut, auf Vertrauen und eine innige Beziehung zwischen Eltern und Kind. Der bekannte Kinder- und Familientherapeut zeigt Wege in eine Erziehung, deren Fundament die Freude am Kind und die Einsicht in seine Verletzbarkeit ist.

»*Ein Kind, das nicht aus Vertrauen und Liebe gehorcht, sondern aus Angst, wendet sich innerlich von den Eltern ab. Vielleicht nur kurz, vielleicht für sehr, sehr lange.*« Wolfgang Bergmann

»*Mit zahlreichen Beispielen aus Bergmanns Arbeit als Kinderpsychologe und seinen Erfahrungen als Familienvater ist dieser Ratgeber sehr praktisch orientiert.*« Hannoversche Allgemeine Zeitung

Wolfgang Bergmann
Disziplin ohne Angst
Wie wir den Respekt unserer Kinder gewinnen
und ihr Vertrauen nicht verlieren
Gebunden mit Schutzumschlag, 184 Seiten
ISBN 978-3-407-85898-6

Wirksame Präventionsstrategien

Klaus Hurrelmann · Heidrun Bründel
GEWALT AN SCHULEN
Pädagogische Antworten auf eine soziale Krise

Das Thema »Gewalt an Schulen« beschäftigt seit vielen Jahren die öffentliche Diskussion, und die Massenmedien erwecken den Eindruck, als nähmen Gewalt und Aggressionen in unseren Schulen ständig zu.

Was aber hat sich wirklich verändert, und wie ist diesen Veränderungen zu begegnen?
Tatsache ist: Immer mehr Schülerinnen und Schüler »importieren« unkontrollierte Aggressionsimpulse in den schulischen Raum. Andererseits erweist sich die Schule aber auch als eine besonders geeignete Institution für die Gewaltprävention. Und so werden neben einer kritischen Bestandsaufnahme, wo die Gewalt herkommt und wie ihr in der Schule sofort begegnet werden kann, in diesem Buch eine Vielzahl präventiver Ansätze vorgestellt, vom gezielten Aufbau sozialer Kompetenz über die Stärkung von Eigenverantwortung von Schülerinnen und Schülern bis hin zu Möglichkeiten der Zusammenarbeit von Schule und Elternschaft.

Klaus Hurrelmann/Heidrun Bründel
Gewalt an Schulen
Pädagogische Antworten auf eine soziale Krise
Beltz Taschenbuch 184, 219 Seiten
ISBN 978-3-407-22184-1

Himmelsmacht und Teufelswerk – Wie Sexualität und Erotik alles verändern

Die Pubertät ist eine Zeit voller Not und Verheißung. Extreme liegen oft dicht beieinander. Bestsellerautorin Barbara Sichtermann stellt die Pubertät aus dem Blickwinkel der Jugendlichen und ihrer sich entwickelnden Sexualität und Erotik dar: Ein Buch, das mehr ist als ein Ratgeber, ein Buch, das Themen berührt, von denen in der Familie, in der Schule und in den Medien sonst kaum gesprochen oder berichtet wird.

»Es ist ein weises, anspruchsvolles und außerordentlich gut geschriebenes Buch. So wenig die Autorin die Zeit der Pubertät beschönigt, so skandalisiert sie auch die Ausrutscher nicht. Sie behält einen klaren Kopf und denkt ihren Ansatz konsequent.« *Deutschlandradio*

»Intelligent, sensibel und toll zu lesen.« *emotion*

Barbara Sichtermann
Pubertät
Not und Versprechen
Gebunden mit Schutzumschlag, 272 Seiten
ISBN 978-3-407-85762-0

Taschenbuch